十三经说略

王宁 褚斌杰 等著

中华书局

图书在版编目(CIP)数据

十三经说略/王宁,褚斌杰等. —北京:中华书局,2015.1
(2021.9 重印)
ISBN 978 - 7 - 101 - 10534 - 6

Ⅰ.十… Ⅱ.①王…②褚… Ⅲ.群经合辑 Ⅳ.Z126.1

中国版本图书馆 CIP 数据核字(2014)第 253209 号

.

书　　名　十三经说略
著　　者　王　宁　褚斌杰等
责任编辑　孙永娟
出版发行　中华书局
　　　　　(北京市丰台区太平桥西里38号　100073)
　　　　　http://www.zhbc.com.cn
　　　　　E-mail:zhbc@zhbc.com.cn
印　　刷　北京市白帆印务有限公司
版　　次　2015 年 1 月北京第 1 版
　　　　　2021 年 9 月北京第 2 次印刷
规　　格　开本/700×1000 毫米　1/16
　　　　　印张15¼　插页2　字数290千字
印　　数　8001–11000 册
国际书号　ISBN 978 - 7 - 101 - 10534 - 6
定　　价　56.00 元

目　录

再版序言

李学勤

《十三经说略》、《二十五史说略》由中华书局修订再版,这是传承中华传统文化的好事。

两部书虽不厚,却是体大思精之作。对作为传统文化核心文献的《十三经》、《二十五史》(《二十四史》加《清史稿》)逐一介绍。执笔的二十几位学者,都是学养甚深的专门名家,堪称一时之选。现有几位先生已经故去,令人不禁感叹,只能读其文而念其人。

全书各篇,既有系统的叙述,又有独到的见解,在行文上更注意深入浅出,便利学人。对于这样的好书,我是不敢随意讲话的,所能说的,首先是我自己一定会仔细绎读,其次是向广大读书界竭诚推荐。

古代学者对经史一贯推重。不少人自立课程,规定"刚日读经,柔日读史"(古人用干支纪日,日干值甲、丙、戊、庚、壬的为刚日,值乙、丁、己、辛、癸的为柔日),坚持多年不废。这表明经史是当时文化的基本内容,为有教养的人所必须掌握了解。经过近百年的社会变革,今天我们的教育已有根本的改变,但是如果想认识传统的历史文化,还不能不对经史有概要的理解。这两部书就是为适应这种需要来设计的。

"经"在先秦时期已经存在。"经"字的本义是布帛的经线,经线贯穿于整幅布帛之间,从而"经"引申而有常、本的意思。被尊为基本典籍,常相传授的书,便叫做"经"。那些解释或发挥经义的,则称为"传"、"记"、"说"、"解",后来还有"训"、"诂"、"注"、"笺"等名。

诸子作品也有称"经"的,如《墨子》有《经上》、《经下》、《经说上》、《经说下》,《管子》有《经言》和《解》,《韩非子》的《内储说》、《外储说》也有"经"。不过这些文献,即使在当时也没有得到普遍的尊崇,真正称得上是"经"的,只有《六经》。

《六经》见于战国,即《诗》、《书》、《礼》、《乐》、《易》、《春秋》,《庄子》的《天运》和《天下》、《商君书》的《农战》、《荀子》的《儒效》等篇都有记载。其中《天下篇》说:"《诗》以道志,《书》以道事,《礼》以道行,《乐》以道和,《易》以道阴阳,《春秋》以道名分。其数散于天下而设于中国者,百家之学时或称而道之。"(《文史知识》编辑部编《经书浅谈》杨伯峻《导言》,中华书局1984年版)可见《六经》不是儒家所特有。

曾有学者以为《庄子》等记述或系晚出,战国时的"乐"本来没有成文,质疑是否有《六经》存在。在荆门郭店楚简里发现了《诗》、《书》、《礼》、《乐》、《易》、《春秋》之名,次序与《庄子》等全然一致,这种怀疑便消除了。

秦火以后,《乐经》亡佚,汉朝只有《五经》立于学官。到唐代,《礼》有《周礼》、《仪礼》、《礼记》,《春秋》有《左传》、《公羊》、《谷梁》,加上《论语》、《尔雅》、《孝经》,共为《十二经》。宋明又增添《孟子》,于是定型为《十三经》。宋代有人提到把《大戴礼记》收入,合为"十四经",但没有成功。

经被宣布为神圣不可侵犯,像清代《四库全书总目》就讲:"经禀圣裁,垂型万世,删定之旨,如日中天,无所容其赞述。"事实上,历代学者的注疏诠释,还是各抒己见,顺应时代的潮流,疑经、改经的事例也复不少,使经学有了丰富多彩的内涵。无论怎样,经在历史上的影响十分重大,不了解经与经学,实不足与言中国学术文化的流变。

和《十三经》类似,《二十五史》的形成也有相当复杂的过程。据文献记载,唐朝试士,以《史记》、《汉书》、《后汉书》为《三史》。北宋时刻书,增加《三国志》、《晋书》、《宋书》、《南齐书》、《梁书》、《陈书》、《魏书》、《北齐书》、《周书》、《南史》、《北史》、《隋书》、《唐书》和《五代史》,称作《十七史》。明代再加《宋史》、《辽史》、《金史》、《元史》,为《二十一史》。至清加以《明史》,称《二十二史》;武英殿本又有《旧唐书》、《旧五代史》,合成《二十四史》。民国时开明书店印行《二十五史》,是于《二十四史》外增收《新元史》一种。但在《清史稿》印行流布后,人们又逐渐将《清史稿》与《二十四史》合称《二十五史》,《新元史》慢慢就很少有人提到了。今天人们所言《二十五史》就是指《二十四史》加《清史稿》。

《二十五史》以西汉司马迁《史记》居首,然而中国修史的起源要更古远得多。我们看商代甲骨文已有"史"这一职官,又称"作册",专司文书记述之事。西周史职分工更细,金文如史墙盘详叙国史,史惠鼎引据《诗》文,都可看出当时史官的博学。至于《左传》、《国语》所载东周各国史官秉笔直书,不畏强权,尤其是众所周知的佳话。周代的史多为世袭,史墙一家即其明证。直到秦朝,法律仍然规定不是史的儿子不准去培养史的学室读书(参看李学勤《试说张家山简〈史律〉》,《文物》2002 年第 4 期)。司马迁也是继承父业而任太史令的。此后公私修史,历代不绝,《二十五史》正是这一传统积累的主要成果。

在目录学上,《二十四史》称为"正史"。《四库总目》认为"正史体尊,义与经配",广泛流行的《书目答问》也主张"事实先以正史为据"。这些正统的看法自然带有偏见,贬低了所谓"别史"、"杂史"等的作用。连四库馆臣也以《资治通鉴》编纂时兼收博采为例,承认各类史书并存的必要(《四库全书》研究所整理《钦定四库全书总目》,中华书局 1997 年版)。不过《二十四史》中,有的如《史记》、《汉书》等是不朽名作,就是《宋史》、《明史》之类,也属集体撰修,取材宏富,规模恢远,仍为研究者所必读。

我们不能要求人人都通读《十三经》、《二十五史》,但是希望大家对这两部最重要的文献有基本的知识,而且知道在需要的时候怎样去阅读和使用。《十三经说略》、《二十五史说略》正是帮助读者取得这方面知识的良好指导。

二〇一四年七月二十四日于清华园

《周易》说略

郑万耕

　　《周易》乃《十三经》之一,并居其首,是中华文化的源头活水之一。其作为一部古老的典籍,最初是用于算卦的迷信之书,后来随着对它的解释,逐渐演变为一部讲哲理的书。关于《周易》名称的意义,有三种解释:一是所谓"周"是指周朝,"易"为简易,《周易》即是周代人简易的算卦之书;二是"周"是周普的意思,"易"为变易、变化之义,《周易》乃探求普遍的变化法则之书;三是"周"即圆,《周易》就是研究循环变易的规律之书。多数学者认为,第一种解释比较符合原意。汉代人所说的《周易》,包括《易经》和《易传》两个部分,传是对经所做的解释。

一、《易经》的著作年代和作者

　　《易经》成于何时,作者何人,迄今仍无定论。《汉书·艺文志》提出"人更三圣,世历三古"之说,认为伏羲开始画八卦;周文王演为六十四卦,作卦爻辞;孔子作传以解经。东汉经师又提出周公旦作爻辞说。宋朝朱熹概括为"人更四圣"说。"五四"运动以后,新史学兴起,对传统说法提出怀疑,认为卦爻辞中讲到周文王以后的历史人物和历史事件,足证《易经》成书非出于一时一人之手,因此出现了周初说、西周末说和战国说。

　　顾颉刚先生写有《周易卦爻辞中的故事》一文,第一次从《易经》的卦爻辞中的故事来考证《易经》的著作年代。其中有"康侯用锡马蕃庶"的故事。顾氏指出，"康侯"即卫康叔，封于卫，乃武王之弟，称康叔，其事迹在武王之后，故卦辞非文王所作。而《易经》中没有引用周成王以后的故事，据此，《易经》当成于西周初叶。

郭沫若先生在《青铜时代》一书中，收有《〈周易〉之制作年代》一文，认为《易经》乃战国初期的作品。其证据是《周易》中有几个地方提到"中行"。他以为"中行"是人名，指春秋时晋国的荀林父，在与楚国交战时统帅中军，又称"中行桓子"，其子孙以"中行"为氏。据此，认为《易经》不能早于春秋中叶；可能是孔子再传弟子馯臂子弓所作。其实，这种解释十分牵强。因为《左传》庄公二十二年（前672）就讲到"周史有以《周易》见陈侯者，陈侯使筮之"的事情。这发生在荀林父做统帅八十多年以前，证明《易经》不是作于战国乃至春秋中叶，而在春秋初叶就存在了。《周易》中的"中行"二字，旧注解释为"中道"，是有理由的，并非人名。

李镜池先生在《周易探源》中，则折中以上两说，主西周末年说，认为《周易》之编著，出于周王朝的卜史之官，成书于西周晚期。

总起来说，虽然说法不一，但多数学者认为，《周易》的基本素材是西周初年或前期的产物，其成书非一时一人之作，而是陆续形成的作品。我们倾向于周初说。

《易经》是怎样编成的？可能是当时掌管卜筮的人，于每次占卜之后，将所得的兆象和占断的词句记录下来，到年终，又将积累的筮辞和卜辞加以统计、整理，看其有多少条已经应验。已经应验的则筛选出来，作为以后卜筮的参考或依据。经过无数次的筛选、编排和文字加工，最后形成了《易经》。近人认为，《易经》的编纂，出于周朝史官之手，也是可信的。

二、《易传》的著作年代和作者

过去传统的说法，认为《易传》是孔子所作。司马迁《史记》、班固《汉书》即持此说，影响很深。直到北宋中期，欧阳修著《易童子问》，才开始怀疑《系辞》以下为孔子所作。理由是其言繁衍丛脞而乖戾，众说淆乱；所谓"子曰",乃讲师之言。南宋叶适继承了欧阳修的观点。清朝史学家崔述于《洙泗考信录》中,又作了更加详备的考辨,进而怀疑《彖》《象》为孔子所作。近人通过研究,几乎一致认为,《易传》十篇确非孔子所作。这已成定论。但这十篇的作者究竟是谁,已无可考。多数学者认为,《易传》各篇非出一时一人之手,乃战国以来陆续形成的解《易》作品。但对各篇形成的年代,仍有不同意见。大的分歧有二:一是战国前期说,一是战国后期说。争论的焦点为《彖》《象》和《系辞》的年代。

战国前期说以张岱年、高亨先生为代表。张先生根据战国末至前汉初期的著作中对《易传》的引述,以及哲学命题的立定和否定,基本范畴的提出和运用,来考定《易传》的著作年代。其结论是:"《易大传》的年代应在老子之后,庄子之前。"(张岱年《论〈易大传〉的著作年代与哲学思想》)"《系辞传》的若干章节,当成于梁惠王以前,即写成于战国前期。"(张岱年《中国哲学史史料学》)"《彖传》应在荀子以前",《文言》《象传》"应当是战国中后期的作品。"(张岱年《论〈易大传〉的著作年代与哲学思想》)

战国后期说以冯友兰、朱伯崑先生为代表。朱先生于《易学哲学史》第一卷中,对《易传》形成的年代,主要从《易传》所提出的概念、范畴、命题、术语和学说,如太极、道德、性命、天尊地卑、时中说、顺天应人说、养贤说等,同战国时期的作品如《孟子》《商君书》《管子》《庄子》《吕氏春秋》《中庸》的联系进行考证。其结论是:"《彖》文当在《孟子》以后","孟子和荀子之间";《象》出于《彖》之后,"《象》的下限,当在秦汉之际以前,同样可以看作是战国后期的作品";《文言》多引《象》《彖》文意,加以发挥,其"下限当在《吕氏春秋》以前";"《系辞》的上限当在《彖》文和《庄子·大宗师》之后,乃战国后期陆续形成的著述,其下限可断在战国末年"。考辨精详,比较有说服力。此不一一赘述。

三、《周易》经传的流传和演变

从现在流传下来的材料看,《易经》作为占筮的依据,在春秋时期已经十分流行。据《左传》和《国语》记载,当时人以《周易》占问吉凶,共有二十余条,且讲论《周易》的情况,涉及周、陈、晋、鲁、齐、秦、郑、卫等国,足证春秋时代《周易》流传之广泛。这说明,当时人已经把《周易》奉为神圣的典籍。

春秋时代著名思想家孔子,对《周易》也颇有研究。司马迁说:"孔子晚而喜《易》。""读《易》,韦编三绝。"(《史记·孔子世家》)马王堆帛书《要》篇也有"夫子老而好《易》,居则在席,行则在囊"之说。《论语》中有两处讲到《周易》,视其为道德修养的重要典籍。《论语·子路》引述南人的话"人而无恒,不可以作巫医",解释恒卦九三爻辞"不恒其德,或承之羞",强调卦爻辞道德修养的含义,认为善于学易的人,不必去占筮。《论语·述而》又说,"加我数年,五十以学《易》,可以无大过矣",认为《周易》对提高人的道德境界具有重要意义,予以高度评价。

西晋太康二年,在魏襄王(前318—前296)墓中出土了一批有关《周易》的著作,有《易经》二篇,与《周易》上下经同;《易繇》、《阴阳卦》二篇,与《周易》略同,爻辞则异;《卦下易经》一篇,似《说卦》而异。可以代表战国时期《周易》流传的情况。这说明,战国前期和中期,人们已经开始系统地研究和解释《周易》。而以"阴阳"观念解说《周易》,似出于道家和阴阳家,因为儒家的代表人物,从孔子到孟子,乃至孔子的孙子子思,其著作《论语》、《孟子》、《中庸》中,皆无阴阳说。

随着人们对《易经》的推崇和研究,陆续形成了一批系统解《易》的著作,即《易传》,使这部用于占筮的迷信之书,成为一部讲哲理的哲学著述。

据《史记》和《汉书》记载,自孔子授《易》,传承不断,六代而至汉初经师田何。由于统治者表彰儒家,提倡经学,《周易》被尊为《五经》之首。无论官方和民间,都有一大批经师和学者,以治《易》为己任,使人们对它的解说,成为一种专门的学问,即易学。田何传《易》于王同、周王孙、丁宽、服生,四人皆著《易传》数篇。王同又传授给杨何。丁宽传《易》于田王孙,田王孙又传给施雠、孟喜、梁丘贺,称为"施、孟、梁丘之学"。孟喜又传于焦延寿,焦的学生是京房,于是又产生了"京氏之学"。其易学敢于创新,独树一帜,不同于田何易学的传统,被视为"异党"。施、孟、梁丘、京氏四家易学属于今文经学系统,皆立于学官。此外,还有一个易学传授系统,以费直为代表。其以

《易传》解释经文,注重义理,无章句,被称为费氏易,属于古文经学系统,未立博士,乃民间易学。

后汉时期,范升传孟氏易,以授杨政,而陈元、郑众皆传费氏易,其后马融又授郑玄,郑玄作《易注》,荀爽又作《易传》,皆为费氏之学。自此,费氏之学大盛,而京氏之学遂衰。但传费氏易者,也都受了京房易学的影响,如郑玄解经,虽属古文经学的传统,但又精通今文经学,以注纬书而闻名。荀爽虽不大讲阴阳灾变,但亦主卦气说。继承费氏易学的传统,排斥京房易学影响的是曹魏时期的王肃,成为义理派王弼易学的先导。

汉人解《易》的显著特点是注重象数,以阴阳奇偶之数和八卦所象征的物象解说《周易》,宋人称之为象数之学。并同当时的天文历法相结合,以卦气说解释《周易》原理。汉代易学提出了许多新的体例,如卦变、互体、纳甲、飞伏、爻辰等,以此解说卦爻辞的意义,非常烦琐。

三国时代,王弼开创易学新风。他注重义理,有意识地排斥取象、互体、卦变、纳甲等说,一扫汉易象数之学的烦琐解《易》学风,是易学史上一个重大变革。另一方面,又以老庄玄学观点解释卦爻辞,对《周易》原理的理解,抽象化、逻辑化了。其《周易注》只注解了《易经》上下篇和《彖》、《象》、《文言》等传,而未及《系辞》传。后来,晋人韩康伯补注了《系辞》等传。唐孔颖达将此二注合在一起,收入《周易正义》中,成为玄学派易学的代表作。此后,王学大盛,而汉学渐衰。

宋朝讲《周易》同汉人和王弼又有不同。他们不再追求《周易》经传文字训诂方面的考证,而注重探讨其中的义理。追求《周易》中的哲理,将《周易》原理高度哲理化,是宋易各派的共同特征之一。张载的《易说》用气学的观点解释《周易》,根据《系辞》传发挥自己的哲学思想。邵雍继承道教易学的传统,著《皇极经世》,提出先天、后天之学。程颐依王弼易学作《程氏易传》,以理或天理为易学的最高范畴,成为宋代占统治地位的易学。朱熹又继承程传的传统,并吸收周敦颐、邵雍、张载的思想,作《周易本义》,成为封建社会后期的官方教科书。

元明两代,是宋易深入发展的时期。明朝颁布《周易大全》,意味着程朱易学,特别是朱熹易学取得了统治地位。元明两代的象数之学提倡以图像解《易》,又形成了易图学,是宋代图书之学的新发展。象数派易学还同当时的自然科学知识相结合,并形成了医易学派,成为易学发展的新特点。明清之际,方以智父子对以前的象数之学作了一次总结;而王夫之则从义理学派的角度,对宋明易学进行了总结,并建立起自己的易学体系。

清朝人解《易》,一方面反对宋人的易学,另一方面也反对王弼派的易学,而要求恢复汉人解《易》的传统,注重文字训诂和考据。其代表人物是惠栋和张惠言。而焦循著《易学三书》,并不惟汉易是从,而是依汉人解《易》的精神,独辟蹊径,建立自己的体系。

"五四"运动以后,随着马克思主义在中国的传播,人们对《周易》的研究也开创了新的局面:一反过去以传解经的传统,力求以历史唯物主义的态度,将《周易》经传放在其所处的历史条件下,分别进行研究,开拓了从哲学、史学、社会学、古文字学方面研究《周易》的新领域。

关于《周易》经传的传本,《汉书·艺文志》记载,施、孟、梁丘三家讲解《周易》的本子都是十二篇。《周易》的经和传,是由经师分别传授的。又据《汉书·儒林传》和《三国志·魏志·高贵乡公纪》,汉代经师费直和郑玄为了便于查阅,使人"寻省易了",开始以传附经,后传至王弼。现在通行本《周易》经分上下篇,《彖》、《象》及《文言》分系各卦经文之后,即是王弼的传本。孔颖达将王弼和韩康伯《易》注收集在一起,并为之作疏,称为《周易正义》,收入《十三经注疏》中,这是《周易》流传下来影响最大的版本。

朱熹用吕祖谦所定《古周易》本,经和传仍分为十二篇,撰为《周易本义》。后董楷撰《周易传义附录》,"以程子在前,遂割裂朱子之书,散附程传之后。沿及明永乐中,胡广等纂《周易大全》,亦仍其误。至成矩专刻《本义》,亦用程传之次序。乡塾之士遂不复知有古经"(《四库全书总目》经部易类三)。《周易本义》是宋代以后通行本。

1973年,湖南长沙马王堆三号汉墓出土的帛书中,又有《周易》。帛书《周易》与通行本《周易》大不相同。六十四卦的卦名与通行本有很大差异,其排列次序与通行本完全不一样,其卦辞和爻辞也有出入。帛书《周易》中又有《系辞》传，共约六千七百余字，较通行本为多。其中无"大衍之数"章，但包括通行本《说卦》的前三节，有两千余字为今本《系辞》所无。帛书《周易》没有《彖》、《象》、《文言》，但卷后抄有《二三子》、《易之义》、《要》、《缪和》、《昭力》诸篇，为通行本所没有。帛书《周易》抄写于汉文帝初年。这说明《周易》在汉初就有不同的写本，不仅是田何的传本。帛书《周易》是现存《周易》中最早的别本。

在中国古典文献中，关于《周易》经传的注释，历代有史可查的就有数百家，可谓浩如烟海。现在流传下来，影响大的有以下几种：

《周易注疏》　魏王弼、晋韩康伯注，孔颖达正义，《十三经注疏》本。

《周易集解》　唐李鼎祚，《四库全书》本，清刻本，《丛书集成》本。

《程氏易传》　宋程颐，《二程全书》本，《四库全书》本，清刻本，中华书局《二程集》本。

《周易本义》　朱熹，《四库全书》本，清刻本。

《周易集注》　明来知德，虎林刻本，《四库全书》本。

《周易述》　清惠栋，《四库全书》本，清刻本，《四部备要》本。

《周易集解》　清孙星衍，清刻本，《丛书集成》本。

《周易古经今注》　高亨，中华书局刊本。

《周易大传今注》　高亨，齐鲁书社刊本。

四、《易经》的内容和性质

古书一般都由篇或章来构成，《周易》则不同，它的基本构成单位是卦。卦也相当于其他书的一篇或一章。《易经》整部书共由六十四卦组成，分为上下两篇，上篇三十卦，下篇三十四卦。这种分法至少在战国时代就已经开始了，因为从魏襄王墓中挖出的《易经》就分为两篇。

《易经》由六十四卦组成，六十四卦的内容包括卦象、卦名、卦辞和爻辞。卦象指卦的图像，由阳爻—和阴爻--两种符号（爻象）按每卦六画排列组合而成，共六十四种图像。卦中六画的排列自下而上，用初、二、三、四、五、上表示序位，阳爻称九，阴爻称六，爻象共三百八十四。初、二、三爻为下卦，亦称内卦;四、五、上爻为上卦,亦称外卦。这样的三画卦共有八种,分别叫做乾(卦形是☰)、坤(卦形是☷)、震(卦形是☳)、巽(卦形是☴)、坎(卦形是☵)、离(卦形是☲)、艮(卦形是☶)、兑(卦形是☱),称为八经卦。八经卦两两相重,便构成六十四别卦。解说一卦的基本内容的词句为卦辞,系于卦象之下;卦辞起初被称为"彖辞",唐以后改称卦辞,更加通俗易懂。说明每一爻的性质和内容的词句称为爻辞,列于卦辞之后。例如《易经》的第一卦,☰为卦象,其卦名为《乾》,卦辞为"元亨,利贞"。六画皆为阳爻,均称九,下第一画为初九,爻辞为"潜龙勿用";第二画为九二,爻辞为"见龙在田,利见大人";余为九三、九四、九五、上九,各爻皆系有爻辞。卦辞共六十四条,爻辞三百八十四条,加上《乾卦》"用九",《坤卦》"用六",总称为筮辞,共四百五十条。

就卦辞和爻辞的内容说,可以从不同的角度进行分析。20世纪20、30年代以来的学者们,就从文句体例、社会史和哲学思想等方面进行过探讨。例如高亨、李镜池先生就将卦爻辞归纳为:记事之辞、取象之辞、说事之辞、占断之辞四类;郭沫若、李镜池、闻一多先生从社会史的角度考察卦爻辞的内容,又将卦爻辞区分为物质生活、社会生活、科技知识三类。

如果从哲学思想的角度对卦爻辞的内容进行分析,大致也可以分为三类:

第一,讲自然现象的变化,用来比拟人事。如《大过》卦九五爻辞说:"枯杨生华,老妇得其士夫,无咎无誉。"《渐》卦九五爻辞说:"鸿渐于陵,妇三岁不孕,终莫之胜,吉。"《离》卦九三爻辞说:"日昃之离,不鼓缶而歌,则大耋之嗟,凶。"尤其是《乾》卦爻辞,更以龙象的变化来表现人的政治生涯的起伏升降。这些比喻,都是将自然现象的变化同人事活动联系起来进行考察,试图在自然现象和人事之间寻找某种共同的东西,或借自然现象的变化说明人事活动的规则。这是认为,天道与人道具有一致性,对于以后中国哲学中天人合一说的形成,起了很大影响。

第二,讲人事的得失可以转化。《周易》卦爻辞涉及到许多对立的事物,如泰否、损益、既济未济、大人小人、夫妇、吉凶、往来、得丧等。难能可贵的是,《易经》认为,这些对立面之间是可以互相转化的。例如《泰》卦九三爻辞说:"无平不陂,无往不复。艰贞无咎。"平陂、往复是两对对立面,但它们之间都可以转化,平的会变成陂的,往可以变成复。因此,虽处于艰难不利之境,也可以无咎。又如《乾》卦九五爻辞为"飞龙在天",上九爻辞为"亢龙有悔"。这是以《乾》之第五画为龙飞的极限,认为超过此极限,至第六画就要走下坡路,即向反面转化,亦即后来所说的"物极则反"。因为吉凶、得失可以转化,所以通过人的努力,可以改变自己的处境,如《乾》卦九三爻辞所说:"君子终日乾乾,夕惕若,厉无咎。"这种认为人的生活遭遇可以转化的观念,在卜辞中是没有的。

第三,提出了某些行为准则,对人有劝诫之意。有些卦爻辞不仅示人以吉凶,同时予人以教训,令人的行为按某种规范而行动。如《谦》卦卦辞说:"谦:亨,君子有终。"初六爻辞说:"谦谦君子,用涉大川,吉。"强调人有谦卑的品德,则可以取得好的结果。又如《恒》卦六五爻辞说:"恒其德,贞;妇人吉,夫子凶。"认为做妻子的德行有恒,遇事吉利;做丈夫的恒守其德,不能随时应变,当机立断,遇事则凶。又如《益》卦九五爻辞说:"有孚惠心,勿问元吉。有孚惠我德。"对人诚信,有慈惠之心,自然吉利,因为别人也以慈惠之心待我。所有这些,都强调凶吉悔吝是同人的道德品质联系在一起的。这种认为人事吉凶对人有劝诫之意,突出所占问之事的道德教训的意义的思想,也是卜辞所不可比拟的。

以上三点说明,《易经》卦爻辞中,含有某些逻辑思维,反映了当时人的世界观,对后来易学的发展起了深刻的影响。《周易》被认为是讲天人之道即世界根本原理的学问,被认为是讲事物变易法则的学问,被认为是讲人生修养的典籍,都是由此推衍出来的。但是,从卦爻辞总的内容看,它仍然是用于占筮的典籍,并不是哲学著作。

关于《易经》一书的性质,从古到今,历来有着不同的说法,主要有两种意见。一是倾向于把它看成是义理之书,即主要是讲天道和人事教训的著作。这种认识从战国时期的《易传》就开始了。如《系辞》所说:"《易》之为书也,原始要终,以为质也。"又说:"《易》有圣人之道四焉。"认为《易经》广大悉备,天道、地道、人道,无所不包,乃"穷理尽性"之书。后来,无论是象数学派,还是义理学派,都有把《易经》一书哲理化的倾向。这种情况,直到朱熹那里,才有了根本的改变。他反复强调,"《易》本卜筮之书","《易》本为卜筮而作",认为《易经》原本是周朝人用来占筮的典籍,不是讲哲理的著作,赋予其哲理的解释,是孔子《易》即《易传》的任务。此说颇有眼力,难以反驳。因为他依据先秦文献,如《左传》、《国语》、《周礼》等有关记载,作了详细论证。这也就是历史上关于《易经》性质的第二种主要看法。当然,《易经》虽为卜筮之书,但其中也包含了许多生活智慧,正如前面所说。这也是《易经》一书逐渐摆脱卜筮之书的本来面目,能够不断被哲理化的根据所在。

五、《易传》的内容和特点

《易传》是战国以来儒家学者系统解释《易经》的著作,共七种十篇,包括《象》上、下,《象》上、下,《文言》,《系辞》上、下,《说卦》,《序卦》,《杂卦》。《易纬·乾凿度》称为《十翼》,言其为《易经》之羽翼,有辅助之意,表示是用来解释《易经》的。汉代学者称解释儒家经典的著作为"传",《十翼》一类的著作也被称为《易传》。有时,汉代经师也将自己解释《周易》的作品称为《易传》。东汉经师为了区别所谓孔子所作的《易传》和一般经师的著述,取《易纬》之说,称战国以来的解《易》的著作为《十翼》。

有一种意见,以为《十翼》在汉初并不称为《易传》,而依司马谈《论六家要指》所说,称之为《易大传》。其实,司马迁《史记·太史公自序》中,已经明确地称孔子所作为《易传》。汉初许多著作,如陆贾《新语》引《系辞》文,《淮南子》引《序卦》文,《春秋繁露》引《文言》文,《礼记》引《象》传文,皆称"《易》曰"。《韩诗外传》引《系辞》文,则称"《传》曰"。足证汉朝初年已经称《十翼》之类的著作为《易传》或《传》了。而《易大传》之称在汉初文献中仅此一见。据此,将《十翼》统称之为《易大传》,缺乏足够的说服力。据宋人欧阳修在《易童子问》中考证,《易大传》是指《系辞》而言。因为此传乃通论《周易》之大义,不是如《象》、《象》那样,逐句解释经文的著作,所以又称之为《易大传》。(朱伯崑《易学哲学史》)

　　《易传》的主要部分是解释《周易》经文和筮法的,这方面的问题属于占筮的原则和体例问题。其内容包括两个方面:一是对卦爻辞的意义及其吉凶词句的解释;一是论揲蓍求卦的过程。《彖》《象》二传的内容属于前者,《系辞》和《说卦》中的某些章节,讨论了后一问题。

　　《易传》对卦爻象和卦爻辞的解释,继承和发挥了春秋以来的取象说和取义说。所谓取象,即以八卦象征各种物象,再用八卦所象征的物象,说明重卦的卦象,以此解说一卦的卦辞和爻辞,论证所占问之事的吉凶。所谓取义,即以卦名的意义和卦的德行说明重卦的卦象,并以此解说卦爻辞,从而推断所占问之事的吉凶。除此之外,《易传》又提出爻位说,即以爻象在全卦中所处的地位说明一卦之吉凶。其中有当位说、应位说、中位说、承乘说等。值得注意的是,《大象》传(《象》传又有《大象》传、《小象》传之分)则着重以天、地、水、火、雷、风、山、泽八种自然现象解释八卦,进而解释卦象的义理。其对卦象的解释,前句讲自然现象,后句则讲人事生活教训,以自然现象比附人事活动,企图将天道和人道统一起来,为人类的政治伦理行为在自然界寻找依据。特别应该指出,此传对卦辞的吉凶未做解释,只是依据卦象和卦名,讲人在社会生活中所应遵循的规范和规则。这样,《周易》就被看成是一部政治、伦理的教科书了。

　　关于占筮之法,《系辞》传和《说卦》传对以蓍求卦和画卦的过程作了许多论述,如《系辞》"大衍之数"章,"易有太极"章,《说卦》"参天两地"章等。"大衍"章说:"大衍之数五十,其用四十有九。分而为二以象两,挂一以象三,揲之以四以象四时,归奇于扐以象闰。五岁再闰,故再扐而后挂。""是故四营而成易,十有八变而成卦。"按朱熹《周易本义·筮仪》的解释,这是说,以五十根蓍草为演算求卦之数,即"大衍之数",从中抽出一根放在外边,不参与蓍草数目的变化,称为"其用四十有九"。把四十九根蓍草任意分为两部分,即"分而为二以象两",此为第一营,即第一步经营。于左边一堆中取出一根放在一旁,即"挂一以象三",此为第二营。将左右两堆蓍草,以四根为一组,分别数之("揲"),即"揲之以四以象四时",此为第三营。将左右两堆分数之余数("奇"),或一根,或二根,或三根,或四根,放在所挂蓍草之旁

（"扐"，一说谓指间），即"归奇于扐以象闰"，此为第四营。以上"分二"、"挂
一"、"揲四"、"归奇"四次经营，称为一变，即"四营而成易"。一变之后，再
将左右两堆蓍草混而为一（"挂一"、"归奇"之数除外），如上述四营程序数
之，此为第二变。二变之后，又将剩余的左右两堆蓍草并而为一，依四营的
程序再数一遍，此为第三变。三变的结果，左右两部分蓍草所剩的总数目只
能有四种情况：或三十六（4×9），为老阳之象；或三十二（4×8），为少阴之象；
或二十八（4×7），为少阳之象；或二十四（4×6），为老阴之象。阳爻之象画
为—，阴爻之象画为--，便得出卦象中的一爻之象。共经过十八变，便得出
自下而上六爻的形象，成为一卦，此即"十有八变而成卦"。这就是《易传》
所提供的"揲蓍求卦"之法。至于如何判断所求得之卦的吉凶，现存《易传》
中没有提供材料。而朱熹在其《易学启蒙》中，则拟定了七条体例，可供
参考。

同《易经》相比，《易传》的显著特点是，将古代的卜筮之书哲理化了。
《易传》解经，就其对筮法体例的论述和对卦象及卦爻辞的解释说，都企图从
哲学的高度加以概括，将《周易》的内容逻辑化、体系化。儒家的伦理观念，
道家和阴阳家的天道观，成了《易传》的指导思想。《易传》实际上是哲学著
作，有自己的理论体系，成为战国时期一大哲学流派。

《易传》所提出和论述的哲学问题是多方面的，包含有深刻的人生智慧，
可以从以下几个方面来说明：

（一）一阴一阳之谓道

《易传》吸收道家和阴阳家的阴阳学说，以阴阳范畴解说《周易》的卦
象、爻象和事物的根本性质，并概括出一条总原则，叫做"一阴一阳之谓道"，
视其为自然界和人类社会的普遍规律。"一阴一阳"，就是又阴又阳，即有阳
就有阴，有阴就有阳，阳可变为阴，阴可变为阳。阴阳两个方面相互联结，相
互推移，相互作用，就是一切事物发展变化的规律，所以称为"道"。认为天
地之间，凡是继承这一法则的，便是完善的；凡是具备一阴一阳的，就完成其
本性。就是说，任何事物，包括卦、爻象的变化，都是又阴又阳，这就是事物
完善的本性。所以要从阴阳两个方面观察事物的性质，既要看到阳的一面，

又要看到阴的一面,不能有所偏废,见仁而不见智。

《易传》将具体事物的属性抽象为表达对立性质的阴阳范畴,并把对立面的依存和转化概括为"一阴一阳",主要是强调阴阳两个方面相反相成,互济互补,和谐统一。当阴阳两种势力配置得当,谐调相济,形成一种优化组合,就会出现和谐的局面,从而使事物得以亨通;相反,如果配置不当,阴阳失调,刚柔乖异,就会使和谐局面受到破坏,以致发生冲突,从而使事物阻塞不通而出现危机。因此,《易传》把"保合太和"作为最高的价值理想。"保合太和",就是使阴阳两种势力或各种矛盾方面保持最佳的和谐状态。自然界以及社会的和谐状态,是人类生存和发展的必要条件。

(二)刚柔相推而生变化

"一阴一阳之谓道"这一命题,其涵义之一,是指阴阳变易的法则。对于这一法则,《易传》作了多方面的论述。关于事物变化的原因,它认为,完全是由于事物本身所具有的阴阳两种势力决定的。所谓"刚柔相推而生变化"（《周易·系辞上》）,"刚柔相推,变在其中"（《周易·系辞下》）。刚柔也即阴阳,阳刚而阴柔。相推即相互推移,相互作用。刚柔二爻相互推移,进退消长,方有卦、爻象的变动。这既是《周易》的法则,也是宇宙的普遍规律,此即《系辞上》所说"六爻之动,三极之道也",是天、地、人三才至极之道。此种观点,是把对立面的相互作用看成变化的原因,乃中国古代内因论的先驱。

(三)物极则反

在《易传》看来,由刚柔相推所引起的事物盈虚消长的变化过程中,总是由于发展到顶点,而向其自身相反的方面转化。这个道理易学史上称为"物极则反"。《易传》虽然尚未明确提出此命题,但却阐发了这一思想。如在《象传》看来,《乾》卦六爻,从初爻到上爻,是一个向上发展的过程。五爻表示达到了高贵的地位,大有作为;但再往上发展,达到上爻即顶点,就要走向反面,此即《小象》所说:"亢龙有悔,盈不可久也。"后来,孔颖达对此加以发挥,说:"上居天位,久而亢极,物极则反,故'有悔'也。"（《周易正义·乾》）《周易正义》概括为"物极则反",是符合《象》文本义的。《文言》解说《乾》卦上九爻辞,也反映了"物极则反"的思想。

（四）忧患意识

基于对"物极则反"法则的认识，在《易传》的生活智慧中，充满了忧患意识。《系辞下》说："《易》之兴也，其于中古乎！作《易》者，其有忧患乎！"认为殷周之际，社会剧烈变动，天命转移，政权更替，所以《周易》充满了忧患意识，卦、爻辞中多危言，使人听而警觉，"惧以终始"，不忘忧危之事，于危机中方可保其平安。又说："其出入以度，外内使知惧，又明于忧患与故；无有师保，如临父母。"认为《周易》的作用就在于使人知道警惕戒惧，又明白忧患与事故，虽然没有师保，也如同父母亲临一样，不断告诫自己。因此，历代易学家，尤其是儒家学者，都重视《周易》的忧患意识及其价值，视其为处理人生遭遇的准则。所谓忧患意识，是说，人对自己的处境，无论是顺境还是困境，都应时刻抱有警惕之心，即使处于逆境，也不要动摇自己的信念，如《困》卦《象》传所说，"君子以致命遂志"，努力争取改变现状，迎接光明来临。此种忧患意识，是《周易》所倡导的人生观的一大特色。

正是基于这种忧患意识，《易传》又提出了"安而不忘危，存而不忘亡，治而不忘乱"（《周易·系辞下》）的主张，作为安身立命的依据。如果安于其治，保持现状，就会招来祸乱和危亡。认识到这一点，在政治生活中，就可以防止走向反面。

（五）趋时尚中

为了避免倾危，保持安宁，或防止事物向坏的方面转化，引导其向好的方面转化，《易传》提出了一套安身立命之道，首要的就是趋时尚中说。所谓"中"，就是不偏不倚，是将事物的各种矛盾处理得恰到好处，既不过分，又无不及，从而使事物处于最佳状态。因此，《易传》特别推崇"中"道，要求人们"执中守正"。所谓"时"，即时机、时运、时势；"趋时"，就是主动地适应时势，及时抓住机遇，对原有的东西随时加以变通。适时则吉，失时则凶。要想求得生存和发展，必须"与时偕行"，"变通趋时"。《易传》还将"中"与"时"联系起来，把"时中"即因时而行中道，作为人的行为的准则。

（六）裁成辅相

在天人关系方面，《易传》又提出了强调天人谐调的"裁成辅相"（《周易·泰·象》有"财（同裁）成天地之道,辅相天地之宜"句）说。所谓"裁成",即加以裁制完成。"辅相",即遵循固有的规律加以辅助。认为圣人应在遵循自然规律的基础上,对自然加以辅助,节制调整,以成就天地化育万物的功能,使之更加适合人类的需要。《文言》传也认为,圣人掌握了《周易》的法则,其德行则与天地日月相一致,先于天时的变化而行事,对自然加以引导、开发,自然也加以顺从;于天时变化既发之后行事,则注意适应自然变化的法则。这便是"与天地合其德"。也就是说,人只能适应、引导、调节、辅助自然,使人与自然相谐调,而不能违背自然法则,破坏自然。

这种天人谐调论,既注重了充分发挥人的主体的能动性,在自然面前有所作为,又强调了必须尊重客观的自然规律,强调人与自然的和谐发展,是一种关于天人关系的全面的观点。

（七）《易》与天地准

《易传》通过对筮法的解释,探讨了世界的本原问题,提出"有天地然后万物生"（《周易·序卦》）的命题,以天地为万物的根源和基础,认为"天地交而万物通"（《周易·泰·象》）,"天地感,而万物化生"（《周易·象下》）。进而提出"《易》与天地准"（《周易·系辞上》）说,说明《周易》乃圣人仰观天文,俯察地理,效法自然现象及其变化的过程而制定的,是对天地万物的摹写,并非任意的创造。因此,《周易》就包含有天地间的一切道理。人们只要掌握了《周易》的法则,就可以"和顺于道德而理于义,穷理尽性以至于命"（《周易·说卦》）,"范围天地之化而不过,曲成万物而不遗"（《周易·系辞上》）。

当然,我们还可以从《周易》对中华文化的贡献以及政治谋略、管理思想、道德原则等方面,揭示《易传》的丰富内涵。总之,《易传》通过对《周易》原理和筮法的解释,提出了一系列哲学观点、范畴和命题,论述了《周易》的基本原理,进而探讨了世界的本原,研究了事物的本性及其变化规律,提出了一些人类生活的根本原则,从而使《周易》这部古老的占筮著作走上了哲学化的道路。《周易》又成为讲宇宙人生根本原理的书。

六、《周易》对后世的影响和意义

《周易》这部古老的典籍,其流传已有近三千年的历史。在春秋战国时代,就已被人们视为重要的典籍,以后在长期的封建社会中,一直被尊为神圣的经典,其影响之深远,在世界历史上是少见的。从汉朝开始,由于儒家经学的确立和发展,《周易》被尊为《五经》之首,人们对它的研究,遂成为一种专门的学问,即易学。易学是对《周易》经传所作的种种解释,并通过其解释,形成了一套理论体系和不同的学术流派。在长期的流传过程中,《周易》对我国古代的哲学、宗教、科学技术、文学艺术以及政治和伦理生活、风俗习惯都起了深刻的影响。在中华元典中,《周易》对中华文化的影响,就其广度和深度说,没有一部典籍可以同它相媲美。

就中国古代哲学说,《周易》虽为儒家的经书,但其影响并不限于儒家领域。其他系统的哲学,也不同程度上从《周易》的研究中吸取对自己有用的东西。如魏晋玄学和道教哲学同易学的发展有密切的联系。就儒家系统的哲学说,《四书》所讲的内容,使用的术语和范畴,偏重于政治、道德问题,对自然观和宇宙观的论述比较贫乏。从《易传》开始,方为儒家哲学提供了一个较为全面但尚很粗糙的体系。汉朝以后,这一体系逐渐得到完善,到宋明时期发展到高峰。仅以北宋为例,据《宋史》著录,其解《易》的著作就有六十余家。其中有著名的哲学家,如李觏、胡瑗、周敦颐、邵雍、王安石、张载、程颢和程颐等;有著名的文学家和历史学家,如欧阳修、苏东坡、司马光等。宋明道学作为中国哲学的一种形态,从周敦颐到朱熹,再到王夫之,就其哲学体系赖以出发的思想资料和理论思维形式说,是通过易学形成和发展起来的。宋明哲学中的五大流派,即理学派、数学派、气学派、心学派和功利学派,都同易学理论结合在一起。他们对哲学基本问题的回答,除王守仁的心学外,基本上来于易学哲学中的问题。即使佛教中的人物,也援《易》入佛,或以《易》释禅。《周易》及其易学所形成的哲学世界观,长期以来,成为中国知识界和文化人用来观察和解释世界的工具。

应该指出,《周易》为中华文化的思想体系提供了一个基本框架。这个体系的要素包括刚健有为、中和思想、神道设教、崇德利用、天人谐调五个方面:其中刚健有为思想则是处理各种关系的人生总原则;中和思想主要解决人与人的关系,包括民族关系,君臣、父子、夫妇、兄弟、朋友等人伦关系;神道设教思想主要解决人与鬼神的关系,即人道教化同宗教活动的关系;崇德利用思想主要解决人类自身的关系,即精神生活和物质生活的关系;天人谐调思想主要解决人与自然的关系。而这五个方面,以刚健有为思想为纲,形成了中华文化的基本思想体系。而这个体系的基本框架,就是《易传》提出来的。

总之,中国人的理论思维水平和智慧,在同西方文化接触之前,主要是通过对《周易》的研究,得到锻炼和提高的。《周易》作为中华文化的一个源头,对熔铸中华文化的基本精神,形成自己的民族特色,促进人类文明的进步,都有着不可磨灭的贡献。

七、阅读《周易》应当注意的问题

总结历史上经学家和近代疑古派的治学经验,我们应该提倡以科学的态度和科学的方法阅读和研究古代的典籍。具体到学习《周易》经传,应注意以下几个问题。

首先,要将《周易》系统的典籍区分为经、传、学三部分,既要看到三者的联系,又要看到三者的区别,不能以传代经,或以学代传。从《周易》这部典籍流传的过程看,它经历了三个历史时期:《易经》、《易传》即《十翼》、历代易学。《易经》是周人占筮用的典籍;《易传》是战国时代学人对《易经》所作的解释,将占筮的典籍哲理化;历代易学是汉代以来的经学家和哲学家依据《易传》的解经原则,对《周易》经传所作的再诠释。经、传、学各自形成了不同的历史阶段,基于不同的历史条件和时代要求,既有联系,又有区别,各具特色,不能混为一谈。如"太极"这一范畴,始见于《易传》,《易经》无太极概念。如黑白点河图、洛书,见于宋易,《易传》无此种图式。又如以春夏秋冬四时解释《乾卦》卦辞"元亨利贞",见于汉唐易学,《易传》无此种说法。总之,经、传、学乃一历史的发展过程,各自受到其历史环境的制约。因此,学习和研究《周易》系统的典籍,要注意其所处的时代的特征,不能将后人的解释强加于前人身上,也不能将后人的解释一概视为经、传的本义。

其次,要对经、传、学中的术语、概念、命题以及理论体系,进行逻辑分析。因为《周易》系统的典籍,从卜筮之书,通过《易传》的解释和历代易学家的阐发,成为一部哲学典籍,从而建立起以经、传为核心的各种易学体系。采用逻辑分析的方法,可以揭示其理论思维的特征及其价值,从而给人以智慧,以锻炼和提高人们的理论思维能力,使其重新焕发生命力。如不进行逻辑分析,一部易学史便成了一笔糊涂账。比如"太极"这一范畴,在《易传》中是作为筮法范畴出现的,"易有太极"章是讲揲蓍成卦的过程。但这一过程表明,从太极到八卦,乃一连续和演化的过程,所以到了汉代,易学家们便将"太极"从筮法范畴提升为哲学范畴,视"太极"为宇宙的本原,即元气,从而提出了一个宇宙生成论的模式,到宋代周敦颐发展为《太极图说》,成为中国哲学中谈宇宙生成论的典型。到朱熹,又在程颐"体用一源,显微无间"的影响下,视"太极"为阴阳五行之理的全体,认为太极同两仪、四象、八卦的关系,不是母生子的关系,而是逻辑上的相互蕴涵的关系,并在哲学上导出"人人一太极,物物一太极"的结论,又将宇宙生成论引向了本体论。如果不对"太极"范畴进行逻辑分析,其理论价值就被湮灭了。

第三,要区分《易传》解经的两套语言。由于《易传》的特征是将《易经》哲理化,因而其对《周易》的解释,则有两套语言,即筮法语言和哲学语言。前者谈筮法问题,后者谈哲学问题,谈哲学问题往往又不脱离筮法问题。因此,我们阅读《易传》,要注意区分其所谈问题的性质。就其解《易》的两种语言说,所谈论的问题的性质可分为三种情况:一是谈筮法,如《系辞》"大衍之数"章,"阳卦多阴,阴卦多阳"章,"易有太极"章;又如讲"变动不居,周流六虚……唯变所适"等,都是讲筮法问题;又如《说卦》传中对取象和取义说的概括,提出乾坤父母卦说,亦是讲筮法问题。二是谈哲理,如《系辞》"易与天地准"章,"一阴一阳之谓道"章,三陈九卦章等,都属于哲学语言。三是既讲筮法,又谈哲理,二者兼而有之。这种情况较为普遍,而以《彖》、《象》二传最为突出,充分体现了《易传》解经的特色。《彖》传解经,采用取象、取义、爻位三说,解释"彖辞相应之理",是谈筮法问题;但解释一卦的卦义时,又谈天道和人道,又是讲哲学问题。《大象》传解经,主取象说,上半句解说卦象和卦名,属于筮法问题;下半句则依卦象讲人道,又属于哲学问题。总之,《易传》的两套语言,或言筮法,或言哲理,不同篇章各有偏重,但无论哪套语言,都不脱离筮法,或从筮法问题引出哲理,或予筮法以哲理的依据。因此,注意区分两套语言,同时,又看到二者的联系,对于阅读《易传》,认识其本来面貌,是十分重要的。

此外,研习《周易》还要发扬儒家人文主义的解《易》传统,从中"观其德义",以提高自己的理论和道德修养,而不能热衷于占卜算命,因为《周易》的价值不在于占术,而在于其理论思维的内容。其实,用《周易》进行占卜,并不能预测人事的吉凶祸福,它只能给人以精神安慰。

八、阅读参考书目

《周易》一书文字古奥,言简义丰,令人难以理解,因此,学习《周易》需要依据前人的注释。而注解《周易》的著作又浩如烟海,一般读者不知从何入手。所以,有必要介绍一些有代表性的且易于找到的参考书目。

《请来认识易经》(朱伯崑著,原载《国文天地》1991年4月,后收入《朱伯崑论著》,沈阳出版社1998年出版),此文从经、传、学三个方面,对《周易》一书的性质及其影响作了介绍。认为《周易》原本占筮典籍,但由于其理论思维的内容,又成为中国哲学和中华民族思维方式的先声。而《易传》则是穷理尽性之书,通过对筮法以及卦爻象和卦爻辞的解释,将古代的占筮典籍升华为哲学典籍,标志着先秦时期理性思维能力的高度发展;其所提出的理论思维,是中华民族智慧的结晶,在人类思想史上占有重要地位。历代易学又成为中华文化和学术的轴心,尤其对哲学和自然科学的发展影响甚大,为人类文明作出了自己的贡献。

《周易古经今注》(高亨著,原为上下两册,上册《周易古经通说》,由贵阳文通书局石印,下册《周易古经今注》,由上海开明书店印行,后合而为一,修订重印,仍名《周易古经今注》,中华书局1984年出版),此书为诠释《周易》经文的著作。其"通说"部分着重对卦爻及卦爻辞中的术语进行解释,又对卦名误脱、来历、筮辞分类及占筮方法进行考订;"今注"部分则从筮书的角度,对六十四卦的卦爻辞分别进行了注释。其主要特点有二:一是力求经文原意,不受《易传》的束缚,"以经观经";二是排除一切象数陈说。此书以文言文写成,长于文字训诂,考证充分,颇多新解,乃近人注释《易经》的力作。

《周易大传今注》(高亨著,齐鲁书社1979年出版),此书为诠释《易传》之作,乃《周易古经今注》的姊妹篇。认为《易传》解经与《易经》原意往往相去很远,故当"以经解经,以传说传"。注释力求传文本旨,只讲《易传》固有之象数说,不讲《易传》原无之象数说。全书内容有三:通说、注解和附录。卷首《周易大传通说》,详论《大传》各篇的名称、作者、年代以及卦象与卦位、爻象与爻数等象数之说。注解部分则对经文和《易传》十篇分别作了注释。经文之注,先立"经意",后陈"传解",两相对照,以显示经传之异同。疏释《大传》,着重于文字的训解,并力图揭示其哲学意蕴。本书以文言文写成,但力求浅近明白,是学《易》者所必读之书。

《周易全解》(金景芳、吕绍纲著,吉林大学出版社1989年出版),此书以义理学派的文化传统,说解《周易》经传全文,是一部贯通经传的解《易》著作。其解六十四卦的体例是:先以《序卦》释其卦名、卦义,再分别解释卦爻辞,最后以"总论"的形式,融会卦爻辞、《彖传》、《象传》,阐释其卦旨及其取象,便于读者从整体上把握全卦。认为《周易》实质上并非卜筮之书,而是一部哲学著作;《易传》的思想就是《易经》的思想,经传不可分,孔子即《易传》作者;《易经》的哲学思想即寓于六十四卦的结构之中。行文明白如话,分析深入浅出,解说义理,务求详尽,是一部相当严谨的解《易》著述。

《易经白话例解》(朱高正著,台湾商务印书馆1995年印行,后收入《易学智慧丛书》,沈阳出版社1997年出版),此书以通俗易懂的文笔注解《周易》经文,是《周易》爱好者观象玩辞的启蒙教材。其特点有两个:一是发扬儒家解《易》的人文主义传统,以《周易》为修己治人,增长生活智慧和提高修养境界的指南,本此宗旨,注解六十四卦经文。二是依"象爻一致"和"求通"的原则,将卦爻象和卦爻辞视为一整体,每卦体现一中心观念,并贯通于各爻之中,以此阐明六十四卦所蕴涵的人生哲理。其对经文的解释,严格遵循《易传》的体例,不依傍后来易家提出的种种条例,勇于求新,又不违古训。行文朴实简练,直申义理,无旁征博引、令人生畏之感,并结合历史和现实问题阐发经义,适于当代学人阅读。

《易学漫步》(朱伯崑主编,台湾学生书局1996年印行,后收入《易学智慧丛书》,沈阳出版社1997年出版),此书对《周易》经传,易学的分期和流派,易图的产生和演变,易学的基本范畴,易学的思维方式,以及易学与哲学、道教、人伦、科技、医学、审美等关系作了概括论述,为现代人提供了一个完整而准确的易学框架,是海内外率先构建易学体系的著作。行文简洁而明快,说理深入浅出,娓娓道来,乃初学者研习易学的最佳门径。

《尚书》说略

刘起釪

一、先秦最早的《书》：残缺的古代历史文献、孔子教授门徒的课本

《尚书》是我国最早的一部历史文献。它是我国进入文字记载的历史时期以来最早的三个王朝夏、商、周的最高统治者在政治、军事、思想文化等活动中所形成的一些讲话记录、文告以及少数几篇根据流传资料整理加工编定的文件。

由于古代统治者重视文书工作和史事记注工作，就形成很多文书和史料。《左传·庄公二十三年》说："君举必书。"《礼记·玉藻》说："动则左史书之，言则右史书之。"但《汉书·艺文志》作"左史记言，右史记事"，郑玄《六艺论》作"右史记事，左史记言"。虽所说左右史官职掌刚好相反，但君主左右的史官要随时记录君主的行事和言论则相同。所记行事的成果即王朝编年史，后世见到的是《春秋》及《竹书纪年》；所记言论的成果就是诰、誓、命、谟等篇章，后世见到的是把这些篇章汇编而成的《尚书》及《逸周书》等。

夏、商、周三代共历时一千八百年或近两千年，统治者进行各种活动，发出各种讲话、诰令，既然"君举必书"，则数量必然是很多的。汉代纬书《尚书

璇玑钤》说孔子求《书》得三千二百四十篇,删去三千多篇,只留下百篇和百篇的"序",汇总为二篇。此说以为原来的《书》篇三千多,表示原来的《书》篇很多,是不错的。但具体数目为三千二百四十则是无根据的,可能原有《书》篇还会远远超出此数。至于说孔子删去三千多篇也是不确的。《论语·八佾》说孔子慨叹"文献不足",就是说,到孔子时流传的《书》篇已经很少了。孔子尽量搜求,才得少数的篇章。

当时诸子百家也大都搜求《书》篇,以之为宣传自己学说的依据。例如墨家就是称引《书》篇最多的一家。拙著《尚书学史》第一章"《尚书》在先秦的流传情况"文中,遍寻先秦文献二十种,从其中搜觅并统计所反映的先秦时《尚书》流传情况,发现这二十种文献共称引《尚书》达三百三十五次以上,所见到被称引的篇名共计将近六十篇。在这些篇中,其篇名连篇文传至汉代的十五篇(在汉代今文中),只传篇名未传篇文的十一篇(篇名在汉代"逸十六篇"古文中的四篇,在《书序》中七篇),而先秦有其篇未传至汉代的共三十二篇,还有未被先秦文献称引但其篇名却从先秦时期传至汉代的约有六十多篇。另有传至汉代的《逸周书》中有七篇确为西周原篇,有十余篇为西周原篇史料,可是在流传中可能写定于春秋时,再有一些可能为了保存一些西周原零散史料而写定于战国者。综观上面这些,约略可知先秦《书》篇名之可寻者,大概在一百四十至一百五十篇左右。但是是分散的、零乱的,不为一家所掌握。例如当时引《书》最多者为《左传》,共达八十多次,但所引篇名只有十三篇;而《墨子》引《书》四十七次,所出篇名达二十二篇;然后为《礼记》引四十三次、十三篇,《孟子》引三十八次、七篇,《国语》、《荀子》各二十多次,皆数篇,《论语》只八次,未出篇名。此外的十多种先秦文献所引只一次二次,篇名自无可观。既然情况这样,所以各家所拥有的《书》篇不会太多。当时儒、墨二家为"显学",最热衷于搜集传习《书》篇,《墨子》所引达二十多篇,儒家所有亦必不少于墨(《论语》、《孟子》、《荀子》、《礼记》皆儒家,合其所引,去其重复,即可知其约略数)。而获得传至汉代并流布二千余年至今者惟儒家所传习今文二十八篇,及《史记·殷本纪》传《汤诰》一篇,又《逸周书》保存七篇,其余各家所传习的皆散失(唯墨家所传《禹誓》与儒家《甘誓》同，获传下）。而且由先秦文献引读《书》篇情况看出，所引最多的是秦博士伏生传至汉代的儒家二十八篇范围之内。其余《书》篇引用次数都少。可知伏生二十八篇就是先秦广泛传习之本，亦即孔子创建儒学传授门徒的《诗》、《书》二课本之本。虽秦王朝焚书，但由于伏生为秦博士，手中握有这些《书》篇，所以秦亡后能由他传至汉代。

孔子处于"礼乐崩坏"的东周春秋末期，即由周公鉴于殷代弊政后所辛勤建立的西周王朝政教制度，由于历史的推移遭到破坏，由大一统的中央王朝按宗法网络上下相维、运用礼制、如臂使指地统治着天下诸侯的局面不存在了，孔子非常痛心。其实这是由奴隶制时代转向封建制时代的"世变"。孔子只憧憬着维持旧秩序的美好，梦想着恢复周公的德教之治，实现"礼乐征伐自天子出"而不是由诸侯霸主出的局面。但自己处于"士"的地位，位低无权，无法实现所服膺的周公礼乐德教，便只得以全副精力弘扬传授这种德教，"诲人不倦"地向弟子传授，向社会传布。其方法就是"好古，敏以求之"。首先搜集以周公文诰为主的周代《书》篇，而后是夏、商二代流传的孑遗、残缺《书》篇，更探求三代以前足以反映他所盛推的尧、舜、禹圣道王功的有关资料文件，包括远古神话传说、古代不同民族的宗神活动与民族故事，以及其他各种人文的与自然的科学知识资料等，择其中重要的珍贵的、零散支离的原始流传者加以系统化（神话转为历史化，神灵予以人化，以之连缀成足以渲染尧、舜、禹盛德大业的篇章，如《书》的前面三章是）。而后在书中前后相承的篇章展现尧、舜、禹、汤、文、武、周公一脉相承的圣道大统与王功。这样所编成的《书》，就和所编成的《诗》，成了他在课堂上传授门徒的两本课本：一是历史和政治哲学的课本，一是文学和陶冶品性的课本。二者都贯穿着道德教育，以培育儒学人才。

按，孔子教导学生，主旨在《论语·述而》所说："子以四教：文、行、忠、信。"又"志于道，据于德，依于仁，游于艺。"他的教育目的在培养出有道德的人才，然后才"游于艺"。所谓"艺"，就是指《诗》、《书》、《礼》、《乐》四者。《述而》篇说："子所雅言：《诗》、《书》、执礼。"又《泰伯》篇说："兴于《诗》，立于《礼》，成于《乐》。"所以孔子教学的课程只有《诗》、《书》、《礼》、《乐》四门

（《礼记·王制》称这四门为"四术"）。而《礼》、《乐》二者是在课堂外的实习课，课堂上的教材只有《诗》、《书》二门。《诗》还是应排练《礼》、《乐》实习课的需要所搜集的乐歌，同时也为统治者在举行外交典礼上诵歌之用。而《书》才是通过历史遗典进行政治哲学教育和道德教育的主要教材。由于孔子之后儒学影响的扩大，《诗》、《书》就成了当时知识分子的两本典型读物，成了依附秦王朝政权的法家所最畏惧、最痛恨的两本要籍。李斯就怂恿秦始皇厉行焚禁，下诏"天下敢有藏《诗》、《书》百家语者，悉诣守、尉杂烧之，有敢偶语《诗》、《书》者弃市"（《史记·秦始皇本纪》）。用这种最严厉、最残酷的手段对付，正可见孔门学术发挥威力，使敌对者害怕的就是《诗》、《书》这两门课本，也就是孔子诲人有效的《诗》、《书》、《礼》、《乐》这四门课程。

到孟子、荀子时，儒家课程才增加了另一部史书《春秋》，到《礼记·经解》所记，又增加了一部占卜书《易》。《庄子·天下篇》说"邹鲁之士"（指儒家）有《诗》、《书》、《礼》、《乐》、《易》、《春秋》。又《天运篇》说孔子"治《诗》、《书》、《礼》、《乐》、《易》、《春秋》六经"。这两篇在《庄子》的"外篇"、"杂篇"，成书较晚，在庄子之后，当是指战国末儒家后期有了"六经"时的情况。要知孔子时课程只有四门，课本只有两本。

二、汉代成为儒家五经之一，始称《尚书》

《书》在汉代成为儒家五经之一，开始称为《尚书》，逐渐形成《今文尚书》、《古文尚书》两学派。

（一）西汉的《今文尚书》

战国末期儒家的"六经"，其中的"乐"因在古时无法写成乐谱传下来，所以传到汉代的就只有《诗》、《书》、《易》、《礼》、《春秋》"五经"。其中的《书经》是由伏生在秦亡兵乱时藏在屋壁里，乱定取出时因竹简毁乱而有残缺，经整齐清理恢复后有二十八篇（目前学界普遍认为《尚书》是二十九篇），在齐鲁之间传授生徒，开始名为《尚书》。

伏生所传《尚书》二十八篇篇名是：

　　〔虞书〕1.《尧典》,2.《皋陶谟》

　　〔夏书〕3.《禹贡》,4.《甘誓》

　　〔商书〕5.《汤誓》,6.《盘庚》,7.《高宗肜日》,8.《西伯戡黎》,9.《微子》

　　〔周书〕10.《牧誓》,11.《洪范》,12.《金縢》,13.《大诰》,14.《康诰》,15.《酒诰》,16.《梓材》,17.《召诰》,18.《洛诰》,19.《多士》,20.《无逸》,21.《君奭》,22.《多方》,23.《立政》,24.《顾命》,25.《鲜誓》,26.《吕刑》,27.《文侯之命》,28.《秦誓》

　　按,伏生系三家今文本有分为《虞书》、《夏书》者,有合为《虞夏书》者,由《尚书大传》有"虞传"、"夏传",又有"虞夏传"可知。

　　这些篇章包括诰、誓、谟、命、典等五类不同作用的文献。"诰"是君主对臣下的讲话,"誓"是君主誓众之辞,多是军事行动的誓词,"谟"是臣下对君主的讲话,"命"是册命(即任命的册书)或君主某种命词,"典"载重要政事经过或某项专题典要资料,如《尧典》是,《禹贡》亦是。还有以人名标题的,如《盘庚》、《微子》;以事标题的,如《高宗肜日》、《西伯戡黎》;以内容标题的,如《洪范》、《无逸》等。这些大都是史臣执笔书写的。

　　伏生就以这二十八篇传授门徒,逐渐在门徒中形成三派:由欧阳生始,传至欧阳高建立的欧阳氏学,由夏侯胜建立的大夏侯氏学,由夏侯建建立的小夏侯氏学。他们传习伏生所传二十八篇(唯将《鲜誓》改写为《柴誓》),后来又加了武帝时出现汉人所编造的《太誓》篇,成为二十九篇。因为这些篇是用秦汉通行的隶书写的,遂称今文本,以别于被称为从孔子壁中出现的古籀文字写的古文本。

　　汉代在国学立五经博士,文帝时始立《诗》博士,景帝时立《春秋》博士,武帝时立全了《五经》博士。其中《书》博士立欧阳氏学,宣帝时增立大夏侯氏、小夏侯氏学。此三家《今文尚书》成为立于学官之本,从此《尚书》成了历代帝王和封建士大夫必读必遵的政治和道德教科书,给了汉代和汉以后全部封建时代的政治和思想以巨大影响。

　　由于西汉儒生完全与方士相结合,使经学神学化。自战国后期盛行的阴阳说、五行说、五德说、墨子尚鬼说,再经燕齐方士方术思想的鼓吹,以致汉代"阴阳五行说"体系成立,成为无人不尊奉的宗教,儒生们都进而方士化,相率以阴阳五行灾异感应之说释经,伏生系今文派进一步把《洪范》改造成宣扬五行灾异的原始经典,所编写的《尚书大传》中有整整一卷载夏侯始昌撰的《洪范五行传》,牵强附会地说自然现象、社会现象和历史现象都受金、木、水、火、土五行支配。大夏侯氏派的许商撰《五行论历》,亦称《洪范五行传记》,小夏侯氏派的李寻盛推《洪范》灾异,鼓吹汉应再受命。其后刘向撰《洪范五行传论》,刘歆撰《五行传说》,最后班固归结撰成《汉书·五行志》,先引据《洪范》原文一段,继录《洪范五行传》一段,即跟着记录灾异,论断史事。于是两千多年来在中国谈历史,就永远跳不出"《洪范》五行"的魔圈。成为整个社会看待宇宙、看待历史、看待人生的指导思想。以后各史相承都必有《五行志》(个别的称《灵征志》、《灾异志》),从《洪范》中衍生出了中国历史哲学中支配人们头脑二千多年的完整地宣扬天人感应的神学史观。西汉末儒生还进一步神化经典,把《易》的八卦说成是上帝派神马背负着在黄河上授与伏羲的,称为《河图》;把《洪范》的九畴说成是上帝派神龟背负着在洛水上授与大禹的,称为《洛书》。从此《河图》与《洛书》遂成为汉儒所膜拜而且遗传后代儒生所共同膜拜的由上帝赐下的两件神物。儒生彻彻底底地方士化了。

王莽之世,由《尚书大传》之阴阳五行说大肆披猖,进而出现了"谶纬",以与经学相经纬的名义(经是纵丝,纬是横丝,以成织物),为每一部"经书"都编写了"纬书"。当时有"河洛七纬"。"七纬"是指"六经"加《孝经》的纬书,并有"河图纬"、"洛书纬"。其中"书纬"当时传者五种,明、清儒家辑存的多达十一种,又有较早的《尚书》纬《中候》十八篇。按,西汉阴阳五行化的今文经学,是方士化的儒生作出的;王莽时始倡行发展至东汉的谶纬化今文经学,则是与儒生合流的方士作出的。这些谶纬,全是妖妄怪诞的东西,是方士们一贯玩弄的庸俗浅薄荒诞迷信的那一套。这是西汉神学化的经学恶性发展,经王莽推波助澜以迄东汉更加盛行的必然结果。

今文经学更盛倡所谓"通经致用",有所谓以《春秋》断狱,以《诗》三百篇当谏书,以《禹贡》治河,以《洪范》断灾异,等等。至王莽时处处用《尚书》

加谶纬来文饰其阴谋活动,把自己打扮成周公的化身,一步步的篡位活动都以《尚书》文句为标榜,对起兵讨伐他的翟义,就直接用《大诰》原文作为出兵进击翟义的檄文,只把文中一些人名、地名改用汉代的而已。其他处处依据《尚书》文义的还很多,就使大家觉得他的行动是合于"经义"的,因而顺顺当当地像演戏法似地篡夺了汉家天下。这是汉代经学中最大的一次成功的"通经致用",也就是《尚书》之学在汉代所起的一次有特效的作用。

以上是西汉所传并立于学官供学子习读的《今文尚书》的一些情况。

(二)西汉的《古文尚书》

西汉时期已出现《古文尚书》,见于记载者有下列五次。

1.《史记·儒林列传》载孔子十一世孙今文博士孔安国藏有先世所传下的《古文尚书》,孔安国以所习今文对照读它,发现比今文本多了"逸书十余篇"。

2.《汉书·艺文志》载西汉宫廷藏有《古文尚书》,称"中古文本",亦称"中秘本"。刘向校书中秘(皇家图书馆)时,曾用此本校三家今文本,发现今文本有脱简、脱字及异字。这中秘本可能即博士孔安国所藏家传本献上中秘的。

3.《史记·五宗世家》说河间献王好儒学,《汉书·景十三王传》说"献王所得书皆古文先秦旧书,《周官》、《尚书》、《礼》、《礼记》、《孟子》、《老子》之属"。

4.《汉书·儒林传》载汉成帝时诏求古书,东莱张霸以《百两篇》应征。其书"分析合二十九篇以为数十,又采《左氏传》、《书叙》为作首尾",编成《书》百篇,百篇的序合编为两篇,称"百两"。经以中秘本校之,无一相合;后因所传弟子谋反,遂罢黜其书。这是汉代编的一部伪《古文尚书》。但它所提出的百篇《书序》流传下来,成了《尚书》学中一件大事。

5.《汉书·楚元王传》附《刘歆传》载刘歆说:鲁恭王为扩建自己居住的宫室而毁坏孔子旧宅,在坏壁中得古文旧书三种即《书》、《逸礼》、左氏丘明所修《春秋》,其中《书》有今文所无的十六篇。这比《史记·儒林传》所载明确了两点:一为出自孔子宅壁中,从此有了"孔壁本"一词;一是《史记》约略说"逸《书》十余篇",此则由目验知为"逸十六篇",显然是可信的。以前只约略知道十余篇,此时明确知道是十六篇了。

这五次《古文尚书》的记载,第一次孔子家传本,其说最原始可靠;第二次中秘本,即第一次本献入中秘的;第三次河间献王本,汉代如此明确记载,当属实,王国维说可能是抄自第一本之副本,则又与第一本相合了;第五次鲁恭王坏孔子壁中本,虽刘歆得自传闻,然歆与其父刘向校书中秘,因实际看到原件才知道逸《书》是十六篇,则此本又与第一、第二次本相合了。是此第一、二、三、五诸本实可视为一本,都是可信的。惟第四次张霸本当时就发现它是伪书,后来被黜也未传下,惟传下了《书序》则深有影响。

现在先录存"逸十六篇"篇名,因为它是西汉所保存的真《古文尚书》的篇章。要知道有它就是真古文,没有它就是假古文,它是真假古文的试金石。其篇名保存在孔颖达《尚书正义》的《尧典》篇题下,现录如下:

〔虞夏书〕1.《舜典》,2.《汩作》,3.《九共》,4.《大禹谟》,5.《益稷》,6.《五子之歌》,7.《胤征》

〔商书〕8.《汤诰》,9.《咸有一德》,10.《典宝》,11.《伊训》,12.《肆命》,13.《原命》

〔周书〕14.《武成》,15.《旅獒》,16.《冏命》

刘歆在中秘校书看到这"逸十六篇"后,就向汉哀帝建议,把这些《古文尚书》和同时在中秘见到的《左氏春秋》、《毛诗》、《逸礼》都立于学官,以供士子肄习,遭到原有博士们的反对。他就写一封《移太常博士书》,责备这些今文博士们"保残守缺,挟恐见破之私意,而无从善服义之公心",是"欲以杜塞馀道,绝灭微学"。触怒了博士和达官们,被外放为地方官吏多年。刘歆本是传习今文,只是看到藏在秘府的几部古代典籍可贵,欲有博士传习,扩展所掌握的学术资料,以之建于学官。谁知冒犯了原已专擅博士职位的今文家儒生所垄断的地盘和利禄,因而触了霉头,而在中国学术史上断断续续纠缠了两千多年的今古文之争却由此开始了。

后来刘歆的老朋友王莽当权,帮助他把这几部古文经立了学官。王莽篡位后,还增加了一部《周官礼》也立学官。随着王莽失败,这几部书和其博士都被废黜了。

　　按,刘向、刘歆父子整理中秘的藏书,刘向编成目录《别录》,刘歆编成目录《七略》。《汉书·艺文志》全文抄录了《七略》,其中关于《尚书》部分所载"《尚书古文经》四十六卷",就是二十九篇加逸十六篇为四十五篇,篇为一卷即四十五卷,加《书序》合为一卷,即为四十六卷。又《尚书正义》"虞书"下引《别录》载"《古文尚书》五十八篇",即是二十九篇中的《盘庚》、《太誓》各三篇,又《顾命》中分出《康王之诰》,故为三十四篇,而逸十六篇中的《九共》作九篇,故为二十四篇。合之即为五十八篇。四十六卷五十八篇,即西汉末刘歆所称孔壁中真古文本的卷数篇数。

　　其次再录存"百篇书序"的百篇篇名,因为这出现虽较晚,却成了《尚书》学中一件大事。按张霸伪造的《百两篇》中的"两篇",就是汇集百篇《书》的序文在一起,把它编成两篇。实际那是采集《史记》中叙述一些《书》篇写成情况的资料,又采取《左传》中同样情况的一些资料,来作为说明这些《书》篇写成经过及偶然谈到该篇作用的(这种很少)、简略的一句两句的文字,就称为该篇的"序",综称为《书序》。但有些几篇合序,故百篇共只有六十三序。这百篇包括汉代当时传习的今文二十九篇及相传的在中秘的古文逸十六篇在内,其余只载其篇名未见其篇文,这种称为"亡篇",以别于逸篇。扬雄《法言·问神篇》云:"昔之说《书》者序以百。"是西汉末百篇之序已为学者所公认,但还没有确定它的作者,只泛称是"昔之说《书》者"。所谓"昔",是指扬雄百多年前的成帝时《书序》出现之际,到东汉始有人说成是孔子所作。如马融、郑玄《书序·注》都说"《书序》孔子所作"。至宋代怀疑此说者多,如朱熹《朱子语类》怀疑之语不少,肯定非孔子作,以为秦汉低手人作。但过去读书人总醉心经典为圣人之作,听到说非圣人作便很反感,因此迷恋《书序》为孔子作的人历代均有之,直到现代也还有之。如果说《书序》不是孔子作,他会痛心疾首。而《书序》马、郑注宋时已亡,南宋王应麟辑有《古文尚书郑氏注》,其末篇即《书序·注》,备载了郑玄保存的《书序》百篇篇名。清孙星衍补充为《古文尚书马郑注》,其末篇仍为《书序》。清代不少学者仍尊信,有在整理先秦存佚《书》篇时,只相信"《书序》百篇"以内的佚文才搜集,以外者则弃不录。不知那些实亦是存在于先秦的散失的可贵

《书》篇佚文。由此可见《书序》的影响是不可忽视的,有必要知道它。现特据孙星衍辑本录出所谓"《书序》百篇"篇名如下(省书名标):

〔虞夏书〕20篇:1.尧典,2.舜典,3.汩作,4—12.九共,13.槀饫,14.大禹谟,15.皋陶谟,16.弃稷,17.禹贡,18.甘誓,19.五子之歌,20.胤征

〔商书〕40篇:21.帝告,22.釐沃,23.汤征,24.汝鸠,25.汝方,26.夏社,27.疑至,28.臣扈,29.汤誓,30.典宝,31.仲虺之诰,32.汤诰,33.咸有一德,34.明居,35.伊训,36.肆命,37.徂后,38—40.太甲,41.沃丁,42—45.咸乂,46.伊陟,47.原命,48.仲丁,49.河亶甲,50.祖乙,51—53.盘庚,54—56.说命,57.高宗肜日,58.高宗之训,59.西伯戡黎,60.微子

〔周书〕40篇:61—63.太誓,64.牧誓,65.武成,66.洪范,67.分器,68.旅獒,69.旅巢命,70.金縢,71.大诰,72.微子之命,73.归禾,74.嘉禾,75.康诰,76.酒诰,77.梓材,78.召诰,79.洛诰,80.多士,81.无逸,82.君奭,83.成王征,84.将蒲姑,85.多方,86.周官,87.立政,88.贿肃慎之命,89.亳姑,90.君陈,91.顾命,92.康王之诰,93.毕命,94.君牙,95.冏命,96.蔡仲之命,97.费誓,98.吕刑,99.文侯之命,100.秦誓

这样整整齐齐的虞、夏二十篇,商、周各四十篇,凑成整整一百篇,能合于历史的真实吗?孔子慨叹"文献不足",一个王朝的文件能流传下来多少,完全是侥幸的、非常偶然的,其篇数必将是零乱不全的,就可知这一整整齐齐百篇之不可信。而这一百篇名中,上文提到被先秦文献引用的,总共只有二十六篇,其余篇名来源不明,是无法证实其可靠性的。

以上是西汉时有关《古文尚书》的一些情况。

三、东汉立于学官的《今文尚书》渐衰落,杜林系的马、郑《古文尚书》传习日盛

东汉仍以《尚书》今文三家立于学官,而以欧阳氏学为主。西汉真古文本出现后被今文家排斥,因受王莽之助获立学官,故东汉又特予以打击。东汉之初,有一学者杜林在西州(约在今甘肃境)获得漆书《古文尚书》一卷(当是孔安国家传本在社会上的传抄本,如王国维所说河间献王所得即是该

本抄写的副本一样）。归长安后，当时名学者卫宏、徐巡等都向他受学，杜传授他们以《古文尚书》二十九篇。按杜林只得古文一卷，汉时一卷大都为一篇，如大、小夏侯之本；有时可以三篇，如欧阳氏之本（《盘庚》一卷三篇）。总之一卷篇数是不多的，大概杜林所得一卷顶多是三篇左右。而他教授门徒竟是二十九篇，没有逸十六篇，则他这"古文二十九篇"是大有问题的。因汉代今文篇数是二十九篇，古文篇数为四十六篇包括逸十六篇。杜林所传刚好是今文篇数而不是古文篇数，那就只好理解为：杜林根据他所掌握的一卷漆书古文真本，把当时士子一般习读的今文二十九篇，按照漆书的古文字体加以改写，就成为杜林二十九篇古文本了。

承受杜林学的卫宏撰写了《古文尚书训旨》，徐邈撰写《尚书音》，使《古文尚书》开始盛行。但影响更大的是杜林同里贾逵作《古文尚书训》，逵门人许慎引这部《古文尚书》的古文的文字入他所撰《说文解字》中，另一位汉代后期的马融作《古文尚书传》，其门人卢植作《尚书章句》，另一门人郑玄作《古文尚书注》。郑尤特出，他在经文上除继承了杜林本外，还引到了一些"逸十六篇"的资料；在经说上承卫、贾、马所承的杜林古文之学，还兼采一些今文之说，并采及一些谶纬资料，所以郑玄成了以古文为主体的汉代经学的集大成者，马、郑本《古文尚书》遂成为古文本的代表。

由上文知道西汉称为孔壁本的真《古文尚书》本为四十六卷五十八篇，马、郑所传杜林古文本明明是二十九篇，可是他们宣称自己的古文本原亦是五十八篇。见《汉书·艺文志》"《尚书古文经》四十六卷为五十七篇"下颜师古注引郑玄《叙赞》云："后又亡其一篇，故五十七。"是郑玄以古文原为五十八篇。另一古文家桓谭《新论》亦云："《古文尚书》旧有四十五卷（按不包括《书序》一卷）五十八篇。"他们这个篇数，用意只是在标榜自己所传习古文是西汉壁中古文真传。然而他们没有"逸十六篇"，怎么也攀附不上西汉壁中古文的。

由于东汉这几位古文家学者的努力，特别是最后集大成的郑玄在经学上的成就，使古文经学终于取代今文经学，雄踞于东汉学坛。这也是今文经学本身堕落的必然结果。阴阳五行说笼罩下的今文经学已不足为危机四伏的汉王朝服务，就进而利用当时帝王对图谶的重视，继承自王莽以来宣扬的灾异、符命、图谶等，使阴阳五行说笼罩下的西汉今文经学，变成了更愚妄的谶纬笼罩下的东汉今文经学。当它活动到非常乌烟瘴气的时候，自然会失掉较有正常头脑的人们对它起码的信念，自然会招致一些怀有"子不语怪力乱神"的正统儒家观念的知识分子的反感，所以东汉所有古文诸大师都极力反对谶纬。经过他们的揭露和非难，谶纬终为有识者所共弃，今文经学也就完全丧失学术地位，古文经学便以恢复正统儒学所倡的尧、舜、禹、汤、文、武、周公、孔子的"圣道王功"的精神而获兴起。他们亟亟以求阐明周公、孔子所倡"圣王仁义正道"，肆力追求三代各种典章制度礼乐声教，以求昌明经术，挽救时弊，于是马、郑本《古文尚书》成为社会上共同传习之本，魏及西晋时郑玄学大行，他的《尚书注》与掌握政权的司马氏贵戚王肃所为《尚书注》同时立于学官。形成王学与郑学相争。南北朝时，北朝始终独行郑学，南朝则东晋起另行出现伪古文，形成了郑学与伪古文的消长过程。

四、东晋出现伪孔本《古文尚书》占《尚书》学正统，汉代今文、孔壁本真古文、马郑古文均被淘汰

我们现在读到的《尚书》，是东晋出现的一部假冒孔安国的名义伪造的《古文尚书》。

西晋倾覆，东晋逃到南方偏安立国，仍然需要乞灵于儒家思想作为精神支柱，所以又广征经籍，仍然设立博士官以传儒学。这时由豫章内史梅赜献上一部标为孔安国"传"（即注解）的《古文尚书》十三卷，五十八篇。每篇有假称孔安国做的注，称为"孔氏传"。唯此书初献上时缺《舜典》篇，取王肃本《尚书》的《尧典》篇下半篇冒充《舜典》篇，并一道取其王肃注代替孔氏传。到南朝萧梁时，吴兴人姚方兴采马融、王肃之说造一篇《舜典》的假"孔氏传"，伪称在大航头购得，献上。流传至隋时取以列入全书的《舜典》篇中，代王肃注，名义上"孔氏传"得全。这部书经过自宋至清初学者的考辨，揭露其为伪古文，便被称为"伪孔本"。

这部伪孔本全书前面有一篇假冒孔安国口气写的《尚书序》，序中所说，有袭用汉代旧说者三点:(一)袭用纬书所谓孔子删《书》存一百篇之说;(二)袭用刘歆《移太常博士书》及《汉书·艺文志》谓鲁恭王坏孔子壁,得古文悉以还孔氏,悉上送官,遭巫蛊事不用诸说;(三)袭用刘向、桓谭、郑玄四十六卷五十八篇之说。又有与汉代资料不同,纯出凭空新创者三点:(一)孔安国承诏作"传";(二)始用隶古定书写;(三)将比伏生今文多十六篇改为多二十五篇。其袭用的(一)、(二)两点与凭空新创的第(一)点都是错误的说法,但其内容颇复杂,需要较详细的辨析,予以澄清,已详拙著《尚书学史》,可以参阅。其袭用的第(三)点与凭空新创的(二)、(三)两点在下面简单谈到。

伪孔本为要表明它是汉代真古文,首先在篇数上要编造得和汉代古文篇数相合。汉代几个资料都说《古文尚书》是五十八篇,因此它也要编成五十八篇,遂将袭用的二十八篇析成三十三篇,再加伪造二十五篇,就成五十八篇。序文中明说加"书序"为五十九篇,可是为了符合五十八篇之数,就将这一卷"书序"拆散,将各序按时间先后分别置于各篇之首或其后,以仍保存此篇数。

序文又明言四十六卷。但汉古文四十六卷是由二十九篇加逸十六篇再加"书序"一篇,以篇为一卷而成,伪古文作者竟不知有逸十六篇,无法凑成此数,就弃而不顾,径用《魏石经》之十三卷。按汉古文是经文连传注文,字数较多,故为四十六卷,《魏石经》只刻《尚书》经文,字数少,故为十三卷。今伪孔本经文连传注文竟亦沿用经文之十三卷。伪孔本经文共二万七千一百三十四字。

现录伪孔本五十八篇篇名如下(凡伪二十五篇共十九题于其下加"＿＿"为记)(仍省书名标):

〔虞书〕1.尧典,2.舜典,3.大禹谟,4.皋陶谟,5.益稷(全书 1—5)

〔夏书〕1.禹贡,2.甘誓,3.五子之歌,4.胤征(全书 6—9)

〔商书〕1.汤誓,2.仲虺之诰,3.汤诰,4.伊训,5-7.太甲,8.咸有一德,9-11.盘庚,12-14.说命,15.高宗肜日,16.西伯戡黎,17.微子(全书 10—26)

〔周书〕1-3.泰誓,4.牧誓,5.武成,6.洪范,7.旅獒,8.金縢,9.大诰,10.微子之命,11.康诰,12.酒诰,13.梓材,14.召诰,15.洛诰,16.多士,17.无逸,18.君奭,19.蔡仲之命,20.多方,21.立政,22.周官,23.君陈,24.顾命,25.康王之诰,26.毕命,27.君牙,28.冏命,29.吕刑,30.文侯之命,31.费誓,32.秦誓(全书27—58)

伪孔本五十八篇中,沿马、郑袭用今文之数二十九篇而汰去伪《太誓》(另造新伪《泰誓》),获保存今文原二十八篇,析成了三十三篇。为明晰计,今录列伪孔本中所保存今文二十八篇篇题(个别篇题文字稍异汉今文原题)如下(仍省书名标):

〔虞书〕1.尧典(析其下半为舜典),2.皋陶谟(析其下半为益稷)

〔夏书〕3.禹贡,4.甘誓

〔商书〕5.汤誓,6.盘庚(析为上中下三篇),7.高宗肜日,8.西伯戡黎,9.微子

〔周书〕10.牧誓,11.洪范,12.金縢,13.大诰,14.康诰,15.酒诰,16.梓材,17.召诰,18.洛诰,19.多士,20.无逸,21.君奭,22.多方,23.立正,24.顾命(析其下半为康王之诰),25.吕刑,26.文侯之命,27.费誓,28.秦誓

这些是侥幸保存在伪古文本中的汉代今文篇章资料,是迭经曲折纷繁的递嬗过程仍获留下的《尚书》中最珍贵的资料。我们今天要了解我国最早的古文,就要研析利用这二十八篇,虽然文字有不少错乱,释义纷歧,问题丛杂纠结,然而却是唯一的最古老的有关三代的原始文献史料。

所以伪古文本中有可珍贵的原资料,也有伪造的假古董。商务印书馆出版的《中国文化史知识丛书》中的李思敬撰《五经四书说略》对这情况有一生动的比喻,现录如下:"只有二十八篇是先秦流传下来的,其余全是后人主要是东晋初的人利用先秦古籍中零星引用的《尚书》文句杂凑成文的,并非原物。打个比方:这五十八篇经文好比五十八件古器物,其中三十三件是原来古物,只不过有三件各被破成两半,有一件被破成三件。如果把它们复原,则实得二十八件完整的古物。另外的二十五件情况不同,一部分为博物馆中用彩陶碎片复原的彩陶器,还有一部分则是镶进古器物碎片的伪造的古董。……今本《尚书》五十八篇就是这样一堆真伪参半的古史资料。我们

开始接触《尚书》，只要了解那二十八篇（或三十三篇）真材料就行了，其余的伪篇可以置而不论。"

这些可弃置不论的伪二十五篇之所以形成今所见情况，是由于编造伪《古文尚书》者不知道他所要假冒的真古文除同于今文者外还有逸十六篇。如果他知道，他正应该编造这失传已久的十六篇以显示其真。可是他不知道，为了凑足所传汉代古文五十八篇之数，除了取当时尚存在的二十八篇离析为三十三篇以增加篇数外，又于"书序"百篇中随手选取十九个篇名，就当时流传的先秦文献中觅取文句以凑成十九篇题下的二十五篇，以成此数。这二十五篇所从属十九篇题中，有《大禹谟》、《五子之歌》、《胤征》、《汤诰》、《伊训》、《咸有一德》、《武成》、《旅獒》、《冏命》九个篇名偶然在"逸十六篇"中（还有《尧典》、《皋陶谟》分出的《舜典》、《益稷》二篇也在十六篇中，但不属伪二十五篇），而缺了逸十六篇中的《汨作》、《九共》、《典宝》、《肆命》、《原命》五个篇名，另多出了《仲虺之诰》、《太甲》、《说命》、《微子之命》、《蔡仲之命》、《周官》、《君陈》、《毕命》、《君牙》等九个篇名，这是由于对所要假冒的事物缺乏了解所造成的失误，正是反映其"作伪心劳日拙"的窘态。

十九个篇名中，《泰誓》一篇名是袭原有今文中的《太誓》，而易"太"为"泰"。由于马融在注《书序》时揭露其篇中无先秦所引用《太誓》文句，反而有汉代所倡灾异谶纬语句，指出其为伪篇，故伪古文本不用汉代《太誓》，而据马融所提先秦所引文句，添些杂语，重新另行编造了一篇第二次伪《泰誓》。

这部伪古文为表示其古，还特别编造了一种假古董字体叫"隶古定"，用来书写全书。《经典释文》释云："隶写古文。"是"依傍字部，改变经文"编造的奇奇怪怪的字，如：战作"珅"，会作"佮"，诸作"彰"……之类。从东晋初年伪《古文尚书》出现之日起，直至唐代天宝年间，所流传通用的《尚书》就是用这种文字写的本子。它在流传中发展成两种本子：一是从东晋到宋、齐传下来的，陆德明《经典释义》称它为"宋齐旧本"；一是奇字特多之本，不详起于何时，但比前一种起源时间要晚，到隋、唐已广泛流传，陆德明斥为"穿凿之徒"所为，段玉裁《古文尚书撰异》中斥为"伪中之伪本"。今所见者有宋薛季宣《书古文训》中所刻的经文。这种奇字之书很不好读,晋末范宁曾把它用"今字"(楷书)改写,但传布不广,到唐代前期仍流传这种隶古定本。唐时误认为宋齐旧本是《尚书》真本,故一直遵用传习着。今所见者有清末自敦煌石室中发现的唐写隶古定本。唐玄宗时终以为这种写本不便阅读,便命学士卫包于天宝年间改写成楷字本,由于卫包不懂文字学,改错了不少字,但已成了官定本,于武宗开成年间把它刻成"唐石经",五代及宋以后一切版刻本都承自"唐石经",所以至今供人们阅读的《尚书》,就只有被改错了一些字句的伪《古文尚书》本。

五、伪《古文尚书》形成汉学、宋学两种本子

这部伪孔本《古文尚书》,经唐历宋,以迄今日,发展成汉学、宋学两种本子。汉学本为《十三经注疏》本的《尚书注疏》二十卷;宋学本为明、清监本《五经四书》本的《书集传》六卷。现在人们能读到的《尚书》本子,就是这两种本子,现分叙如下:

(一)《十三经注疏》本中孔颖达撰《正义》的《尚书注疏》本

上文说到南北朝对峙期间双方经学之异,在《尚书》学方面北朝行郑玄之学而南朝行伪孔之学。及统一南北的隋王朝统一经学,采南朝之学而黜北朝之学,伪孔本《尚书》遂确占《书经》的正统地位。唐太宗认识到儒学在思想领域方面对巩固他的统治的重要性,便命儒臣将自汉以来重要的"五经",在原有传、注的基础上,采用南北朝时期模仿佛学以义疏说经义的方法,对五经也普遍撰著义疏,用以对自汉至唐的经学做一总结性的整理。《旧唐书·儒学传》云:"诏国子祭酒孔颖达与诸儒撰定《五经》义疏。"又《新唐书·孔颖达传》云:"颖达与颜师古、司马才章、王恭、王琰受诏撰《五经》义训,凡百余篇,号《义赞》,诏改为《正义》。"后经几位学者增省修订,于唐高宗永徽四年,"颁孔颖达《五经正义》于天下"(《旧唐书·高宗本纪》)。其后贾公彦撰《周礼》、《仪礼》二"义疏",稍后杨士勋撰《谷梁疏》,唐后期有徐彦《公羊疏》,于是唐代撰成了《九经正义》。

这些《正义》，自唐至北宋一直作专书单独刊行。直到南宋淳熙间，两浙东路茶盐司才把《尚书正义》和《尚书》本文及伪《孔氏传》合刻成《尚书注疏》(《孔传》为注，《正义》为疏。当时与《尚书注疏》同刻者，尚有《易》、《周礼》两注疏本，至绍熙间加刻《毛诗》、《礼记》二注疏本)。明清两代汇刻在《十三经注疏》(唐《九经》疏加宋《论语》、《孝经》、《尔雅》、《孟子》四疏)中，到现代还作为常见本通行。现在可以读到的有中华书局据世界书局缩印本重新影印清代阮元刻《十三经注疏》本。

孔颖达在《尚书正义·序》中说："今奉明敕（皇帝的命令），考定是非。……览古人之传记，质近代之异同，存其是而去其非，削其烦而增其简。此亦非敢臆说，必据旧闻。"他的"存其是而去其非"，实际是把南朝义疏中玄学禅学影响较多之说去掉，恢复汉学之说，以保持正统儒学的教义。所说的"非敢臆说，必据旧闻"，就是必据经学中的汉学之说，而不是出于自己的创说。加上原传下的《孔氏传》总结和承袭了东汉经学的全部成就，同时惩于魏晋的曹氏与司马氏之篡弑，而盛倡维持封建纲常，严防僭越篡窃，着重把汉以来古文家重视周公、孔子的德教所推崇的"圣道王功"贯穿在全部经文和传注中，所以这部《尚书注疏》就成了汉学的代表作。

（二）监本《五经四书》本中的蔡沈《书集传》为宋学取代汉学的元明清《尚书》学官定本

由于唐末农民大起义彻底扫清魏晋以来所形成的豪门世族制度，宋王朝就在相对来说较没有世族豪门垄断土地的基础上建立起来，农业生产因所受的桎梏较轻而得到比较大的发展，商业也随之获得较宽松环境，甚至还发展了海外贸易，跟着手工业也得到发展，于是在经济较前繁荣的基础上，科学技术也得到空前提高，我国历史上很多光辉灿烂的科学技术成就都形成于宋代(可参看李约瑟《中国科学技术史》)。相应地人文科学领域也随之活跃起来，形成了新的敢于摆脱传统展开自由思考的学风。加上印刷业的发展，士大夫比以前全靠抄书的时代得书容易多了，眼界比以前开阔多了。随着视野的扩大，思想的活动领域也随着扩大，因而能提出比前人思想广阔得多的看法，展开创造性的思想活动。在经学领域来说，承唐代啖助、陆淳等丢开传注直接研究经文的手法,益以活泼的自由思考,形成了崭新的宋学学风,形成了比章句训诂、寻词释义的汉学在思想上远为丰富的宋学。

宋学要力争自己为儒学正统,既蔑弃汉学,就自然要对汉唐以来汉学精神所传注的几部重要儒家经典作出自己的解释,因而出现了宋代经学著作在数量上的空前繁荣。而伪《古文尚书》的《大禹谟》及有关诸篇给宋代理学提供了建立它的思想体系的宝贵资料,因而被他们尊为《五经》中最尊的一经,纷纷对它作阐释,出现了许多的新作。据宋人自己说,宋代关于《尚书》的著述达四百家之多。其中最重要的一部,就是朱熹集宋学之大成最后完成宋代理学体系之后,命其弟子蔡沈撰成的《书集传》六卷。这部书综承《尚书》的宋学成就撰成。蔡沈在《自序》中说:"《书》岂易言哉!二帝三王治天下之大经大法皆载此书。……二帝三王之治本于道,二帝三王之道本于心,得其心则道与治固可得而言矣。何者?精一执中(按此据伪《大禹谟》'惟精惟一,允执厥中'语),尧、舜、禹相授之心法也;建中建极(按此《洪范》义),商汤、周武相传之心法也。曰德、曰仁、曰敬、曰诚,言虽殊而理则一,无非所以明此心之妙也。……后世人主有志于二帝三王之治,不可不求其道;有志于二帝三王之道,不可不求其心;求心之道,舍是书何以哉!"他们把《尚书》说成是二帝(尧、舜)三王(夏、商、周王)之道统展现二帝三王心法的经典,因此为"后世人主"以及为人主服务的士大夫必须熟读遵行的圣道教科书,因而宋代理学亦称"道学"。《宋史》给宋代理学家合立了《道学传》,指出道学的中心主旨是"传三代圣王之道"。以为三代时因尧、舜之治,自然地存在着"道",到孔子时,想把"圣人之道昭明于无穷",传之至子思、孟子。可是两汉之下儒者论道"弗精",千有余载至宋周、程、朱、张诸道学家得到了"帝王传心之奥",荷承了尧、舜、禹、汤、文、武、周公、孔、孟一贯相承的"道统"。这"帝王传心之奥",就是伪《大禹谟》中"人心惟危,道心惟微,惟精惟一,允执厥中"四句十六字。这"虞廷十六字"就是"尧、舜、禹三圣传授心法"。所以就有上面所引蔡沈《书集传·序》那一段话。于是《尚书》一书成了他们宣扬列圣道统精神核心"三圣心法"的宝典,与汉学专从事章句训诂、寻词释义迥然不同。

　　真德秀撰蔡氏《墓志》有云："君……从文公（朱熹）游,文公晚训传诸经略备,独《书》未及为整,环视门生求可传者,遂以属君。君沉潜反复数十年,然后克就其书。考序文之误,订诸儒之说,以发明二帝三王群圣贤用心之要,《洪范》、《洛诰》、《秦誓》诸篇往往有先儒所未及者。"朱熹曾有不少疑辨伪古文之语,疑辨勇决,但为了怕"倒了六经",又反过来维护。蔡沈承师意,所以"《书》序"附于后,伪孔安国《序》亦列后,皆予以疑辨,而又为体现朱熹维护伪经文之意,故全书仍沿伪古文五十八篇,都做了《集传》,不过在篇题下或注"今文古文皆有",或注"今文无古文有"。实际表明"今文有"的是汉代真《尚书》,"今文无"的是伪孔本始出现的可疑之篇,不过不明说其伪而已。这部书出来后,在宋代即已发生重大影响,大都奉为朱子学派的要著,但在宋代还没有定于一尊。到元、明两代一尊程朱理学,就由国家明令规定《尚书》一尊"蔡《传》"。其初功令犹云兼用"注疏",但由于"注疏"繁而"蔡《传》"简,士子们都只习"蔡《传》"。到明永乐年间颁行《书传大全》,而后"蔡《传》"专尊为科举用书。其书于明代始由国子监刊行"监本《五经四书》"本,清代照样刊行,近代亦沿用之,有世界书局影印本。亦有《书集传》单刻本,各大图书馆当能找到。

　　事实上《书集传》虽为官定本盛行,而读书人仍不废《注疏》本。只是不注意《注疏》本代表汉学,《书集传》本代表宋学。喜简要点的读《书集传》,要多了解点资料的读《注疏》本而已。

六、伪《古文尚书》被推翻,今文二十八篇得到清人、近人的考辨研究

　　伪《古文尚书》既出于伪造,其破绽又那么成硬伤,即使早期不被人识破,但流传既久,必然有好学深思独具识力的人逐渐识破它。首先是在学术上能独立思考的宋儒发现了它的罅漏,最初为北宋末年的吴棫《书裨传》从今文古文文字之难易不同疑之。实际由于今文是保存下来的古代原篇章,故聱牙难读;古文则是东晋初虽剽袭了一些先秦文献中所存古字句,但由它连缀成文,便很自然地受东晋文风影响,所以较平易好懂。吴棫觉察到了这点,但还没明白其缘故。朱熹受了吴棫影响,其《朱子语类》及文集中疑辨伪古文之语四十余处，上文已提到他怕倒了六经，反过来又维护伪古文的经典地位。宋代参加辨伪者有好多人，递经元、明学者十余人的有力疑辨，其中成就最大的有元代吴澄《书纂言》和明代梅鷟《读书谱》与《尚书考异》特为卓异。吴澄之书始摒弃伪二十五篇，专释今文各篇，并指出伪古文各篇"杂集补缀，无一字无所本"。梅鷟之书开始运用搜集证据的方法，一是文献的证据，一是历史事实的证据。文献的证据即由吴澄所说伪古诸篇"无一字无所本"的启发，搜集伪古文诸篇其所本于先秦文献中的某些文句，以见其造伪的铁证。历史事实的证据，则是举了一些地名皆出现在孔安国后，却为《孔氏传》所引用，亦为伪孔本造伪无法抵赖的铁证。

吴、梅二人的考辨，大大促进了对伪古文的疑辨，梅氏所创方法直接影响了清初阎若璩。计自北宋末迄清初长达五六百年之久的对伪古文的疑辨运动已到了水到渠成的阶段，应历史的需要而出现的，是清初阎若璩的《尚书古文疏证》一书，卓越地成功地推翻了伪《古文尚书》的经典地位。他采用梅鷟所开创的搜集证据的方法，以他深厚的学力和殚精锐思的钻研，在《尚书古文疏证》一书中，以一个问题为一论，共立论一百二十八条（传本缺三十条）进行考辨。其中以一至八十条为文献方面的证据，八十一至九十六条为历史事实方面的证据，九十七至一百一十二条揭露伪古文内容的矛盾，一百一十三以下诸条则引述自宋至清初疑辨伪古文名学者十余家之说，以铁证如山判定伪古文二十五篇之伪。于是这部自东晋之初传下来，历代立于学官，作为《书经》正宗的孔氏传《古文尚书》，最后被判定为"伪古文"，《孔氏传》被判定为伪《孔传》，这个本子被判定为"伪孔本"，雄踞意识形态顶端宝座上被尊奉了一千几百年的煌煌圣经终于被痛痛快快地推翻了。

伪二十五篇被罢黜后，保存在伪孔本中的今文二十八篇被清代各主要学者进行考辨研究，其著名者如：吴派学者江声《尚书集注音疏》，主要恢复汉代经文及马、郑注资料。又王鸣盛《尚书后案》则一宗郑玄说，其书以郑玄说为主，仍采《孔氏传》之说，间及马融、王肃之说。接着皖派学者段玉裁《古文尚书撰异》，专考马、郑古文之二十八篇（二十九篇中去《泰誓》），按句搜集异文异说，根据早期字书来分析文字的句读问题。又王念孙、王引之父子好几部重要文字学著作,以训诂学解决各经问题,其《经义述闻》中有《尚书》两卷,所释条目都是两千多年来注疏家聚讼纷纭的问题,作出了允当的解释。段、王二家之书成了清代治经的最高成就。然后又是吴派学者孙星衍《尚书今古文注疏》采用上述诸家成就,意图取代孔颖达为伪《孔传》所作的疏,为汉代今文古文都有的二十九篇另行撰注疏。这是几部对《尚书》全书所作的要著。综计清代学者《尚书》著作(包括下文还要谈到的)共达四百二十多部,是历代最多的(按宋代《尚书》著作约达四百部,元代近六十部,明代达二百部。其自汉至唐、五代千余年估计不过四五十部,流传下来的只有伪《孔传》、《孔疏》二部及辑本《尚书大传》、《马郑注》二部)。

由皖派发展出的扬州学派,除承吴、皖二派之所长外,又进而运用金石材料考订经籍,视野为之扩大。其领导人物为阮元,主要学者为焦循。阮元编有几部研究经学的基础大工程和经解大丛书,对研究《尚书》裨益甚大。焦循有《尚书补疏》、《禹贡郑注释》,对研究《尚书》亦有裨益。

到清末,绍承扬州学派运用金石资料治经的作风并发扬段、王文字之学、特别是王氏父子训诂与文法并重的治学方法的俞樾,撰《达斋丛说》、《群经平议》与《古书疑义举例》,实发展了治学方法,成为承前启后的清末新的《尚书》学的一位大师。更有承俞氏而进一步在清末开展近代《尚书》学研究先声的,是吴大澂、孙诒让二人。俞樾还用传统金石学方式,到清末金石学研究不断前进,又出现了新材料,金文比前丰富,更出现了甲骨文,这就在文献研究之外开辟了新天地。吴大澂虽未及甲骨,却开展了新的金文研究,足以纠正不少在经籍中一贯认错的字,使《尚书》研究朝正确方向跨进了一大步(《字说》是其代表作)。孙诒让更进一步,已开始治甲骨文,而金文研究超越前人,他的《籀庼述林》、《尚书骈枝》,对《尚书》的新解七十余则,语语精博。

继之而起的为现代大师王国维、于省吾。王氏发扬光大吴、孙之学,以甲文金文研究之成熟,创地下材料与纸上材料并用的二重证据法。其《观堂集林》卷一全部、卷二首两篇全释《尚书》,卷七、十二、二十诸卷及《别集》卷四亦密切与《尚书》相关。在清华国学研究院讲《尚书》,有两部学生所记

"讲授记",胜义其多。于氏为最新以甲文金文成就研究《尚书》的巨匠,撰《双剑誃尚书新证》、《书简诂》稿本及《甲骨文字释林》,皆解决《尚书》中难题的要著。在此同一学风下的杨树达、丁山、唐兰、陈梦家等亦有力作。

自俞、孙、吴开展,历王国维、于省吾诸大家,是现代《尚书》学的主流,促进《尚书》研究于新的科学水平上。但自清末还有承传统治经方式亦有新的发展的古文家,著者如王先谦《尚书孔传参正》。他注释伪孔本五十八篇,不是保伪,而是知其伪,他照样以清学精神诠释二十八篇,但伪二十五篇流传已久,为便于人们理解二十五篇文句,故同样注释了它们。又现代古文学大师章炳麟,撰《古文尚书拾遗定本》,依《魏石经》古文材料以释《尚书》文字,就他所尊崇的马、郑古文各篇发挥他文字训诂之所长,与俞、吴、孙诸家有异曲同工之胜。另外清代桐城派古文家继其祖师姚鼐之学,如戴钧衡《书传补商》亦为《尚书》学佳作,继其后尚有四五位古文家亦有清新明通的《尚书》学著作。至清末今文学派诸家之《尚书》著作多偏颇片面,无多可取。惟陈乔枞《今文尚书经说考》补充段玉裁所引材料,成为文献中搜寻汉代今文材料最完备之书。接着是皮锡瑞《今文尚书考证》,把汉代《今文尚书》作了一总结性整理,并采用了不少汉碑资料,后来学者要找早已不传的汉代《今文尚书》,可尽量利用此书。

此外现代较小的《尚书》著作尚便于阅读者有三部:一为王国维弟子杨筠如《尚书覈诂》,因继承了王国维金文成就,又采用了清代学者成就(惜不注出处),因而可称佳作。一为曾运乾《尚书正读》,在解释文义上虽较多承古文家说,但在审识句意、辨认文法的特殊结构上有创获。又一为台湾学者屈万里《尚书集释》,能多方采用自清季以来近代现代《尚书》学成就,并能有以裁断,因而亦可称佳构。

此外可附带谈一下日本《尚书》著作。日本直至 20 世纪初,不少学者都像其时中国学者一样,都囿于经学观点治《尚书》。及现代学术兴起,不少日本学者相率以现代学术观点治《尚书》,前后有整理《尚书》全书的专著十余部,较佳者七部,其中已故学者加藤常贤的《真古文尚书集释》、赤塚忠的《中国古典文学大系:书经》,与池田末利的《全释汉文大系:尚书》,此三部最为杰出。这些书国内大图书馆大概有之。

作为《尚书》研究最后大师当推顾颉刚先生。他取径更高,沉潜研究更深。因为他的卓绝一世的古史研究,都自《尚书》、《诗经》、《论语》、《左传》等书的研究中得出,而尤以《尚书》研究终身用力最勤。早期在几个大学任教时,编有"《尚书》参考资料"八巨册,在燕京大学编《尚书研究讲义》甲乙丙丁戊五种,50年代提出规划要完成"《尚书》十种"(实为十一种)。于60年代完成《尚书大诰译证》七十万字,录要发表《大诰今译(摘要)》,以为整理《尚书》的样板,招起钎秉此成规,承乏整理《尚书》全书的任务。于他弃世之后勉力为之。迄今他所规划的"尚书十种"除三种非《尚书》学急务可缓办外,其(一)《尚书文字合编》早由顾先生与顾廷龙先生编成,由上海古籍影印出版;其(二)《尚书通检》已由顾先生自己编成出版;其(三)《尚书校文》、(四)《尚书集释》、(五)《尚书今译》三种,已由起钎合之为一,并加"讨论"一种,撰成《尚书校释译论》一书(一百七十万字),与顾先生合名出版;其(六)《尚书学史》、(七)《尚书学书目》两种,已由起钎合并写成《尚书学史》出版,台湾有盗版翻印;其(八)《尚书简释》,将由起钎据《校释译论》摘要写成。是其遗愿已告完成。顾先生作为样板写的《大诰今译(摘要)》,《历史研究》(1962年第五期)载书评云:"他的今译事实上大大超过了译述范围,可以说是对《尚书》力求进行总结性的整理工作,对二千余年来的《尚书》学力求作出新的估价。"

七、二十八篇的历史意义

现在读到的《尚书》,不论是孔氏《注疏》本或蔡氏《集传》本,都把二十八篇析为三十三篇,分成"虞书"、"夏书"、"商书"、"周书"四部分,可以分别看出这些《书》篇所系的历史意义。

"虞书"的《尧典》(包括《舜典》)、《皋陶谟》(包括《益稷》)及"夏书"的《禹贡》、《甘誓》,构成了中国古代史的最初体系。我国最早的一部叙述自远古至西汉前期的通史《史记》,是我国最权威的第一部信史,奠定了我国古史框架,就完全是根据《尚书》的"虞书"、"夏书"诸篇写成的。例如《史记》

第一篇《五帝本纪》，即是全文抄录《尧典》（包括《舜典》）、《皋陶谟》（包括《益稷》）写成，只补充了战国时已出现的《帝系姓》、《五帝德》的材料，完足"五帝"的简单叙述。这是从战国末开始出现至两汉前期流传得纷歧错杂的种种五帝说中采取一种以备一格。因至此时五帝说已具影响，不容不载。而司马迁作为伟大史学家，信以传信，疑以传疑，故在《五帝本纪》末的"赞语"中，交代清楚黄帝资料不怎么可靠，不像其他各篇都按史料来做叙述，没有提出史料有问题，这是司马迁的"史德"所在。他指出"《尚书》独载尧以来"，是《尚书》一书以尧为古史的开端，虽然《尧典》中实际搜集了很丰富的往古神话资料、古史传说资料，包括远古各部族的宗神与先世神话，远古时期观象授时时代的天象知识及进入早期原始历法资料、古代宗教礼祀资料、部落社会时代政治活动和文化活动资料，等等，但他都作为尧、舜时期的历史资料写入篇中，而并没有五帝的痕迹。而且其前并没有三皇，更不要说盘古了。司马迁忠实地把遇到的《尚书》这几篇写入《五帝本纪》的尧、舜两纪中。但受西汉时代已有各种"五帝说"的影响，不得不小心翼翼地选取其中的黄帝、颛顼、帝喾三位置于尧、舜前以成五帝之数，因而不得不交代黄帝等的资料不全可靠。

《史记》第二篇《夏本纪》，则全文抄录了《禹贡》、《甘誓》两篇写成，另外补充了战国时已出现的《世本》所载有关夏的世系材料。而后在我国第一部正史中作为系统地记载夏代史事的《本纪》写成。于是我国最早的古史系统，就纯靠《史记》开头两篇本纪把它奠定了，而实际则全是由《尚书》前面这几篇构成的。加上第三篇《殷本纪》据《尚书》"商书"写成，第四篇《周本纪》亦据"周书"写成，就可看出《尚书》对奠定我国古史的重要性。从而可知一切不符合这一古史体系的说法，都是后起的悠谬之说了。

前面第一节已知道《书》是孔子传授门徒两部教材之一，既搜集三代的现成篇章，又将散乱流传资料拼辑成篇，如《尧典》、《皋陶谟》就是；还有一篇完整的地理书《禹贡》，就加头尾作为大禹治水分州的要典。顾颉刚先生认为，《尧》、《皋》二篇是儒家政治理想的结晶而使之史事化的，用了古代不同民族的不同时期不同传说中的祖先或神话人物，"倒乱千秋式的拉拢"，集中安排到一个朝廷里，成为同气连枝的君臣、兄弟、姻戚，都是理想的圣人，有大公无私的揖让盛德，渲染成往古黄金时代，只要朝着他们走就能致世界于太平盛世。果然有些"后世人主"及热衷的士大夫把这作为向往的目标。

"商书"《汤誓》、《盘庚》、《高宗肜日》、《西伯戡黎》、《微子》五篇，是商代幸获保存下来的几篇（《史记·殷本纪》还有一篇《汤诰》），倒反映了商代几个重要的历史时期。一是汤建立商王朝时期，《汤誓》（及《汤诰》）留下了开国之君的重要誓诰史料。二是商的中叶两个名王盘庚和武丁时期，首先是《盘庚》篇记载盘庚反复动员殷人迁都至殷，振兴了商王朝，开创了殷后半期二百七十三年的历史。然后是《高宗肜日》篇记载这二百七十三年的首都里表现得最有作为的高宗受其子祭祀所反映的殷人宗教思想、礼祭制度及图腾崇拜所遗存的思想意识的史料。三是商纣使其王朝走向末日时期，《西伯戡黎》、《微子》两篇，表露了商代统治者感到危亡在即充满绝望的文件。这几篇充分反映了商代"尊神、尚鬼、重刑"的立国特点。

"周书"十九篇，前面《牧誓》、《洪范》两篇是周武王时篇章，《金縢》至《立政》十二篇是周公的篇章，《顾命》、《费誓》、《吕刑》是成王时及其后西周篇章，《文侯之命》、《秦誓》为东周篇章。其中《吕刑》、《费誓》、《秦誓》为诸侯篇章，其余皆周王室篇章。

《牧誓》是周武王伐纣进行牧野之战，于临战前所作宣誓式的誓师词。《洪范》原是商代奴隶主政权总结出来的统治经验、统治大法（"洪范"二字的意义即"大法"）。文件的开头编了一个神话，说《洪范》这篇大法是上帝传授给禹的，现在由箕子传授给周武王（《汉书·五行志》说箕子为商王朝父师，保管着这一经典，故由他传授）。内容为"洪范九畴"（大法九章），第一畴为"五行"，第五畴为"皇极"（君主的统治准则），是全部统治大法的中心，其他各畴都为"皇极"服务。因为有"五行"字样，上文第二节谈西汉今文学派把《洪范》改造成宣扬五行灾异的经典，《洪范五行传》成了中国历史哲学中支配人们头脑二千多年的完整地宣扬天人感应的神学史观。还把"九畴"幻构成神授的"洛书"。于是奴隶制统治者提出的单纯的统治术，整个封建时代全部承受外，还给加上神学目的论的五行灾异的妄说，影响中国两千多年。

周公十二篇，即是通常所说的"周初八诰"《大诰》、《康诰》、《酒诰》、《梓材》、《召诰》、《洛诰》、《多士》、《多方》加上《无逸》、《君奭》、《立政》共十一篇，都是周公的讲话（只有《梓材》篇有错乱），还有一篇编在这些篇前面的《金縢》，合之为十二篇。但这篇与其后面十一篇都是周公讲话者不同，篇中只有当周武王病周公设坛祷告请代死所作祷告的话是周公的讲话记录，其余全是关于此事经过的记事之文，与《尚书》各诰词的体例不同，显然是史臣追记，使周公这篇讲话后果获得完整记录。

"周初八诰"，苏轼《书传》云："八篇虽所诰不一，然大略以殷人不心服周而作也。予读《泰誓》、《牧誓》、《武成》，常怪周取殷之易，及读此八篇，又怪周安殷之难也。"可知周以"小邦周"较小的兵力，趁"大国殷"政治腐败、民不堪命、众叛亲离之际，一鼓灭掉了殷王朝，在胜利来得很快的形势下，便面临着实际上仍然比自己国力强大的殷人势力，加上自己的领袖周武王在灭殷后两年就死了，造成内忧外患的严重局势，在这紧急关头，周初大政治家周公起而承担了这一镇抚殷代余存势力、巩固周王朝统治的历史任务。这八篇诰词，就是周公全力解决怎样镇抚控制殷人惨淡经营的历史纪录。《大诰》是周公动员团结周人讨伐殷王武庚与管叔、蔡叔叛乱的诰词。东征三年取得胜利，回到宗周镐邑，召集"四国多方殷侯尹民"等"有方多士暨殷多士"，即早已投诚于宗周的殷遗诸侯及称为"民献"的殷贵族，来做一次诰诚，即录成《多方》一篇。四年，封弟康叔于殷的故都卫地，讲了《康诰》、《酒诰》、《梓材》三篇诰词，嘱康叔完成镇抚东土的重任，改造殷民"作新民"，更要利用在殷土的环境，向殷遗民学习商代在历史上擅名的刑法，但提出了"明德慎罚"的原则。五年，周公和召公到洛邑主持建筑成周的"营洛"工程，主要是利用强迫迁到洛邑的殷遗民和原居洛邑的殷遗民担任建筑劳役，讲了《召诰》和《多士》二篇诰词。七年，营洛成功，周公请成王来洛邑举行元祀（第一次祭祀），然后还政成王。成王返宗周，留周公在洛邑，作《洛诰》篇。这八篇共同目的是镇抚安定殷民，巩固周王朝。因而对殷民讲话完全强调天命，当年汤灭掉夏，是天命；今周灭掉殷，也是天命。天命不可违，因此你们必须认清天命，老老实实服从我周王朝，忠忠实实地做新民。而对周人自己统治者的说法完全不同,一再强调"惟命不于常"(《康诰》),"天棐忱"(《大诰》,即《君奭》"天不可信")。所以《召诰》说:"王其德之用,祈天永命。"就是说要用德来祈求得永久的天命。所以周公诸诰中反反复复地强调而且是讲要君王敬德,不像后来儒家讲道德教育是指对一般人、对士大夫。因而一再说:"先王既勤用明德。""王惟德用。"(《梓材》)"王其疾敬德。""王……不可不敬德。"等。敬德、用德,以之来求取和保住天命,成了周公诰词中宣扬不绝的话语。以此谆谆教诲,终于为西周王朝建立起注重德教的周政(关于通过八诰对殷人的各种处理,可参看拙著《古史续辨》中《周初八诰中所见周人控制殷人的各种措施》)。

八诰以外周公还有的三篇诰词,其《无逸》篇诰诫嗣王要知稼穑之艰难,不可耽于逸乐,深深警告周政权不可逸乐腐败。其《君奭》篇则强调国家靠贤臣用事则昌盛,昔殷好几个名王都有贤臣,周文王有贤臣五人,武王有四人,因而使国运昌盛。现在只有君奭和自己两人,关系国运甚大,希望二人推诚团结!"其汝克敬德","德敬用治"。其《立政》篇则是一篇非常珍贵的周初官制史料,可能是文王、武王时始创,周公、召公掌政时实行,转告成王采用的官制,分机要大臣、宫中之官、府中之官、侯国之官、封疆之官诸职,不少官名散见于西周金文,但最主要的机要大臣任人(执政官)、准夫(司法官)、牧(即常伯,治民官)三职则不见于金文,亦丝毫不见于后来周代官制中,这是周实行过的独有的中央主要官职而后来消失,所以可珍视。

"周书"十九篇中,武王两篇,周公十二篇之外,就只剩下零散的五篇了。其中西周三篇,东周两篇。西周三篇中一属王朝,二属诸侯。属王朝者为《顾命》篇,是周成王将死,命召公、毕公率诸侯扶助其子康王即位,由史臣所记有关典礼详细情况。此篇一方面为此后二千多年封建王朝某一帝王将死设置顾命大臣扶助幼主嗣位树立了成例,一方面将顾命典礼新王即位经过及其场面的繁缛细节巨细无遗地详加记载,使后人看到了这一真实的古代盛典的礼节全貌,从而知道《仪礼》一书确为实录,它的详细仪节都有所本。不过从周初发展到东周,可能其仪节比前更加详细了。属诸侯的一为周成王时鲁国的《费誓》,是周公东征胜利后,封其长子伯禽于奄(今曲阜)为鲁侯,遗留一部分在鲁之东的淮夷、徐戎起兵来争鲁地,伯禽动员鲁国力量抗击淮夷、徐戎的一篇誓师辞,看出当时全力备战、征集物资、策励士气的情形。又一为吕国的《吕刑》,这是我国古代关于刑法的最首要的一篇经典著作。《尚书》中《尧典》的"象以典刑"一段及《康诰》的主要部分也谈刑法,惟《吕刑》为刑法专篇。吕国为姜姓族,姜与姬自氏族社会时起就互通婚姻,直至合力建立周王朝后都为亲密无间的姻亲之族,申、吕、齐、许等姜姓诸侯与姬姓诸侯错落分布于东方诸地,而吕则与苗、楚、徐邻近逼处,徐、楚称王,因而吕国也称王以相抗衡,西周前期"申、吕方强",在当时吕为大国,为反对苗族的严刑酷法,吕王提出针对暴虐刑法的宽厚的"祥刑"的理论原则,制定体系严整的以赎刑代替肉刑的刑罚准则,成为我国最古的一部反对奴隶制暴政草菅人命的酷刑而具有重视人身痛苦的特殊"祥刑"精神的系统完备的刑法纲要——五刑与赎刑细则。

东周两篇中,一属王朝,一属诸侯。属王朝的那篇《文侯之命》,是西周毁灭后,东迁至洛邑开创东周王朝的周平王赐给晋文侯礼器的命辞。《左传·隐公六年》云:"我周之东迁,晋郑焉依。"是东周王朝当时靠晋国与郑国的支持与屏障,所以特给以优礼。属诸侯的那篇《秦誓》,是秦穆公派兵企图越过晋国远袭郑国,被晋国半途击败秦军,俘其三主帅,秦穆公深悔错误,对群臣讲的一篇自己反省的话。其中名言是:"人之有技,若己有之。人之彦圣,其心好之。不啻如自其口出,是能容之。""人之有技,冒疾以恶之。人之彦圣,而违之俾不达。是不能容。"即是说那种对别人有才能和高尚品德看作是自己做出的一样热爱和敬重的人,我能容用他以利国家;那种专媚嫉忌妒别人有才能和高尚品德的人,我不能容用他来祸害国家。见出他重用人才和不用坏人。后来他把被晋国放回的三个主帅仍然重用了,终于对晋国进行了报复。

全书各篇所含义蕴所具历史意义大抵如上。

八、阅读参考书目

(一)基本阅览书

唐　孔颖达等《尚书注疏》,"十三经注疏"本。

伪《孔氏传》为注、孔颖达《正义》为疏,附陆德明《尚书音义》。

为汉学代表作。

宋　蔡沈《书集传》,明清监本"五经四书"本。

为宋学代表作。

(二)主要参考书

汉　《尚书马郑注》,王应麟辑,孙星衍补辑,"岱南阁丛书"本。

《尚书五肃注》,马国翰辑,"玉函山房辑佚书"本。

二书为汉学子遗资料。

宋　王安石《新经尚书义》,程元敏"辑考汇评"本,台湾编译馆出版。

苏轼《东坡书传》,"学津讨原"本。

林之奇《尚书全解》,"通志堂经解"本。

三书为宋学要著。

元　吴澄《书纂言》,"通志堂经解"本。

专释今文二十八篇,比宋吴棫等疑辨更进一步。

明　梅鷟《尚书考异》,"丛书集成"本。

始用搜集证据方法以辨伪,影响清儒辨伪成功。

王樵《尚书日记》,明刊本。

承宋学而有所进展的明代《尚书》佳作。

清　王夫之《书经稗疏》,"船山遗书"本。

在清初宋学余波下,能正《蔡传》之误,多"书学"精论。

康熙敕编《钦定书经传说汇纂》,浙江书局摹刊殿本。

为《蔡传》官定扩充本,补辑宋至明"书说"不少。

阎若璩《尚书古文疏证》,"清经解续编"本。

承宋、元、明疑辨成就,进一步科学地推翻伪古文。

江声《尚书集注音疏》,"清经解"本。

王鸣盛《尚书后案》,"清经解"本。

孙星衍《尚书今古文注疏》,"清经解"本。

承阎说后,清学吴派治《尚书》内容承汉学之三大名著。

段玉裁《古文尚书撰异》，"清经解"本。

王引之《经义述闻·尚书（二卷）》，"清经解"本。

清学皖派的二大名著，为清学最高成就。

皮锡瑞《今文尚书考证》，"师伏堂丛书"本。

王先谦《尚书孔传参正》，长沙虚受益堂刊本。

皮书为清后期今文学派名著，王书为清后期古文学派名著。

俞樾《群经平议·尚书（四卷）》，"清经解续编"本。

吴大澂《字说》，手写木刻本。

孙诒让《尚书骈枝》，燕京大学排印本。

俞、孙及吴大澂为清末影响及开展现代《尚书》学的三大家。

现代　章炳麟《古文尚书拾遗定本》，"章太炎先生遗著"本。

王国维《观堂集林》，上海古籍"王国维遗书"本。

于省吾《双剑誃尚书新证》，北平大业印刷局印本。

章以旧文字学，王、于以最先进古文字学治《书》达现代学术最高成就。

杨筠如《尚书覈诂》，陕西人民出版社本。

曾运乾《尚书正读》，中华书局本。

屈万里《尚书集释》，台北联勤出版公司本。

三书为现代一般可供参考之佳作，杨、屈二书多吸收文字学成就。

顾颉刚、顾廷龙辑《尚书文字合编》，上海古籍出版社本。

刘起釪《尚书学史》，中华书局本。

刘起釪《尚书源流及传本考》，辽宁大学出版社本。

日本　加藤常贤《真古文尚书集释》，明治书院本。

赤塚忠《中国古典文学大系：书经》，平凡社本。

池田末利《全释汉文大系：尚书》，集英社本。

三书为日本现代最新学术水平之佳作。

《诗经》说略

褚斌杰

一、《诗经》的名称、分类和年代

在我国古代文学史上,诗歌的传统是极为悠久、丰富而光荣的,远在两三千年以前,我国诗歌就已取得了十分辉煌的成就,标志这一成就的是我国最古老的一部诗歌总集——《诗经》。它收录了我国自西周初年至春秋中叶(约公元前 11 世纪—公元前 6 世纪)大约五百年间的三百零五篇作品。这部诗歌总集,本来只称《诗》,或连带诗篇的大约数称"诗三百"。如《左传》、《国语》引用《诗经》中诗句时,均作"诗曰"或"诗云",有时兼及国名如"郑诗曰"、"曹诗曰"或"周诗有之曰"等等;称"诗三百",如《论语·为政》"诗三百,一言以蔽之,曰:'思无邪'",《墨子·公孟》"诵诗三百,弦诗三百,歌诗三百,舞诗三百"等。并没有"经"这个尊号。所谓《诗经》,是后世儒家学者把它尊为经典以后的称呼。最早尊《诗》为"经"的是战国儒家学者荀子(见《荀子·劝学篇》);而正式被官方确认为"经",则大约在汉武帝"独尊儒术"以后。武帝建元五年(前 136)置所谓"五经博士",汉班固《白虎通义·五经》:"五经何谓? 谓《易》、《尚书》、《诗》、《礼》、《春秋》也。"

关于《诗经》的分类。我们打开《诗经》以后,就可以发现《诗经》中的三百零五篇作品,是按照风、雅、颂编排的。关于为什么要这样划分,古今学者有种种不同的解释,如有的认为与诗的内容、用途有关;有的认为与来源、作用有关等。后世比较趋于一致的意见,认为《诗经》的这种编排和分类,主要是按照音乐的特点来划分的。因为《诗经》中的诗篇当初都是乐歌,是配乐歌唱的,它们在曲调上的特点不同,因而作了这样的归类。后来乐谱失传,仅留歌词,我们今天看到的不过是一部乐曲歌词的底本。

那么,风、雅、颂又各有什么意思呢?对于这个问题,古往今来也有各种不同的解释,下面我们适当介绍古人的一些有代表性的说法,也谈一下近人比较一致的意见。

关于"风",最早提出解释的是《毛诗序》:"风,风也,教也;风以动之,教以化之。……上以风化下,下以风刺上,主文而谲谏,言之者无罪,闻之者足以戒,故曰风。"按照这一解释,风,包含有两个意思:一是风教、教化的意思;二是讽谏、讽刺的意思。这段话的大意是说:由于君主要对臣民施行教化,臣民要对君主进行讽谏,这两者都是利用诗歌形式来进行的,利用诗歌形式的好处,是委婉、含蓄,进言的人可以不获罪,听言的人又受到劝诫,这对双方都很便利,都容易接受,正像自然界的风能吹动万物一样,它也容易感动人心,所以起这样作用的诗,就叫作"风"。显然,这主要体现了汉代儒家学者们自己的所谓政治思想和文学观点,是对"风"字的望文生义的解释,是根本不足为据的。

提出另一种有代表性说法的是朱熹,他在《诗集传·国风序》中说:"风者,民俗歌谣之诗也。谓之风者,以其被上之化以有言,而其言又足以感人,如物因风之动以有声,而其声又足以动物也。"朱熹的看法有一定的合理性,主要他肯定了"风"指的是"民俗歌谣",但他也把它与封建教化观点联系起来,并没有完全突破汉人的牵强附会的观点。

宋代另一个学者郑樵,他在《通志序》中提出:"风土之音曰'风',朝廷之音曰'雅',宗庙之音曰'颂'。"这个说法已经比较符合事实了。据近代人的研究和考证,"风"就是乐曲的意思。如《山海经·大荒西经》:"太子长琴,始作乐风。"注:"创制乐风曲也。"《诗经·大雅·崧高》(以下省"诗经")说:"吉甫作诵,其诗孔硕,其风肆好。"意思就是说,吉甫这个人作此诵诗,篇章很长很美,所配的曲调很动听。又《左传·成公九年》说"钟仪操南音",范文子则称他"乐操土风"。把他所操的南方音乐称作土风,显然即指他操的是南方的地方乐调。由此可知所谓"风"本即指音乐曲调的意思。古称乐曲为"风",大约取风吹万物而有声,以及乐曲反映地方风俗,有地方性之义。

《诗经》中的"风",又称"国风",即指当时诸侯国所辖各地域的乐曲,实际上也就是指相对于当时周天子的京都而言的各地方的土乐,犹如我们现在所说的地方俗曲,各地的地方小调。《诗经》中共有十五国风,即《周南》、《召南》、《邶风》、《鄘风》、《卫风》、《王风》、《郑风》、《齐风》、《魏风》、《唐风》、《秦风》、《陈风》、《桧风》、《曹风》、《豳风》。这十五国风所标的名称,有的是当时诸侯国国家的名称,有的则指的是地域名,如《周南》、《召南》,就是指产生于南方汝水、汉水一带的乐曲。《周南》、《召南》又合并简称为《二南》。西周时期,周公、召公分掌各地诸侯。"周南"指当时周公所掌管之南方地区,"召南"指召公所掌管的南方地区,大致包括楚、申、随等国家。另外,后世还有认为"南"是乐曲的一种,应与风、雅、颂并列的说法,如南宋的王质(见《诗总闻》)、程大昌(见《考古编》卷一),近人梁启超(见《释四诗名义》)和陆侃如、冯沅君(见《中国诗史》)等,但此说似嫌证据不足,为多数人所不取。豳、王也不是诸侯国名,豳指周人的最早发祥地之一的豳地,即今陕西旬邑、彬县一带;王指周平王东迁后的国都地区,当时称洛邑,包括今河南洛阳和孟县等地区。洛邑,本东周国都,其所以列于"风"之一,据郑玄《毛诗传笺》说:"平王东迁,政遂微弱,下列于诸侯,其诗不能复雅,而同于国风。"其所以通称为国风,是因为古代"国"与"域"通,除指国家外,也指地区或方域。

《诗经》中十五国风,共收一百六十篇作品,大部分是民歌。

关于"雅",历代的解释更加纷繁。《毛诗序》说:"雅者,正也,言王政之所由废兴也。"这是说"雅"是"正"的意思,然后他又把"正"引申为"政",而得出"言王政之所由废兴"的结论。又说"大雅"即"大政"(重要的政事),"小雅"即"小政"(次要的政事)。这与他对"风"的解释一样,都囿于汉儒成见而未免牵强附会。朱熹提出了新的讲法,他在《诗集传·小雅序》中说:"雅者,正也,正乐之歌也。"他把"雅"解释为"正乐",这是不错的,但对于为什么称"正乐"为"雅","正乐"又是指什么,他并没有进一步阐明。

另外,关于"雅"还有种种解释,如有人认为"雅"字古与"夏"字通,西周王畿(镐京一带)本称夏,周初人常自称夏人,所以产生在西周王畿附近的乐歌便称"夏歌",亦即"雅歌"。还有人认为"雅"本是一种乐器的名称,用这种乐器伴奏的乐歌,就叫"雅"。

其实,"雅"就是"正"的意思,"雅乐"就是"正乐",是相对于地方乐而说的。把周天子建都的王城附近之乐称为正乐,是出于当时的尊王思想。至于为什么把"正乐"称"雅",这是因为古代有所谓"雅言"的说法,"雅言"就是标准话、通行语的意思。例如《论语·述而》:"子所雅言,《诗》、《书》执礼,皆雅言也。"当时各地方言不一,因此以王城附近的话为通行语,王畿之乐也就称"正"、称"雅"了。"雅"又有"大雅"、"小雅"之分,这大约与它们产生的时代有关,"小雅"中的诗在时代上比"大雅"晚,风格上比较接近国风,可能正是音乐上受到"风"诗的影响而有所变化,不同于旧的雅乐,因此才做了大、小雅的区分。大、小雅多数是贵族文人作品,也有一部分是民歌。《大雅》三十一篇,《小雅》七十四篇,共计一百零五篇。

关于"颂",前人当然也有各种解释。《毛诗序》说:"颂者,美盛德之形容,以其成功告于神明者也。"这就是说,颂,就是赞美王侯的功德,把他们的功业祭告于神明之前的意思。从颂诗的用途和性质上看,这样说,基本是正确的。朱熹在《诗集传·颂序》上说:"颂者,宗庙之乐歌。"朱熹说"颂"诗本身也是一种"乐歌",是供王侯祭祀宗庙时用的。比《毛诗序》进了一步。清代学者阮元,从训诂学的角度,考察"颂"的本义,说"颂"字即"容"字,也就是"舞容"(跳舞的样子)的意思。因此,"颂",是祭神祭祖时用的歌舞曲。这一解释是有说服力的。古代祭神祭祖是王朝的大典,要扮演歌舞,"颂"就是用于这种场合的一种舞乐。近人王国维在《说周颂》一文中说:"'颂'之所以异于'风'、'雅'者,虽不可得而知,今就其著者言之,则'颂'之声较'风'、'雅'为缓也……"接着他举出了三个证明,主要是"颂诗"一般篇章较短,多数不押韵,不重叠,因此他认为"颂"之所以划为一类,也是因为音乐特点有不同的缘故。"颂"包括《周颂》三十一篇,《鲁颂》四篇,《商颂》五篇,共计四十篇。

《诗经》风、雅、颂合起来共三百零五篇诗,后人称《诗三百篇》,实即取其约数。另外,《小雅》中尚有《南陔》、《白华》、《华黍》、《由庚》、《崇丘》、《由仪》六篇诗,虽有篇目,但无歌词,后人称为"笙诗",可能是属于所谓"过门曲"之类。关于这组"笙诗"为何有目无词,另一种说法认为这组诗是配笙乐器伴奏的,故称"笙诗",原本也同样有歌词,只是后来失传了。总之,现在《诗经》的篇目是三百一十一篇,实存诗三百零五篇。《诗经》三百零五篇以外,被编余的诗称为"逸诗",现存的逸诗多为零章散句,从先秦古籍中还可以看到一些,如诸子书和《左传》、《国语》等书都保存一些,犹以见于《左传》者为最多。

至于《诗经》中各篇诗歌的作者,绝大部分都已不可考。就是因为那些民歌多属民间集体创作,最初一个人唱出,或几个人唱出,在人民中口耳相传,在流传中又不断有所加工、修改,根本无所谓是哪个人的作品。至于一些贵族文人的作品,除少数在诗中偶尔留下名字外,大多数也无作者可考。汉代《毛诗小序》解释各篇诗歌时,往往把诗都说成是某王、某妃、某公以及其他历史人物所作,如说《关雎》、《葛覃》、《卷耳》是周文王的后妃所作,《七月》、《鸱鸮》、《东山》是周公旦所作等(据《毛诗序》署有作者名的作品计三十五篇),实际上多是不可靠的。只有个别篇作品,因有特殊记载,又参之诗歌内容是可以确认的,如《鄘风·载驰》是许穆夫人所作,是应该肯定的。关于这首诗的作者及这篇诗的本事,《毛诗序》与《左传·闵公二年》都有记载。又据认为《邶风·泉水》、《卫风·竹竿》也是许穆夫人所作,但缺直接证据。

《诗经》中各篇作品的年代,也难以具体指明,根据它们所反映的内容和作品风格等,现在也只能划一个大致的轮廓。一般地说,《周颂》时代最早,产生于西周初年,《大雅》的大部分诗也是西周初年的,小部分产生于西周后期。《小雅》和《国风》的少量作品产生于西周初年,大部分产生于西周末年和春秋时期。《鲁颂》是周平王东迁以后的作品。《商颂》的时代尚有争论,一般认为是东周宋国的作品,如司马迁《史记·宋世家》记载:"襄公之时,修行仁义,欲为盟主。其大夫正考父美之,故追道契、汤、高宗,殷所以兴,作

《商颂》。"这是说春秋时代宋国大夫正考父,因见宋襄公用仁义来修身治国,想做诸侯国的盟主,很为赞同,于是追述宋人先祖的功德,说明当初殷人所以强盛的道理,作了《商颂》。但后世以至近代,也有不少学者认为《商颂》应是商代晚期之作。关于《商颂》年代一直没有统一的说法。《诗经》中作品的年代多不可考,但它所收诗的年代断限,一般是由比较公认的产生得最早或最晚的几首诗来确定的。如《豳风》中的《东山》《破斧》据记载是反映"周公东征"的,周公东征始于周成王元年(前1042),历时三年。另外,周人祭祖的颂诗,描写周人建国创业的"大雅"中的"史诗",按其内容当也产生于西周初。多数人认为《诗经》中最晚的诗是《陈风·株林》,它所反映的是"刺灵公"的事,据《左传》记载,陈灵公淫乱的事,在周定王七年(前600),相当于春秋中叶。故除《商颂》暂不论外,《诗经》中诗篇的时代,应上起西周初,下不晚于春秋中叶。

二、《诗经》的结集和流传

《诗经》中的作品,从创作年代说,包括了上下五六百年;从产生的地域说,有的出于王都,有的出于各诸侯国所领广大地区;从作者说,有贵族的创作,有流传在民间的口头歌谣。那么,这些作品是如何汇集在一起而编纂成书的呢?关于这个问题,诗三百篇本身和先秦古书中都没有明确的记载,至汉代的历史学家则提出关于周代时有"采诗"制度的说法。班固《汉书·食货志》记述说:"孟春之月,群居者将散,行人振木铎徇于路,以采诗,献之大师,比其音律,以闻于天子。"这是说,每当春天来到的时候,集居的人群散到田间去劳作,这时就有叫做"行人"的采诗官,敲着木铎(以木为舌的铃)在路上巡游,把民间传唱的歌谣采集起来,然后献给朝廷的乐官太师(乐官之长),太师配好音律,演唱给天子听。另外,同书《艺文志》中还记述说,古代设置采诗官采集诗歌,目的是出于"王者所以观风俗,知得失,自考正也"。汉代记载"采诗"之说的还见于何休的《公羊传》注:"五谷毕入,民皆居宅,里正趋缉绩,男女同巷,相从夜绩。至于夜中,故女功一月得四十五日作,从十月尽正月止。男女有所怨恨,相从而歌,饥者歌其食,劳者歌其事。男年

六十、女年五十无子者,官衣食之,使之民间求诗,乡移于邑,邑移于国,国以闻于天子。故王者不出牖户尽知天下所苦,不下堂而知四方。"(《公羊注疏》卷十六)关于"采诗"和"采诗"的目的,与班固《汉书》记载大致相同,惟说"采诗"者是男女年老无子者,而不是"行人",或者方式不止一种。这些虽然出于汉代人的记述,可能还是有一定根据的。因为在古代交通十分不便的情况下,如果不是由官府来主持采诗工作,靠任何私人的力量来完成这样一部时代绵长、地域广阔的诗集采集工作,恐怕是不可能的。

至于当时统治者采诗的目的,即为什么要花力气广收这些民间诗歌,据设想,除了要考察人民的动向,了解施政的得失,以利于他们的统治以外,大约还有搜集乐章的需要。我们知道,周王朝是很重视所谓"礼乐"的("制礼作乐",是为了巩固等级制度、宣扬王朝声威以及贵族们耳目享受的需要)。按照当时制度,举凡在一切祭祀、朝会、征伐、狩猎、宴庆等场合,都要举行一定的礼仪,在举行各类仪式、礼节的时候,就要配合演奏乐章。所以,当时朝廷,专门设有乐官"太师"等,乐官的职务就是专门负责编制和教演各种乐曲,供上述各个场合使用。可以想见,当时乐官们在编制乐章时,除了自己创制以外,一定还要利用或参考许多民间唱词和乐调,这样收集流传的一些民间乐歌作品,也会是他们经常的一项不可缺少的工作。当然,这是指《诗经》中的那些流传于各地的民谣俗曲说的。至于《诗经》中的那些颂诗和贵族文人所作的政治讽谏诗,当是另有来源,即通过所谓"献诗"的渠道,而汇聚到当时朝廷中来的。

根据《国语·周语》记载,周王朝是有让公卿列士即贵族官员和文人献诗的制度。所谓"天子听政,使公卿至于列士献诗,瞽(盲艺人)献曲,史(史官)献书……",我们从《诗经》中的一些作品看,"献诗"的事也是确定存在的。如《小雅·节南山》"家父(周幽王时大夫)作诵,以究王讻",《大雅·民劳》"王(指周厉王)欲玉女,是用大谏",《大雅·崧高》"吉甫(即尹吉甫,周宣王时大臣)作诵,其诗孔硕"等,说明公卿列士献讽谏诗或歌颂诗的事是存在的。此外,还有些诗是下层贵族文人或小官吏所写,这一类诗多属个人抒愤之作,既不是奉命作的,也不是为了进献而写的,它们所以能汇集到太师手里,大约和歌谣差不多,是从民间收集来的。至于那些专门用于祭神祭祖的"颂"诗,当是巫(掌管祭祀的迷信职业者)、史等有关职官奉命制作的。

那么,当时通过几种渠道,汇聚起来的作品一定很多,而现在我们所见的这部只有三百零五篇的诗集,是经过谁的汰选、整理成书的呢?古代最流行的说法是孔子曾经"删诗",是《诗经》的整理者和编订者。最早说起这件事情的是汉代司马迁,他在《史记·孔子世家》中说:"古者诗三千余篇,及至孔子,去其重,取可施于礼义。"这就是说,《诗经》三百零五篇诗,是孔子由流传的三千多篇古诗中选编出来的,他把那些重复的,于礼义标准不合的都删汰掉了。这个说法影响很大,但并不可靠。从宋代开始,许多学者进行考证,都表示怀疑,提出反对意见。最有说服力的理由,是他们考证出早在孔子以前,《诗经》三百篇就已经定型了。如据《左传·襄公二十九年》载,吴公子季札游鲁观周乐,鲁国的乐工为他演唱《风》、《雅》、《颂》,而编排的次序和篇目与今本《诗经》差不多一样,而当时孔子还不满十岁。由此可以断定,今本《诗经》根本不可能是由孔子亲手删定的。其他还有种种理由,如孔子自己及其弟子门人都从没有说过孔子有"删诗"的事等。所以后来多数人已不相信孔子曾"删诗"的说法。

孔子"删诗"的说法虽不可靠,但《诗经》毕竟是经过一番删汰整理工作,才会有今天这个面貌。近代通行的说法是,《诗经》删汰和编订工作,仍出于周王朝的乐师、乐工们之手。因为从三百篇都是乐歌这点来看,诗与乐官们的关系太密切了。他们既是当时乐歌的搜集者、保存者,又是乐歌的演唱者,他们出于工作上的需要,对汇集来的诗篇加以去取、加工,这是比较容易理解的。

在我们今天看来,《诗经》不过是一部可供阅读欣赏的古代文学作品。但在周代,诗的用途却很广,除了典礼、娱乐和讽谏等用诗以外,它还经常用在外交场合,用来"赋诗言志",即作为表达情意、美化辞令的工具。所以《周礼·春官》中又有"大师教六诗"(按《周礼》书中所指即风、赋、比、兴、雅、颂。故"教六诗",即可以理解为全面讲授《诗经》的意思。另外《毛诗序》又称"六诗"为"六义","故诗有六义焉：一曰风、二曰赋、三曰比、四曰兴、五曰雅、六曰颂"）、"以乐语教国子"的说法,这是说,乐官太师在当时还有用诗歌（"乐语"即诗）教国子（贵族子弟）的任务。《诗经》三百篇,也可能正是乐官太师为了教授国子而选订的课本。

春秋以后,周室衰微,诗乐分家,第一个以私人讲学身份出现的大学者孔子,更把《诗三百》作为政治伦理教育、美育以及博物学的教本。孔子曾经说过："小子何莫学夫《诗》？《诗》可以兴,可以观,可以群,可以怨。迩之事父,远之事君；多识于鸟兽草木之名。"（《论语·阳货》）又说："不学《诗》,无以言。"（《论语·季氏》）这两段话是孔子劝他的学生和儿子学诗的。意思是说诗的功用很多,读诗可以培养联想力,可以提高观察力,可以锻炼合群性,可以学得讽刺方法。近则可以运用其中的道理来侍奉父母；远则还可以用来服侍君王；而且会多多认识鸟兽草木的名称。另外又说,如果不学诗,就不会说出优美动听的话来。正是由于孔子对《诗经》三百篇这样的重视和推崇,所以使《诗经》这部书在后世得以留传并产生广泛影响。

先秦古籍,在秦始皇"焚书坑儒"和楚汉相争的战火之后,散失很多。但《诗经》由于是口头讽诵的诗,因此得以比较完整地保存下来。汉代传习《诗经》的有鲁、齐、韩、毛四家,即后世所谓的"四家诗"。《鲁诗》是因鲁人申培而得名的。《齐诗》出于齐人辕固生。《韩诗》出于燕人韩婴。《毛诗》是由其传授者毛公而得名的。前三家在西汉时代即已立于"学官"（由朝廷立为正式学习的科目）,《毛诗》出现得较晚,东汉时方立于学官。但《毛诗》一派却后来居上,影响颇大。《毛诗》盛行,鲁、齐、韩三家诗便逐渐衰落,他们所传授的本子也亡佚了。三家诗亡佚的情况,大致是这样："鲁诗"亡于西晋,"齐诗"亡于三国魏,"韩诗"亡于宋。"韩诗"据《史记·儒林列传》有"《内外传》数万言",今仅存《韩诗外传》一书。后世辑三家诗佚文并加以考订、注解的有清陈乔枞《三家诗遗说考》、王先谦《三家诗义疏》等。现在我们读到的《诗经》,就是《毛诗》,即汉代毛公讲解和留传下来的本子。这样,所谓《毛诗》对我们研究《诗经》的关系是最大的,因此,需要附带讲一下关于《毛诗》和《毛诗序》的问题。

前边已经说过，《毛诗》因毛公而得名，但毛公又有大毛公、小毛公之分。据三国时吴人陆玑在《毛诗草木鸟兽虫鱼疏》一书中说，所谓大毛公，是指战国时代荀子的学生鲁国人毛亨，而小毛公则指赵国人毛苌。毛亨曾作《诗诂训传》，后传授给毛苌，东汉时立于学官（参见郑玄《诗谱》）。

那么，我们经常讲到的《毛诗序》是怎么回事呢？《毛诗序》也就是《毛诗》的"序言"。前人把冠于全书的序言称"大序"，把每篇类似题解性质的短文称"小序"。关于《诗序》的作者，历史上也说法不一。例如郑玄认为《大序》是子夏所作，《小序》是子夏、毛公合作。南朝刘宋时代范晔则认为是东汉光武帝时代卫宏所作。这一直是经学史上一个有争论的问题。

《毛诗序》否认和贬低民歌，他们论诗总是把每一篇诗和历史上的人物或事情比附起来，因此往往是牵强附会，并无可靠根据地发挥一通。特别是在解诗时，抱着浓厚的儒家成见，对许多优秀作品都进行歪曲解释，以便符合儒家的封建说教。因此，我们今天来学习和研究《诗经》，是不能依它的解释为据的。但《诗序》在讲诗时，提出了一些文学理论上的问题，如比兴、美刺等，对后世文学思想的发展有很大影响。

三、《诗经》的思想内容

《诗经》是我国最早的一部诗歌总集，如前所述，从创作年代说，它包括了上下五六百年间的作品；从作者说，它包括了当时社会不同身份、不同社会经历以及不同性别的作者的创作；从体裁上说，它包括了抒情、叙事、讽喻、颂赞等各种文学样式。而题材内容更是多种多样，有的写政治、农事、狩猎、行役、战争、宴饮、祭事、歌舞；有的写爱情、婚姻、民俗，而且形象极为生动，美妙动人。它就像当时社会的一部形象化的历史，一个精金美玉杂收并储的五光十色的宝库，丰富多彩，眩人耳目。

《诗经》作为文学作品，作为生动优美的诗歌创作，无疑是我国古典文学辉煌的开端，同时，它的广阔而丰富的内容，又是我国古文化和古文明的载体，是我们了解古代社会和我们民族古老的物质文明和精神文明的重要典籍。

《诗经》中的诗篇,是否有商代的遗存,尚有争议,但有相当一部分可以上溯到西周初年是无问题的。如《大雅》中保存的一组记咏周人发祥的"史诗":《生民》、《公刘》、《绵》、《皇矣》、《大明》等,是传唱于周初的最古老诗篇,它们记述了从周始祖后稷的出世到武王灭商兴周的史迹和传说。这组古老的诗篇十分可贵地反映和记述了一些远古历史的面影。如《生民》诗中,写女子姜嫄"履帝武敏歆",践上帝的足迹有感而生子,结果这无来由的孩子被视为不祥,受到鄙视和遗弃。这无疑反映了由母系社会(只知有母而不知有父)向父系社会过渡时代的状况。再写后稷出生后的灵异,说他发明农艺,精于稼穑,"蓺之荏菽,荏菽旆旆。禾役穟穟,麻麦幪幪,瓜瓞唪唪"。于是在邰地安居下来,祭祀上帝,使子孙繁衍,氏族繁荣。无疑这正反映了周民族较早地进入农业文明社会的状况,并以此而自豪。

《公刘》和《绵》,则分别记述了周人早期的两次民族大迁移。一次是在远祖公刘的率领下,因避西戎的侵扰而从邰至豳(陕西旬邑附近);一次是由周文王的祖父古公亶父率领,为寻求肥美的土地而从豳迁到岐山之下的周原。

《公刘》一诗从公刘率民离邰前所做的种种准备工作写起:"笃公刘,匪居匪康,迺埸迺疆,迺积迺仓。迺裹糇粮,于橐于囊。思辑用光。弓矢斯张,干戈戚扬,爰方启行。"诗中几章都以"笃公刘"开端,"笃"是笃厚诚实的意思,表现了对民族领袖的无尚赞美。接着诗中描写了周人到了新居住地以后,开垦荒地,丈量农田,选择京邑,建筑宫室的整个过程。

公刘率民迁豳十世以后,至周太王古公亶父时期,也是由于戎狄的侵扰,则开始由豳再次向岐地(今陕西岐山)迁徙。据《史记·周本纪》记载,这次迁徙,规模比上次为大:"举国扶老携弱,尽复归古公于岐下。"记载和歌颂这次大迁移历史的,就是《绵》这首诗。诗的开头写:"绵绵瓜瓞,民之初生,自土沮漆。古公亶父,陶复陶穴,未有家室。"诗以瓜秧上绵绵不断地结出大瓜、小瓜起兴,比喻周民族由小到大,繁衍不绝。但古公亶父迁徙之始,还是"陶复陶穴",居住在土窑土洞里,生活相当艰苦。而不久就发现了岐山之南名为"周"的平原沃野(今陕西扶风),大家喜出望外,便在那里开荒筑室,创建家园,定居下来。从此也就以周人自称。诗中生动地描述了群体在周原营建家室、宗庙的情景:"捄之陾陾,度之薨薨,筑之登登,削屡冯冯。百堵皆兴,鼛鼓弗胜。"那种百堵高墙平地起,劳动歌声胜鼓声的热烈场面,充分表现了一个新兴民族的不畏艰苦的创业精神。《皇矣》和《大明》则分别写周文王、武王开拓疆域,兴周灭商,取得天下的功业。

从《生民》到《大明》五篇史诗,比较完整地勾画出了周人的发祥、创业和建国的历史。读了这些诗,仿佛使我们看到了这样一幅生动的历史画卷:在遥远的古代,在黄河流域的中上游居住着一个非常勤劳智慧的民族,他们为了民族的生存、繁衍和兴盛,不断地在开拓着,勤苦地劳动着。他们已从渔猎步入到农业文明的社会。最初他们曾掏穴而居,后来则营建都城、宫室,战胜和统一了周围部族,至终打败了殷商王朝,建立了有广阔国土、高度礼乐文化的强大国家。诗中所记写的就是这样一些事实,所歌颂的就是民族历史上像后稷、公刘、古公亶父、周文王、周武王等一批创业维艰的带有传奇性的英雄人物。早于周人还有夏、商两代,当时可能也有史诗流传过,但都没有用文字记载下来。史诗是一个民族发祥、创业的胜利歌唱,是民族历史的第一页。这仅存的古老诗篇,正是非常珍贵的。

《诗经》中还保留下一批具有鲜明时代特点和民族特点的祭祀诗。祭神颂神虽是古代社会普遍的信仰和活动,但由于宗教又有"奉神而治人"的特殊功用,从而更为王朝统治者所重视和利用,列祭祀之事为国之大典,所谓"国之大事,在祀与戎"(《左传·成公十三年》)。《诗经》中的三《颂》主要就是用于王朝祭祀的诗。周人把祭天和敬祖置于同等地位,把祖先的亡灵视为本民族的保护神,反映了宗法制社会将宗教伦理化的特点,反映了周人对原始宗教以至殷人宗教观念的修正。

宗教观念在原始时代已然产生,它以巫术、图腾崇拜、日月山川动植百物皆有神的泛神论为特征,表现了原始的蒙昧状态。夏史不详,至殷人则产生了最高主宰的"天"、"帝"的观念,从甲骨卜辞中的每事必"卜"来看,一切均屈从于神的现象是很显然的。殷统治者还自居于"天命"的独钟者,所谓"我生不有命在天"(《尚书·西伯戡黎》)?从而放肆地在人间施展权威。周人代殷以后，虽并未脱离君权神授的说教，但从历史上吸取了治乱兴亡教训，所谓"宜鉴于殷，骏命不易"（《大雅·文王》），开始对"天命"作出限定，那就是将"德"引入对天命的理解，所谓"天命靡常"（《大雅·文王》），"皇天无亲，惟德是辅"（《尚书·蔡仲之命》），就是说天之降命也是有条件的，它只保佑有"德"之人。《周颂》中的《清庙》、《维天之命》、《时迈》等诗，无不在颂天的同时，而强调文王的"懿德"，并一再强调"敬德"对保国延祚的重要性。这是周的新的宗教意识，也蕴含了周人的新的开国精神和我国早期的德治政治思想。

《诗经》的祭祀诗中，有一部分是属于祭方社，祀田祖（农神），祈甘雨，庆丰收的诗，如《周颂》中的《臣工》、《噫嘻》、《丰年》、《载芟》、《良耜》，《小雅》中的《楚茨》、《信南山》、《甫田》、《大田》等，它们写祭事，但也反映了古时耕耘、播种、收获、贮藏以及有关的礼俗和农田管理制度等。如《噫嘻》："骏发尔私，终三十里。亦服尔耕，十千维耦。"《丰年》："丰年多黍多稌，亦有高廪，万亿及秭。为酒为醴，烝畀祖妣。"反映了西周大规模农耕生产和当时农业社会所特有的"藉田"、"秋报"之礼。《楚茨》、《信南山》等诗，则以较长的篇幅，更为细致地描述了诸多农事祭典活动的场景。这些诗辞气凝重，在虔诚的宗教感情中，透露出对宗族兴旺、国力强盛和幸福安康生活的憧憬。

《诗经》中的"宴饮诗"（又称燕饮诗或宴飨诗），是周人重礼乐、尚亲情、笃友谊的体现，是古代中华礼乐文明的独有的产物。周代君臣朝会、家族团聚、故旧相逢皆举行宴饮，并于宴饮之际，奏乐歌诗。而举行各种宴饮活动的目的，"非专为饮食也，为行礼也"（《礼记·乡饮酒义》）。礼是德的外在形式，所以宴饮之礼，是与周人的德治教化思想紧密相关联的。《小雅·鹿鸣》是国君宴饮群臣时所奏的乐歌，其诗云："呦呦鹿鸣，食野之苹。我有嘉宾，鼓瑟吹笙。吹笙鼓簧，承筐是将。人之好我，示我周行。"国君礼遇群臣，享之以酒食，赐之以币帛，为的是求教于贤者，唤起他们的报国之心。《小雅·常棣》是兄弟之间一起宴饮的乐歌。"常棣之华，鄂不韡韡。凡今之人，莫如兄弟。"诗用常棣花之花萼相依相连比喻兄弟之间的天然亲密关系，认为兄弟之情非比一般。诗中反复称说"死丧之威，兄弟孔怀"，"脊令在原，兄弟急难","兄弟阋于墙,外御其务"。称说兄弟之间是最休戚相关的,有悲伤急难之事,总会来相慰相救,虽有时在家中争吵,但有外侮,就会一致对外。乃是一首劝谕珍视兄弟之间手足亲情的歌。《伐木》云:"伐木丁丁,鸟鸣嘤嘤。出自幽谷,迁于乔木。嘤其鸣矣,求其友声。""伐木许许,酾酒有藇。既有肥羜,以速诸父。""伐木于阪,酾酒有衍。笾豆有践,兄弟无远。"这是一首宴享亲友故旧的乐歌,最初可能出自民间,后经贵族文人所修改,采用。语言活泼,情深味永。其他的宴饮诗尚有《小雅》中的《蓼萧》、《彤弓》、《颃弁》,《大雅》中的《行苇》等。在这些诗里,既写酒食的丰盛,又写情谊的可贵,更表达主宾的彬彬有礼,尊卑长幼有序,实际上是为维系亲族关系,亲亲尊尊,通上下之情和巩固邦国服务的。而宴饮之礼,又是与乐不可分的,所谓"礼乐相须以为用,礼非乐不行,乐非礼不举"(郑樵《通志·乐略》),在觥筹交错、琴瑟钟鼓的乐声中,在和谐愉悦的气氛里,以达到强化宗法血缘亲情,以及尊贤睦友的目的。当然,在这部分诗中,也不乏周王朝贵族们粉饰太平,追逐享乐的思想内容,但其反映出来的人际交往中的礼乐文明,是它的主要价值所在。

《诗经》中还有一部分反映王道兴衰、政教得失的政治诗,它们包括了"美"、"刺"两方面内容。美,是颂美;刺,是怨刺。前者是对某些当权者、政治人物的推崇和颂赞,内容无非是歌颂周王受福于天,万民来归,优游享乐,万寿无期等等。刺,则是伤时愤世之作,是对君昏臣佞、政治弊端、社会问题的揭露和讽刺。无论从数量上看,还是从社会价值上看,后者无疑更值得重视,更具有进步意义。这些诗大约是当时"献诗"制度的产物,表现了当时某些士人关心国事的热情和对时代兴衰的责任感。它们(包括政治讽喻诗和政治咏怀诗)主要出现于战乱频仍、政治昏暗、道德沦丧、世风颓败的末世。古人曾以"正"、"变"说诗,称这部分诗为"变风"、"变雅";又从其思想内容上看,均属怨世刺时之作,故又习惯于称之为"怨刺诗"。其代表之作有《大雅》中的《桑柔》、《瞻卬》、《民劳》、《板》、《荡》等,《小雅》中的《正月》、《十月之交》、《节南山》、《小旻》、《巷伯》等,以及《国风》中的《王风·黍离》等。

《大雅·桑柔》一诗,是周厉王时的作品,据传是周贵族文人芮良夫所作。诗一开头就用桑树为喻,说周王朝建国之初,根深叶茂,覆庇万邦,何等兴盛;现如今君王无道,奸佞当权,人民受难,已把国家败坏得像一株枝叶凋残的枯桑了。诗中还着意写出了当时官逼民反,人心思乱的事实:"民之贪乱,宁为荼毒。"(百姓们人怀暴乱之心,宁冒被屠杀的危险也不顾。)"民之回遹,职竞用力。"(百姓们走上邪辟之路,完全是由于用强权逼他们的结果。)于是诗人发出"於乎有哀,国步斯频"的哀叹,说如果这样下去,国步维艰,就要灭亡了。《小雅·节南山》一诗的写作目的,是"家父(又称嘉父,周大夫)作诵,以究王讻",即究诘当时的权臣太师尹氏的罪恶。诗中并反复指责周王亲小人,远贤人,是造成民遭疾苦,天下祸乱的根源。这种痛陈时弊、规谏统治者的诗篇,反映了我国早期进步文士诗人以文学创作为武器,干预社会现实,关心国家命运,同情民生疾苦的正义感。《王风》中的《黍离》是一位下层士人的伤时之作。西周在内忧外患中灭亡,平王东迁,诗人行役到故都,见宗庙宫室,平为田地,他"闵周室之颠覆",忧伤彷徨,不忍离去,唱道:"彼黍离离,彼稷之苗。行迈靡靡,中心摇摇。知我者谓我心忧,不知我者谓我何求。悠悠苍天,此何人哉!"这些诗句成为忧国伤时的千古绝唱。这种关心国家命运的强烈责任感,忧国忧民的忧患意识,一直影响到后世,被无数进步诗人和民族志士所继承,成为我国诗文优良传统的重要组成部分。

《诗经》的巨大价值,更在于它反映社会层面的广阔。它虽产生在文字、文化主要掌握在上层贵族文人手中的古代社会,但由于当时统治者的特殊需要和"采诗"制度的存在,从而保存了大量的反映中下层社会的作品。《诗经》中的"十五国风"和"雅"诗中的一部分,多是产生于各地的民间诗歌,这些诗歌题材广泛,贴近现实生活,成为我们今天了解两千多年前底层人民生活状况、社会习俗、精神面貌的可靠史料,这是遗存下来的其他文献古籍所不可及的。

比较全面反映当时农事和劳动生活的诗篇,是《豳风·七月》。诗以"七月流火,九月授衣"开端,按季节生活,逐季逐月地描述了当时从事农桑生产的全过程。诗中写正月开始修整农具,寒冬未退的二月就下田劳动,接着是采桑养蚕、纺织、染帛、筑场、收获、打猎、修屋、造酒、凿冰,然后杀羊祭祀,准备过年。这些劳动都是按照季节农时依次进行的。诗中写"九月筑场圃,十月纳禾稼",收获的粮食有"黍稷重穋,禾麻菽麦",即有黄米、高粱、早种晚熟的谷物、晚种早熟的谷物,以及小米、麻、豆、麦等,收获的瓜果菜蔬也有十多种,可知当时种植的品种和农艺技术已是相当可观了。全诗在表达上也极有特点,如诗中以一系列的物候特征,来表现节令的演变,使全诗充满了自然风光和强烈的乡土气息。《七月》长诗无疑是一幅古代农桑生产和民间社会习俗的生动画卷,艺术地再现了农业社会中人们热爱自然,依恋土地,勤劳朴实的性格和淳朴的民风。当然,也表现了当时劳动者的艰辛和遭受压迫的痛苦。

另外,还有反映当时各种劳动生产活动的诗篇,如《周南·芣苢》写妇女们田野采集,《魏风·十亩之间》写采桑女集体在桑园采桑,《魏风·伐檀》写伐木造车,《郑风·大叔于田》写田猎,《小雅·无羊》写放牧。这些诗既使我们了解到当时各种劳动生产的内容,也生动地留下了劳动者的面影,以至他们的喜怒哀乐情绪。"采采芣苢,薄言采之。采采芣苢,薄言有之。"田家妇女,三五成群,在山坡野地从事采集,边劳动边歌唱,为收获渐多而充满喜悦。"十亩之间兮,桑者闲闲兮,行与子还兮。"采桑女劳累一天后,终于歇下来,可以呼伴同归了。"叔在薮,火烈具举,襢裼暴虎。"勇武的猎人,在山林中,举火夜猎,赤膊徒手生擒猛虎。"尔羊来思,其角濈濈。尔牛来思,其耳湿湿。或降于阿,或饮于池,或寝或讹。尔牧来思,何蓑何笠,或负其糇。"身披蓑衣,头戴斗笠,背负干粮的牧人,放牧看管着大批牛群、羊群。"坎坎伐檀兮,寘之河之干兮,河水清且涟猗。不稼不穑,胡取禾三百廛兮?不狩不猎,胡瞻尔庭有县貆兮?彼君子兮,不素餐兮!"边干着繁重的伐木劳动,边想到社会的不平,从而对不劳而获者发出愤怒的嘲讽。这些诗如此真实而生动地记录了两千多年前生产劳动的情景和劳动者的形象、心态,是中外文学、文献上所罕有的。

农业生产培养了周人安土重迁,充满家园之恋的乡土感情。每逢战争、劳役、灾祸迫使他们不得不远离故土家园与亲人相分相离的时候,一曲曲怀归念远的思乡之曲就产生了。

《诗经》中不少行役诗都表达了这方面的感情。《唐风·鸨羽》:"肃肃鸨羽,集于苞栩。王事靡盬,不能艺稷黍。父母何怙?悠悠苍天,曷其有所?"公差没完没了,回归无期,田园荒废,土地没人种,父母无以为生,使他感到难言的痛苦。《小雅·采薇》是守边士兵久役思归的诗:"采薇采薇,薇亦作止。曰归曰归,岁亦莫止。"薇菜一茬茬采了又长,说回家说回家,眼看一年又过完了,但还是没有希望。但他又清醒地唱道:"靡室靡家,猃狁之故。"造成这种有家归不得的情况,完全是犯境之敌造成的,可他至终向往的是回归家乡故土,过与亲人团聚的和平生活。与此相仿的还有《豳风·东山》一诗,写一久役在外的征夫,于归途中所感所思。诗中写征人想象他的妻子听到他将要归来时,扫屋以待,以及见面后悲喜交集的情景。又想到他多年不归的家园大概早已荒芜不堪:"果臝之实,亦施于宇。伊威在室,蟏蛸在户。町畽鹿场,熠燿宵行。"这里是说,野生的瓜果挂满屋檐也无人过问,土鳖虫满屋里爬,蜘蛛结网封住了房门,庭院成了野生动物出没的地方,晚间磷火飘来飘去。总之是一片冷落、荒凉、萧条的景象。但虽然如此,征人对自己的乡土家园还是充满怀念、热爱之情的:"不可畏也,伊可怀也。"破落的家园,荒凉的景象,岂不令人望而生畏?但他却觉得仍然值得自己怀念,这毕竟是曾经生养自己的故土,有自己的亲人。这种朴素、浑厚的感情,是十分令人感动的。《小雅·黄鸟》也是一首思归之歌。一个迁往他乡的人,人地生疏,觉得生活中缺少温暖,处处得不到理解和照顾,急切地想回到自己的家乡和父老乡亲中去:"黄鸟黄鸟,无集于穀,无啄我粟。此邦之人,不我肯穀。言旋言归,复我邦族。"下二章又说:"此邦之人,不可与明。言旋言归,复我诸兄。""此邦之人,不可与处。言旋言归,复我诸父。"这种由农业社会和宗族意识所培养起来的爱故土,重亲情的情感,也会很自然地升华为爱邦国之情,一旦国家危难或受到侵犯,也就会出现像《鄘风·载驰》、《秦风·无衣》那样的充满爱国激情的诗篇。我国文学中的爱国主义主题,正是从《诗经》开始,尔后形成了重要传统。

以农业文明和血缘关系为纽带的周人,特别重视伦理亲情,这在《诗经》

中处处可见。如前面所讲到的《鸨羽》一诗,那位远离家乡的役夫,他在思归时所想到的,首先是他的父母无人照顾,使他万分痛楚的是不能尽人子的赡养之责。其他行役诗中所表达的也多是这种心情,如《小雅·杕杜》:"陟彼北山,言采其杞。王事靡盬,忧我父母。"《四牡》:"翩翩者䳍,载飞载下,集于苞栩。王事靡盬,不遑将父。"再说"王事靡盬,不遑将母",又说"岂不怀归?是用作歌,将母来谂"。书写父母亲情更为使人感动的是《小雅·蓼莪》一诗,诗中唱道:"哀哀父母,生我劬劳。""哀哀父母,生我劳瘁。"当他远道归来,得知父母已不在时,感到已无法报答父母的如海恩情,痛苦已极,呼天抢地,说:"父兮生我,母兮鞠我。拊我畜我,长我育我。顾我复我,出入腹我。欲报之德,昊天罔极!"表现了对父母的深厚感恩之心和子欲报而亲不在的终生遗恨。

写夫妻情深,偕老相爱的,如"宜言饮酒,与子偕老。琴瑟在御,莫不静好"(《郑风·女曰鸡鸣》)。一旦睽离,则陷入相思:"采采卷耳,不盈顷筐。嗟我怀人,寘彼周行。"(《周南·卷耳》)"自伯之东,首如飞蓬。岂无膏沐,谁适为容?"(《卫风·伯兮》)"瞻彼日月,悠悠我思!道之云远,曷云能来?"(《邶风·雄雉》)妻子不幸去世,丈夫睹物怀人,忧伤中不住念叨着妻子在世时种种好处:"绿兮丝兮,女所治兮!我思古人,俾无訧兮。"说妻子曾亲手为我染丝治衣,遇事规劝使我少过错。"心之忧矣,曷维其亡!"(《邶风·绿衣》)面对残酷的现实,他简直不能接受。丈夫亡故,妻子临穴而泣,更是痛不欲生:"葛生蒙楚,蔹蔓于野。予美亡此,谁与独处?""冬之夜,夏之日。百岁之后,归于其室!"(《唐风·葛生》)

女子远嫁,兄长远送,以至"瞻望弗及,泣涕如雨"(《邶风·燕燕》)。朋友远行,离情难舍,献上最好的祝愿:"二子乘舟,泛泛其逝。愿言思子,不瑕有害。"(《邶风·二子乘舟》)对父母孝敬,夫妻恩笃,对骨肉亲朋的友爱、关怀,这些充溢着美好的、善良的伦理情思的诗篇,正体现了我们民族特有的社会心理和素质,在塑造民族传统上起着极为重要的作用。

男女情爱、婚嫁的诗篇,在《诗经》民歌中占有很大比重。在封建社会中,也正是这部分诗,特别是那些描写男欢女爱的情歌,最遭到曲解。汉人以美、刺说诗,不承认它的内容和本来性质。宋人在承认风诗"多出于里巷歌谣之作"的基础上,也承认其中大多是"男女相与咏歌,各言其情"的作品,但又戴着道学家的眼镜,一律释之为"刺淫",直至晚清才有学者驳正旧日经学家的以情为私,言情即淫的观念,在"五伦始于夫妇"的大题目下,肯定了这些诗的性质和价值。而真正对这些诗进行文学、社会学和民俗学的研究,还只是近代的事。

从社会制度和文化习俗发展上看,《诗经》中的大量婚恋诗,反映了古代婚姻由群婚制向对偶婚的转化,表现了由原始的生命欲求,向个人性爱及其精神品格上的升华,同时也打上了宗法社会的某些烙印。从而这些诗既散发着自由、大胆、忠于所爱的青春活力,又表现了对某些礼制的冲突。

《诗经》中大量的爱情作品,多方面地反映了男女恋爱生活中的各种情境和心理,以及相关的民风礼俗。周代社会家长制婚姻虽然已逐渐形成,但在不同地区和不同阶层间,特别在广大的民间,还存在着民俗方面的差异。在多数情况下,青年男女的恋爱婚姻仍是比较自由的。《诗经》中不少作品写了男女青年的自由交往和欢爱,十分纯朴、真挚、大胆、动人,充满着浓厚的乡土风情和原始气息。

《郑风·溱洧》一诗,真实地再现了男女相会、自由定情的场景。诗中是这样描写的:"溱与洧,方涣涣兮。士与女,方秉蕳兮。女曰:'观乎?'士曰:'既且,且往观乎?'洧之外,洵訏且乐。维士与女,伊其相谑,赠之以勺药。"按照郑国的风俗,三月上旬巳日(三月三日)这一天,是民间的游春节日,也是青年男女相会、交游、寻找爱情的好时光,所谓"中春之月,令会男女,于是时也,奔者不禁"(《周礼·地官·媒氏》)。诗中写在春水涣涣的溱洧岸边,一对青年男女欢快地交游,互诉心曲,赠物定情。男女求爱也可以通过对歌进行:"萚兮萚兮,风其吹女。叔兮伯兮,倡予和女。"(《郑风·萚兮》)树下高歌,女唱男和,互表情意,也可以选定伴侣。甚至可以偶然相遇,一见钟情:"野有蔓草,零露漙兮。有美一人,清扬婉兮。邂逅相遇,适我愿兮。"(《郑风·野有蔓草》)还可以把猎物相赠,表示好感以求欢爱:"野有死麕,白茅包之。有女怀春,吉士诱之。"(《召南·野有死麕》)后世婚俗用鹿皮为"纳征",或正源于此。

男女交往中，幽期密约，往往是既兴奋又不安的。两人相约于桑间濮上："期我乎桑中，要我乎上宫，送我乎淇之上矣。"(《鄘风·桑中》)相约而久等不来，是最令人忧心难耐的："东门之杨，其叶牂牂。昏以为期，明星煌煌。"(《陈风·东门之杨》)表现了静夜候人时的孤寂感。有的诗还表现出十分幽默的情趣："静女其姝，俟我于城隅。爱而不见，搔首踟蹰。"(《邶风·静女》)相约城角相会，先到的女子故意躲藏起来，害得男子抓耳挠腮，不知所措。有的诗还表现出女子的矜持和责备："青青子衿，悠悠我心。纵我不往，子宁不嗣音？"(《郑风·子衿》)有的则索性表示不满，而负气说要中止相好："子惠思我，褰裳涉溱。子不我思，岂无他人。狂童之狂也且。"(《郑风·褰裳》)真实而生动地表现了相爱男女的种种心态。

相思相爱，感情专一，忠贞不二，是对偶婚的需要，也是人类两性关系步入文明社会的标志。在《诗经》的爱情篇章中，已多有表现："出其东门，有女如云。虽则如云，匪我思存。缟衣綦巾，聊乐我员！"(《郑风·出其东门》)于众多的女子中，唯坚持自己所爱，专一于一人。在遭到外来干预时，此情弥烈："泛彼柏舟，在彼中河。髧彼两髦，实维我仪，之死矢靡它。母也天只，不谅人只！"(《鄘风·柏舟》)对自己所爱的人，以心相许，表示至死无二心。《王风·大车》是写在环境不容的情况下，女子约男子一同私奔的诗，歌中唱道："岂不尔思，畏子不敢。""岂不尔思，畏子不奔。"最后则指天发誓："榖则异室，死则同穴。谓予不信，有如皦日。"这种一往情深，以生死相许，誓无反顾的叛逆精神，正是后世诸多爱情名著中所热情歌颂的。

《诗经》中爱情诗歌的一个重要特征，也是它的重要成就，主要表现在它既大胆地反映了两性的吸引和自由追求，又着意表现出爱情是心灵的沟通，是一片圣洁的美的世界。正是在这个基础上，产生了像《秦风·蒹葭》、《周南·汉广》、《陈风·月出》等至今脍炙人口，可以载入世界情诗名篇之林的佳作。这些诗或写痴情人，所求不得，而产生的一种凄迷心境："蒹葭苍苍，白露为霜。所谓伊人，在水一方。溯洄从之，道阻且长。溯游从之，宛在水中央。"或写水畔思人，一往情深，渴望之切与失望之极的苦恋心情："南有乔木，不可休思。汉有游女，不可求思。汉之广矣，不可泳思。江之永矣，不可方思。"或写月夜幽独,意中人的倩影挥之不去,空劳遐想:"月出皎兮,佼人僚兮,舒窈纠兮,劳心悄兮。"这些诗的共同特点是,都表现出一种纯情、深婉与无比优美的浪漫情调。在两千多年前能达到这种精神境界和诗歌造诣,是令人惊叹不已的。

《诗经》中还反映了当时结婚时的某些礼俗,如婚礼上要唱喜歌,以对新人和家族表示祝贺和祝愿。《周南·桃夭》就是一首祝贺新婚的诗:"桃之夭夭,灼灼其华。之子于归,宜其室家。"诗用桃花初开时的鲜丽照人,比喻新婚女子正青春美好,并祝愿她婚后宜人宜家,美满幸福。《樛木》则是婚礼上祝新郎的诗:"南有樛木,葛藟累之。乐只君子,福履绥之。"木喻男,葛喻女,葛藟之绕木,喻女子对男子的依附。诗中祝愿成婚后,男子快乐并福禄日增。从而也反映出当时以男性为主的社会家庭关系。《螽斯》一诗,是在新婚典礼上祝贺子孙繁衍、家族兴旺的:"螽斯羽,诜诜兮。宜尔子孙,振振兮。"用蝗虫多子,喻人子孙众多,这代表了古代的家族观念,是当时普遍心愿。周人已步入宗法社会,越是贵族阶层,防隔越严,有些诗歌还反映了婚姻方面的"六礼"之制,这既反映了周人的文明重礼,但也构成了对男女婚姻自由的束缚,经过后世封建制度的强化,自由择偶的两性关系也就结束了。

《诗经》是产生于我国两千多年前的一部古老诗集。作为扣人心弦、丰富多彩的歌诗,它是我国文学辉煌的开始,是一批富于首创性的杰作。这些诗篇蕴含着对社会现实生活的热情关注,对于社会文明的追求和直面苦乐人生的伟大现实主义精神。它涉及的生活面广阔,内容丰富,题材多样,举凡征人之苦,劳人之怨,国难黍离之悲,故土怀归之思,以及亲朋契阔、男女哀乐之情,这些在后世诗文中屡见而富于民族特色的主题,在《诗经》作品中均发其端、导其源。至于它在赋、比、兴艺术手法方面的开创,它的"为情而造文",贴近生活,不追求外在的华丽之美而又深藏艺术魅力的高超艺术成就,更对我国后世文学和艺术的诸多门类起过至深至巨的影响。

作为诗人和学者的闻一多,曾经在其《文学的历史动向》一文中,这样评述过《诗三百篇》的历史意义:"'诗三百'的时代,确乎是一个伟大的时代,我们的文化大体上是从这一刚开端的时代就定型了。文化定型了,文学也定型了，从此以后二千年间，诗——抒情诗，始终是我国文学的正统类型。赋、词、曲是诗的支流，一部分散文，如赠序、碑志等，是诗的副产品，而小说和戏曲又往往以各自不同的方式夹杂些诗。诗不仅支配了整个文学领域，还影响了造型艺术，它同化了绘画，又装饰了建筑（如楹联、春帖等）和许多工艺美术品。"

这是就《诗三百篇》在我国文学和文艺方面所起的巨大历史作用说的。实际上，它的丰厚的文化内容和文化意蕴，也是我国古文明的载体，是一部古文化的百科全书。诸如政治思想、伦理道德、社会生产、风土礼俗，以及天文历法等等，几乎无所不包，成为研究中国文化和民族文化心理、文化传统的渊薮。如经它所反映出的周人之重德崇祖，敦亲睦友，恋故土，重邦国，尚实际，美自然等民族心理和民族文化传统，无不源远流长地影响到后代。当然，由于《诗经》的作者身份、地位、境遇不相同，因此，所反映的生活画面、社会观念以及表现形式亦有所不同，有雅、俗之分。那些属于庙堂和出自士大夫之手的大部分保存在"颂"和"大雅"中的作品，应属于当时的雅文化范畴；而"风"和"小雅"中的民歌，则具有俗文化性质（虽或采集后也经过文人整理，但基本上保留了民间之作的本色）。可以看出这分别出自社会上层和底层的雅、俗两种文化，其价值取向和审美情趣还是很有区别的。如前者尚礼重和，重华贵，重享乐；后者则尚情重义，重自然，重自由，重反抗等等。这又需要我们分别加以研究、探讨。

总之，《诗经》的出现，为我国古代诗歌艺术奠定了基础，它的丰厚的文化内容和文化意蕴，也是值得深入开掘的宝藏。

四、怎样阅读和研习《诗经》

《诗经》是产生于两千多年以前的古籍，由于时代久远，背景复杂，文字艰深，涉及的文化知识面广，今天阅读和研习起来，确有不少困难。但有利的条件是，出于对这部书的重视，不少学者都对它进行过整理、研究，特别是近代以来，许多学者在专门学术研究的基础上，还有意做了一些便于初学者入门的普及工作，方便了一般读者对它的理解和阅读。

无论是初学者,一般古典文学爱好者,还是研究者,阅读作品应该是第一步。当然,这会有不同的要求,也需采用不同的方法。

对于初学者,一般文学爱好者,不妨首先读选本。《诗经》全书三百零五篇,但从历史价值和文学价值来看,也不都是同等重要的。一般选本,对它作了遴选,一些贴近生活,艺术性强,具有代表性的作品,大致都包括在内了。而且都带有注释,有的并附以今译;对每篇作品一般还写有点明诗歌背景、主旨的解题。但在阅读中也要注意几件事:

一是这些选本只代表不同选者的眼光,所以从选篇到注解并不会完全相同。在这种情况下,则不妨选一本公认的、好的选本为主(如余冠英的《诗经选》),然后再参考其他的选本、读本,以免为一家所囿。

二是所附今译对初学者是有帮助的,因为《诗经》作品的难读,除难字、难词以外,还有对诗句、篇章意思的领会问题,初学者如对照现代汉语的今译来读,无疑是个很大帮助。但它只可作为阅读时的参考,绝不要代替对原诗、原文的阅读。先不说译文有水平的高低问题,即使再好的译文也只能传达其意,而难传达其味儿。因为文学是语言的艺术,是时代的产物。离开原作者时代所用的语言,无形中就丧失了它的风格和品味,模糊了作者的个性,而这对于文艺作品来说,又是绝不容丧失的。

三是对于《诗经》作品,不要止于一般的理解和阅读,最好还要熟读兼之以吟咏。特别是《诗经》中的一些民歌作品,它本身原是口头传唱的,其篇章结构,语言运用,语言节奏,抒情手法,均与音乐有关。如今乐调已失,变成了书面文学。为了把握它的艺术真谛,体味它的风格神韵,不妨通过吟咏来增加领会。关于这一点古人也有所认识。如朱熹就发表过这样的意见,他认为诗本"性情",通过"熟读",是领会《诗》中本义、性情以至艺术魅力的途径。他说:"读《诗》正在于吟咏讽诵,观其委曲折旋之意,如吾自作此诗,自然足以感发善心。""须是读熟了,文义都晓得了,涵泳读取百来遍,方见得那好处;那好处方出,方见得精怪(指高超、新奇处)。"(《朱子语类》卷八十)清代方玉润在解读《周南·芣苢》一诗时,曾说:"读者试平心静气,涵泳此诗,恍如听田家少女,三三五五于平原绣野,风和日丽中,群歌互答,余音袅袅,若远若近,忽断忽续,不知其情之何以移,而神之何以旷,则此诗可不必细绎,而自得其妙焉。"(《诗经原始》)可知前人早已知熟读吟咏在学诗、解诗中的作用了。

另外,近些年来还出版了一些关于《诗经》名篇鉴赏的书,好的鉴赏文既解诗又重在审美,即从艺术上剖析其特点和成就,这正可补一般文学史和注释本在这方面的不足。虽然在赏析中也存在着见仁见智的问题,但对于初学者、一般爱好者来说,对如何理解作品,领会其艺术特征,正起着津梁作用。

以上是就一般文学爱好者说的。至于想对《诗经》作进一步的研习,着手作某些研究工作,那就必须有更多的知识准备。

首先,要充分了解历代研究成果,也就是了解《诗经》研究史。《诗经》是一部古老的典籍,汉以后又被尊为"经",从而受到重视。有关《诗经》的研究著作,可以说代不绝书,汗牛充栋,以至逐渐形成了一门专门的学问——《诗经》学。近世学者曾为《诗经》学下过这样的界说:"《诗经》学者,关于《诗经》之本身,及历代治《诗经》者之派别,并据各家之著作,研究其分类,而成一有系统之学也。"(胡朴安《诗经学》)从历史上看,关于《诗经》的研究,早在先秦就已开始了,如孔、孟、荀的说诗、解诗,虽仅为零星言论,但影响巨大。此后汉代鲁、齐、韩、毛四家传《诗》,在汉学内部形成了经今文、古文之争。经今文重所谓"微言大义"的阐发,古文重历史、文字训诂的考证,尔后《毛诗》独传,体现了古文经学的成果。到了宋代,随着思辨学风的兴起,又出现了以"义理"说《诗》的"宋学",他们以澄清汉儒的迂腐为己任,除继续做一些训诂、考证外,重在对诗本义的恢复和研究。逮至清代,又出现了新汉学,对《诗经》的文字、音韵、训诂、名物做了浩繁的考证和研究。但也出现了以姚际恒、方玉润为代表的一反汉、宋之学的独立思考派。

纵观历代关于《诗经》的研究,论著不谓不多,仅清初《四库全书总目提要》载存的就达一百四十七部,加上未及载入和其后的著作,以及笔记类、文论类著作,其数量恐不下千种,其成果殆为可观。但也存在着重大问题,主要是他们多受时代的局限,视《诗经》为儒家经典,其解《诗》、说《诗》,往往离不开儒家教义,把作品政治化、伦理化,从而掩盖了《诗经》的本来面目。当然,从宋学开始,也有某些探讨诗本义之作,不无参考价值,但总的说来,都存在着把《诗经》作品非文学化的倾向。也就是使人们只"知《诗》之为经,而不知《诗》之为诗",这当然严重阻碍了对诗的正确认识和评价。这一情况,直至"五四"以后,才出现了真正改观。但《诗经》作为一部古文献,年代久远,文字艰深,前人对它所作的文字、音韵、训诂、名物的考证,以及校勘、辑佚等有关资料研究工作,对我们还是极为有用,不能抛弃的。因此,我们从事《诗经》研究,不能割断历史,仍有充分利用历代研究成果的问题。

其次,我们今天研究《诗经》还必须具备正确的理论观点和相关的学科知识。《诗经》是产生于两千多年以前的文学作品,要认识它、评价它,就必须将其放在具体的历史背景中去考察,还要作为文学作品,分析它的美学特征、艺术成就和在文学发展史上的地位。这就需有正确的历史观、美学观为指导,才能作出科学的分析和判断。另外,《诗经》作为一部文学作品,反映的生活面广阔,古文化内涵丰富,因此,牵涉到的知识面也相当广泛。如有关历史、神话、宗教、礼制、民俗以及天文、地理等,掌握这些知识,不仅有利于正确地解诗、读诗,同时也可以在大的文化背景下,对《诗经》开展多方面的深入研究。

不容讳言,研究《诗经》是十分困难的,至今有许多难点、疑点尚待突破,从编订、成书,到每篇作品的本事、题旨,以至有些字义的训诂、解释,往往歧见纷纭,尚待进一步研究。关于解诗之难,宋代欧阳修就说过:"盖诗述商、周……孰能无失于其间哉!"(《毛诗本义》)这是说,因为时代久远,资料欠缺,而使人陷入迷惘。清人戴震说:"作诗之意,前人既失其传者,非论其世知其人,固难以臆见定也。"(《诗经补注·自序》)近人俞平伯更分析治《诗》之难说:"《诗》文殊简略,作此释固可,作彼释亦通,其难一。训诂以音声通假本非一途,就甲通乙则训为丙,就甲通丁则训为戊,若丙戊二解并可通,则其间之去取何从?其难二。鸟兽草木则异其名,典章制度则异其法,既图解勿具,亦考订无资,其难三。文词之解析原有三部:一,字之训诂声音;二,物类制度之订定;三,文义之审度。现在呢?求之训诂则苦纷歧,求之名物则苦茫昧,求之文义则苦含混。故在今日,吾人解析文句,希望能处处惬合作者原义是一事,而能达到否又是一事。"(《论诗词曲杂著·读诗札记》)俞平伯曾于1923年至1925年之间,与顾颉刚、胡适等人在报刊上讨论关于《诗经》诗篇的理解问题,其所诉说的难处,正是经验之谈。

虽然如此,《诗经》一书及其作品,经过历代学者的探索和考证,还是取得了许多积极成果,一些分歧达到了某种程度的共识。今后任务,就在于总结前人成果,更新观念,在科学的理论指导下,做新的开拓。

五、《诗经》参考书目

《毛诗传笺》,郑玄笺。《诗经》是汇集我国自西周初年至春秋中叶诗歌作品的一部总集。秦始皇焚书以后,在汉代先后出现了鲁、齐、韩、毛四家不同的传本和讲授学派。东汉以后,前三家逐渐衰亡,而毛诗独存。毛诗的传人是汉代毛亨,他著有《毛诗诂训传》(简称《毛传》),是一部解释《诗经》诗义和训释字句的著作。东汉末年,学者郑玄(字康成)在《毛传》的基础上加做笺注,撰《毛诗传笺》,简称《郑笺》。《郑笺》以宗毛为主,兼采其他三家诗说,对《毛传》阙疑或失误处进行补充和订正。他并不废除毛说、毛注,而是在原说原注之后笺注出自己的意见。《郑笺》集中了许多汉代文字学、史学、考古学方面的新成果,把对《诗经》的研究和注释的水平提高了一大步,它至今还是我们研究《诗经》的重要参考书。《毛诗传笺》二十卷,有《四部丛刊》本,商务印书馆出版。

《毛诗正义》,孔颖达疏。《毛诗正义》是由唐代学者孔颖达主持,由当时学者多人执笔而编撰的一部注释和解说《诗经》的书。这部书以郑玄的《毛诗传笺》为基础,采取"疏不破注"的原则,全部保留《毛传》、《郑笺》的注释,而加以补充疏解(《毛诗正义》又简称《孔疏》)。《孔疏》虽然严格遵从毛、郑体系,但它又吸收了魏晋六朝以来关于《诗经》学的许多研究成果。特别是它以颜师古所考定的《诗经》定本为依据,统一了唐以前《诗经》的异文,并把陆德明《经典释文》中《毛诗释文》吸收进来,大大提高了《诗经》文字的音义训诂水平。因此,这部书的成就和影响,又远远超过《毛诗传笺》,

几乎成为唐以后治《诗经》者必备之书。《毛诗正义》七十卷,有《十三经注疏》本,1982 年中华书局据世界书局缩印本影印。

《诗集传》,朱熹撰。《诗集传》为南宋著名思想家和学者朱熹所撰。这是一部极有影响的《诗经》旧注,它曾成为宋以后广泛流传的一部《诗经》简明读本。它的主要特点:一是冲破了《毛传》以来对《诗经》陈陈相因的旧说,对《诗经》的解释有一定创见;二是它的注释简明扼要,通俗易懂。最初,《毛传》曾用为每篇诗作序的方式来解释诗义,而它的解释,大多为穿凿附会之论,极不可靠。而《郑笺》、《孔疏》却又一致采取尊序的态度,结果使许多诗篇的真正含义弥而不彰。《诗集传》的作者朱熹,却冲破了《诗序》的束缚,他力图从诗篇本身重新探求诗义,并且具有一定的文学观点,因而使某些诗篇得到了较为合理的解释。在文字训诂方面,他一方面继承了前人成果,同时也注意吸收当代学者的有价值的见解,特别是他还摒弃了汉代经学家们"说五字之文,至于二三万言"(《汉书·艺文志》)的繁琐哲学,对诗义的说明和文字的解释,都做到了简明扼要、通俗易懂。正由于有这些优点,《诗集传》一书得到了广泛流传。当然,朱熹作为一个维护封建正统思想的理学家,他对《诗经》诗义的解释也有不少穿凿附会,以至歪曲之处,如他承认《诗经》中有民间男女的爱情诗,但又每每用什么"淫奔"之类的话加以污蔑,因此,使用这部书时,也还是要注意分析、批判的。《诗集传》有上海古籍出版社 1980 年出版的版本。

《诗经原始》,清方玉润著。方玉润,字友石,自号鸿濛子,宝宁(今云南广南)人。本书著于清光绪初年。他在《自序》中说他解诗"不顾《序》,不顾《传》,亦不顾《论》,惟其是者从而非者正",表示他不囿于传统旧说和流行观点,力图重新解诗的意愿。书名"原始",就是"欲原诗人始意",即摆脱历来对诗的附会曲解,探求诗之原始本义的意思。与前人相比,方氏说《诗》,确能打破旧说,独立思考,提出不少新见解。在解诗时,方氏能从诗歌艺术形象出发,涵泳全文,通其大意,窥其义旨,故能对不少诗篇做出正确的诠释,开拓了近世《诗经》研究的新学风。全书十八卷,另有卷首上、下卷,包括《十五国风舆地图》、《诸国世次图表》等。本书有《鸿濛室丛书》本和 1986

年中华书局点校本。

《诗经选》，余冠英选。这是一本建国后出版较早的《诗经》选注，因为学术质量高，选注得当，至今仍在流传。本书前有选注者撰写的"前言"，介绍《诗经》的概貌，并对作品的思想内容、艺术成就做了论述和评价。全书选诗一百零六篇，包括《国风》七十八篇，《小雅》二十三篇，《大雅》三篇和《周颂》二篇，基本上代表了《诗经》的精华部分。选注者自称"本书的注释工作不墨守一家，也不是全用旧说"，而是"尽可能多参考从汉至今已有的解说，加以审慎的抉择"；注释的原则是"无论选用旧说，或建立一条新解，首先应求其可通。所谓可通，首先是在训诂上、文法上和历史上通得过去"。由于选注者厚积薄发，采取通达而审慎态度，故所注平实可靠，既有学术性，又有普及性。本书1978年重版，与《选译》本合并。译诗在准确和流畅两个方面下了很大工夫，做到了逐句扣紧原意，语言流畅可读，并在很大程度上保存了原诗的风味情调。本书1956年由人民文学出版社出版。

《诗经译注》，袁梅注译。本书对《诗经》全部作品作了题解、注释、考证和语译。题解方面，对每首诗的时代背景、中心思想作简要提示，力求符合原诗的本义。注释考证方面，参考了古今学者对《诗经》的传、笺、注、疏，用较通俗明白的现代汉语，解释字、词、语句的含义；并对某些疑难问题，援引必要的资料加以考证。语译方面，力求忠于原作，不失本义，保持口语化和原诗的固有艺术特色。书前冠有长篇"引言"，对《诗经》的内容与形式，以及有关《诗经》的成书、分类、采诗、删诗等有关问题，作了概要的评介。本书博观约取，详审慎择，择善而从；并对《诗经》作品中的诸多难点、疑点，加以考证，断以己见，文字亦通俗明白，是一部学术性兼普及性的重要论著。本书1985年由齐鲁书社出版。

《诗经词典》，向熹编。这是一部供阅读和研究《诗经》参考使用的专书词典。书中收录《诗经》里所有单字作为词头，复音词排在词头之后，对所有词的义项均举诗句为例一一作出解释。每一词条下面，第一条注释代表作者的意见，其余罗列各家的意见，供读者参考。作者的编写原则是博采众说，择善而从。解释词义，大要以《毛传》、《郑笺》为主；毛、郑不同者，以朱熹《诗集传》为断，并广泛参考众说，力求对每个字词作出准确、精练、通俗的解释。本书对《诗经》研究极具参考价值，是一部必备的工具书。本书后附《诗经》的原文及用韵和上古声母表、韵部表、中古声母表等，对读者了解和研究《诗经》语音亦有帮助。本书1986年由四川人民出版社出版。

《诗经研究史概要》，夏传才著。本书是一部系统研究《诗经》学历史发展的著作。正文十三章，后附《诗经研究重要书目及版本举要》。作者首先提出研究《诗经》要明确几个基本概念：（一）它不是一部"经书"，而是文学作品；（二）不是一人一时所创作、编辑，而是集体创作和不断经人采录、加工的产物；（三）旧日的注疏，掩盖了诗篇的真意，要审慎抉择或另立新说；（四）过去对《诗经》有三种读法，即经学的、历史的、文学的，今天我们也有三个目的、三种读法，即文学的、历史的、经学批判的。本书将《诗经》研究史分为五个阶段，并称汉代的《毛诗郑笺》、孔颖达的《毛诗正义》和朱熹的《诗集传》为《诗经》研究史上的三个里程碑。又以"五四"为界，论述和评价了鲁迅、胡适和古史辨派、郭沫若、闻一多等现代《诗经》学的特点和成就。本书史论结合，既描述了历代《诗经》学发展概貌，又评其得失，兼提供出历代重要《诗经》研究书目和版本资料。本书对《诗经》研究者和学术史研究者均有参考价值。本书于1982年由中州书画社出版。

《诗经研究反思》，赵沛霖著。本书以历代的《诗经》研究成果为考察对象，通过对于研究成果的反思和追踪，论述自古至今《诗经》研究所经过的历程，评论其得失，总结规律，展望未来，为当代的《诗经》研究者提供参考和借鉴。本书"导言"概述了《诗经》文学研究的历史发展和研究中所存在的困难，以及所需要的知识、理论准备等问题。全书分五个部分，第一部分将《诗经》作品按类划分为祭祀诗、宴饮诗、农事诗、战争诗、怨刺诗和情诗六大类，分别论述历代对这些诗的研究成果、基本倾向和争论的问题。第二部分，列述了关于《诗经》的分类、诗乐关系、《诗序》的作者和比兴的界说等问题，并评论了各种分歧意见。第三部分是《诗经》专著提要，选古代、现代《诗经》学名著十二部，分别加以介绍。选"五四"时期以后，至1984年发表在报刊上有影响的论文四十二篇，分别概述其主要内容和论点。第四部分，是《诗经》研究展望,对当前《诗经》研究的发展趋势、所存在的问题做了分析评论,并对深化《诗经》研究提出了设想。第五部分,列出了历代《诗经》研究的书目和研究论文分类目录索引。这是一部兼有学术性、资料性和工具书性质的著作,为《学术研究指南丛书》之一种,对《诗经》研究者有指点门径的作用。本书于 1989 年由天津教育出版社出版。

《三礼》说略

彭　林

　　《周礼》、《仪礼》、《礼记》,通称"《三礼》"。但是,这三部书的性质并不相同,所以汉人并不将它们并提,也没有"三礼"之名。东汉末年,郑玄为《周礼》、《仪礼》、《礼记》作注,在自序中说"凡著《三礼》七十二篇",从此始有"三礼"之名。《三礼》之学以礼法、礼义为主要内容,是礼乐文化的理论形态。"礼"是古代最重要的文化范畴之一,举凡哲学、宗教、典制、职官、兵刑、财赋、祭祀、婚丧、聘迎、宫室、服饰等等,无所不包,具有很高的研究价值。

一、《三礼》解题

(一)《周礼》

　　《周礼》原名《周官》,《汉书·艺文志》六艺类有"《周官经》六篇",即此。班固注:"王莽时刘歆置博士。"荀悦《汉纪》云:"歆以《周官》十六(案:"十"字为衍文)篇为《周礼》,王莽时,歆奏以为《礼经》。"陆德明《经典释文叙录》云:"王莽时,刘歆为国师,始建立《周官经》,以为《周礼》。"可见,刘歆奏《七略》时还沿用《周官》旧名,王莽时才更名为《周礼》,并列入礼经,其时约在"平帝元始五年(公元5),至王莽居摄三年(公元8)之间"<small>(洪业《礼记引得序》)</small>。《冬官》已佚,汉儒用《考工记》补其缺。《周礼》属古文经。

　　《尚书》原有《周官》一篇,记述西周设官分职之大要,已佚,今所见《尚书·周官》为伪古文。有人认为《周礼》就是《尚书》的佚篇《周官》，是毫无根据的。《尚书》各篇的篇幅都很短，只有几百字，从西周青铜器铭文看，当时官方文告的字数确实不过如此。而《周礼》有四、五万字，绝不可能是《尚书》的一篇。

《周礼》所记是一宏大的官制体系。此书虽然名为《周官》，全书却并无一字提及它是何朝何代的典制。自从刘歆将此书指为周公之典，学者多将《周礼》之"周"理解为"西周"之"周"。其实，这只是想当然而已。《周礼》分为《天官冢宰》、《地官司徒》、《春官宗伯》、《夏官司马》、《秋官司寇》、《冬官司空》六篇。六篇的布局有明显的"以人法天"的思想。天、地、春、夏、秋、冬六官象征天地四方六合。六官每官各下辖六十官，共三百六十官，象征周天三百六十度。故"周官"一名，当为"周天之官"之意。

《周礼》的职官体系相当详密。六官分掌宫廷、民政、宗庙、军事、刑罚、营造。每官之内又有分工，如地官司徒之下有乡师统掌六乡之教，其下又有州长、党正、族师、闾胥、比长等职，分掌州、党、族、闾、比等行政单位的教令政治。

(二)《仪礼》

孔子传授《六经》，武帝时设置《五经》博士，其中的《礼经》都是指《仪礼》。《仪礼》本名《礼》。据清儒段玉裁考证，汉代《礼》各篇的标题前都没有"仪"字，而仅单书"礼"。郑玄《毛诗笺》和《三礼注》引《仪礼》，都只举篇名，而不称《仪礼》。《汉书·艺文志》也只称其为《礼》，而不称《仪礼》。《汉书·景十三王传》："献王所得书皆古文先秦旧书，《周官》、《尚书》、《礼》、《礼记》、《孟子》、《老子》之属，皆经传说记，七十子之徒所论。"文中的《礼》，就是指《仪礼》。东晋元帝时，荀崧奏请置《仪礼》博士，始有《仪礼》之名，但未成为通称，张参《五经文字》引《仪礼》处很多，都只说"见《礼经》"。唐文宗开成年间(836—840)石刻《九经》，采用《仪礼》之名，遂成为通称，沿用至今。

《仪礼》共十七篇，包括《士冠礼》、《士昏礼》、《士相见礼》、《乡饮酒礼》、《乡射礼》、《燕礼》、《大射》、《聘礼》、《公食大夫礼》、《觐礼》、《丧服》、

《士丧礼》、《既夕礼》、《士虞礼》、《特牲馈食礼》、《少牢馈食礼》和《有司彻》。此书所记，以士的日常礼仪为主，故又名《士礼》。《仪礼》是儒家的"经"，故又名《礼经》，以区别于礼的各种"记"。不过，汉人每每有把《仪礼》称为《礼记》的，如《史记·孔子世家》说："故《书传》、《礼记》自孔氏。"此处的《礼记》指的就是《仪礼》。《后汉书·卢植传》也称《仪礼》为《礼记》，这可能是《仪礼》的经文之后大多附有"记"的缘故。郑玄笺《诗》，郭璞注《尔雅》，引《仪礼》时也屡称为《礼记》。何休《公羊注》引《仪礼》经文或记，往往混称不别。

汉代《仪礼》的传本有大戴本、小戴本、庆普本和刘向《别录》本等四种。其共同之处，是都将十七篇分为冠婚、朝聘、丧祭、射乡等四类，但其顺序只有《士冠礼》、《士昏礼》、《士相见礼》三篇相同，其余则不尽一致。四种传本的篇次，以大戴本最为合理，以冠、婚、丧、祭、乡、射、朝、聘为八条大纲，排列各篇。《丧服》一篇相传为子夏所作，故列在最后。刘向《别录》本则以有关冠、婚、乡、射、朝、聘的十篇居先，有关丧、祭的七篇列后，可能是因为前十篇属吉礼，后七篇属凶礼，是依吉凶人神为序。小戴本篇次最为淆乱，似无条理可寻。郑玄注《仪礼》时，认为二戴本"尊卑吉凶杂乱"，刘向《别录》本"尊卑吉凶次第伦序"，所以采用《别录》本的篇次。1957 年，甘肃武威磨嘴子六号汉墓出土一批《仪礼》竹木简，有专家认为，可能是亡佚已久的庆普本。

《仪礼》的内容及于上古贵族生活的各个方面，宋人王应麟依照《周礼·春官·大宗伯》对礼的分类法，将十七篇分为四类：《特牲馈食礼》、《少牢馈食礼》、《有司彻》等三篇记祭祀鬼神、祈求福佑之礼，属吉礼；《丧服》、《士丧礼》、《既夕礼》、《士虞礼》等四篇记丧葬之礼，属凶礼；《士相见礼》、《聘礼》、《觐礼》等三篇记宾主相见之礼，属宾礼；《士冠礼》、《士昏礼》、《乡饮酒礼》、《乡射礼》、《燕礼》、《大射》、《公食大夫礼》等七篇记冠婚、宾射、燕飨之礼，属嘉礼。

据《汉书·艺文志》，汉代的《仪礼》有古文和今文两种。古文是用先秦古文字书写的，今文是用汉代通行的隶书书写的。《汉书·艺文志》目录：

"《礼古经》五十六卷,《经》七十篇。"前者为古文,后者为今文。所谓《礼古经》,出于鲁淹中,或说出于孔子壁中,有五十六篇。"《经》七十篇",就是高堂生所传的《仪礼》十七篇,"七十"为"十七"之误倒。今文经只有十七篇,比古文经少三十九篇。今、古文《仪礼》同有的十七篇,内容基本相似,只是文字上有些差异。古文比今文多出的三十九篇,由于不见于当时通行的《礼经》之中,人们多不传习,终至失传,故称之为"逸礼"。所以,实际上《仪礼》无所谓今古文问题。"逸礼"的原貌,今已不可知,甚至连篇名也无从考见。在《周礼》《礼记》的郑玄注,以及其他一些古书的注疏中,曾经提到《天子巡狩礼》、《朝贡礼》、《烝尝礼》、《王居明堂礼》、《古大明堂礼》等篇名,王应麟认为就是"逸礼"。元儒吴澄将上述篇名下的有关文字分类汇辑,附于《仪礼》各篇之后。邵懿辰等学者认为,三十九篇"逸礼"传授关系不明,又无师说,可能是子虚乌有之物,后人及吴氏所辑,内容与十七篇并不相像,文字也不古朴,极有可能是后人的伪作,而不是当时通行的礼。

(三)《礼记》

《礼记》即《礼经》之"记","记"是对《礼经》的补充或阐发,是从属于《礼经》的。《记》的种类很多,但最初未必都称为"记"。《汉书·艺文志》所列《礼》十三家,除《礼经》之外,明确称为"记"的,只有七十子后学所作的"《记》百三十一篇",其余如《王史氏》、《曲台后仓》、《中庸说》、《明堂阴阳说》、《军礼司马法》、《古封禅群祀》、《封禅议对》等,都不以"记"为名。此外,《乐》家的《乐记》二十三篇,《论语》家的《孔子三朝》七篇也都属于"记"。汉代学者称引的"礼记",既有见于《礼记》或《大戴礼记》的,也有不见于这两书的,如《白虎通》所引"礼记",仅见于《尔雅》。更有甚者,其辞有出于《礼纬》、《乐纬》的。可见"记"的范围很广。

《礼记》四十九篇的编次比较杂乱,据郑玄《三礼目录》,刘向《别录》曾将《礼记》各篇按内容分为八类:

1."通论"十六篇:《檀弓》上下、《礼运》、《玉藻》、《大传》、《学记》、《经解》、《哀公问》、《仲尼燕居》、《孔子闲居》、《坊记》、《中庸》、《表记》、《缁衣》、《儒行》、《大学》;

2."制度"五篇:《曲礼》上下、《王制》、《礼器》、《少仪》;

3."明堂阴阳"二篇:《月令》、《明堂位》;

4."丧服"十二篇:《曾子问》、《丧服小记》、《杂记》上下、《丧大记》、《丧服大记》、《奔丧》、《问丧》、《服问》、《间传》、《三年问》、《丧服四制》;

5."子法"二篇:《文王世子》、《内则》;

6."祭祀"四篇:《郊特牲》、《祭法》、《祭义》、《祭统》;

7."吉事"七篇:《投壶》、《冠义》、《昏义》、《乡饮酒义》、《射义》、《燕义》、《聘义》;

8."乐记"一篇:《乐记》。

后来的学者也有按自己的理解对《礼记》作分类的,如郑玄门人孙炎的《礼记类钞》、唐魏征的《礼类》、朱熹的《仪礼经传通解》、梁启超的《礼记解题》等均是。

二、《三礼》的作者及其著成年代

(一)《周礼》

《周礼》的发现经过,不见于刘歆的《移太常博士书》,以及《汉书》的《儒林传》、《艺文志》,惟《汉书·景十三王传》说河间献王所得古文先秦旧书有《周官》。献王立于景帝即位前二年(约前158),薨于武帝元光五年(前130),则此书当出于景、武年间。但是,《史记·五宗世家》中并没有献王得《周礼》的记载。陆德明《经典释文叙录》云:"河间献王开献书之路,时有李氏上《周官》五篇,失《事官》一篇,乃购千金不得,取《考工记》以补之。"认为《周礼》是献王得之于李氏,《隋书·经籍志》说同。贾公彦《周礼正义序》引《马融传》说:"孝武帝始除挟书之律,开献书之路,既出于山岩屋壁,复入于秘府,五家之儒莫得见焉。"认为此书得自山岩屋壁。《礼记·礼器》孔疏则又生新说,"至汉孝文帝时,求得此书,不见《冬官》一篇,乃使博士作《考工记》补之",不仅将《周官》发现的年代提前到文帝时,而且《考工记》变成了博士所作。《后汉书·儒林列传》说孔安国献"《礼古经》五十六篇及《周官经》六篇",但是,《汉书》的《艺文志》、《楚元王传》及许慎《说文解字序》列举孔壁所得古文,无一提到《周官》。纷纷之论,殊难调停。

《周礼》是古文经,在群经中,其出最晚,又无传授,发现经过也人言人殊,成为著名的学术公案。论战的序幕,早在《周礼》面世之初就已揭开。当时的今文家,出于对古文经的敌忾心理,"众儒并出共排,以为非是"（贾公彦《序周礼废兴》）,论战的焦点就是成书年代问题。林孝存作《十论》《七难》加以抨击,郑玄则作书答其难。其后,诘难《周礼》者史不绝书,歧见迭出。关于《周礼》的成书年代,目前至少有以下数说:

周公手作说。此说为刘歆所创,他认定《周礼》为"周公致大平之迹"（贾公彦《序周礼废兴》）。郑玄踵其说,认为《周礼》即周公为成王所制官政之法。历代研究《周礼》的著作堪称浩繁,而以持此说者为最众。唐贾公彦《周礼疏》、宋王安石《周官新义》、叶时《礼经会元》、郑伯谦《太平经国之书》、易袯《周官总义》、杨杰《周礼讲义》、黄度《周礼五官说》,元毛应龙《周官集传》、丘葵《周礼全书》、吴澄《周礼考注》,明王应电《周礼传》、陈凤梧《周礼合训》、金瑶《周礼述注》、徐即登《周礼说》、张采《周礼合解》,清李钟伦《周礼训纂》、惠士奇《礼说》、江永《周礼疑义举要》、孙诒让《周礼正义》等均是。

作于西周说。日本学者林泰辅的《周公と其时代》详细分析了《周礼》所见天神、地祇、人鬼,以及伦理思想、政治制度等,认为此书作于西周末的厉王、宣王、幽王时期。蒙文通的《从社会制度及政治制度论周官成书年代》认为,《周礼》"虽未必即周公之书,然必为西周主要制度,而非东迁以下之治"。

作于春秋说。近人刘起釪的《洪范成书时代考》认为,《周礼》一书所载官制材料,都不出春秋之世周、鲁、卫、郑四国官制范围,没有受战国官制的影响。

作于战国说。何休认为《周礼》是"六国阴谋之书"（贾公彦《序周礼废兴》）,汉儒张禹、包咸从其说。明季本《读礼疑图》、清崔述《丰镐考信录》、皮锡瑞《经学通论》、近代学者钱穆《〈周官〉著作时代考》、郭沫若《周官质疑》、顾颉刚《"周公制礼"的传说和〈周官〉一书的出现》、范文澜《经学讲演录》、杨向奎《周礼内容的分析及其制作时代》、港台学者黄沛荣《论〈周礼〉职方氏之著成时代》等也持此说。

作于周秦之际。宋儒魏了翁认为,《周礼》为"秦汉间所附会之书"(《鹤山集》)。毛奇龄云:"此书系周末秦初儒者所作"(《经问》卷二)。梁启超的《古书真伪及其年代》说:"这书总是战国、秦汉之间,一二人或多数人根据从前短篇讲制度的书,借来发表个人的主张。"近人陈连庆的《〈周礼〉成书年代的新探索》认为,"《周礼》成书年代的最大可能,是在秦始皇帝之世"。港台学者史景成的《周礼成书年代考》也认为作于《吕氏春秋》以后、秦统一天下之前。日本学者池田温的《中国古代籍账研究》提出,"《周礼》基本上为战国时代思想家的构想,至汉代始以今日所见的形式固定下来成书"。

作于汉初说。胡适因《周礼》屡屡有"祀五帝"之语,故而推定"其为汉人所作之书似无可疑"(《论秦時及〈周官〉书》)。彭林《〈周礼〉主体思想与成书年代研究》一书提出,《周礼》的主体思想是由儒、法、阴阳五行三家复合而成的,这种"多元一体"的特点,正是汉初学术思潮打下的时代印记,此书当成书于汉初。

刘歆伪造说。此说始倡于宋儒胡安国、胡宏父子,其直接目的是借此反对王安石援《周礼》变法。胡宏在《皇王大纪论·极论周礼》中说,刘歆伪造《周礼》,是为"附会王莽,变乱旧章,残贼本宗,以趋荣利",故"假托《周官》之名,剿入私说,希合贼莽之所为"。洪迈《容斋随笔》、清末今文家廖平《古学考》、康有为《伪经考》等力主此说。钱玄同《答顾颉刚先生书》、杜国庠《略论礼乐起源及中国礼学的发展》等文亦持此说。此说在港台有较大影响,徐复观《〈周官〉成立之时代及其思想性格》、侯家驹《周礼批判》、《周礼思想渊源》等文均持此论。

(二)《仪礼》

关于《仪礼》的成书年代,古文经学家认为出于周公之手,今文经学家则认为是孔子所作。古代学者大多踵此二说。如崔灵恩、陆德明、贾公彦、郑樵、朱熹、胡培翚等均持前说,理由是《礼记·明堂位》中有"周公践天子之位,以治天下。六年,朝诸侯于明堂,制礼作乐"之文,他们认定,周公所制之"礼",就是《仪礼》《周官》,是周公损益三代之制而成的。司马迁、班固等则持后说,认为孔子慨叹周室衰微,礼崩乐坏,乃追述三代之礼而作此书。

据《礼记·杂记》记载，恤由死后，鲁哀公曾派孺悲向孔子学习士丧礼。《仪礼》中的《士丧礼》即是此时所作。皮锡瑞《经学通论·三礼》、梁启超《古书真伪及其年代》认为，这是孔子作《仪礼》的明证，由此推断，其余十六篇也必是出自孔子手笔。他们还认为，《仪礼》的文字风格，与《论语》颇有相似之处，其内容也与孔子的礼学思想相一致，例如，孔子很重视冠、婚、丧、祭、朝、聘、乡、射等八礼，而《仪礼》一书正是记述这八种礼仪的。邵懿辰等还认定，《仪礼》十七篇是孔子手作，是用以教授弟子的原典，十七篇已总揽礼的大纲，并非因秦火而成为残帙。崔述的《丰镐考信录》说："今《士丧礼》未必即孔子之所书。"日本学者武内义雄在其《曲礼考》中提出，《荀子·大略》引《聘礼志》"币厚则伤德，财侈则殄礼"，与《礼记》"多货则伤于德，币美则没礼"之语相似，很可能荀子时已有礼书，可以作为《仪礼》的蓝本。从周代金文及《左传》等文献看，周代已经出现某些比较程式化的礼仪。近人沈文倬先生认为，《仪礼》一书是在春秋至西汉之间陆续完成的，其中有关丧礼的四篇年代最早，约在春秋末期。此说似较为平允。

除《士相见礼》、《大射礼》、《少牢馈食礼》、《有司彻》等四篇之外，《仪礼》其余各篇都有"记"。一般认为，"记"是孔门七十子之徒所作，年代晚于经文。《丧服》篇体例较为特殊，经与记均分章分节，其下又有"传"。传统的说法认为，"传"是子夏所作。也有学者认为，此子夏非孔子弟子卜商，而是另一位也以子夏为字的西汉人。

（三）《礼记》

《礼记》即《小戴礼记》，按照通常的说法，是西汉戴圣所编；另有《大戴礼记》，是戴圣之叔戴德所编。此说出自郑玄《六艺论》："戴德传《记》八十五篇，则《大戴礼》是也；戴圣传《礼》四十九篇，则此《礼记》是也。"晋司空长史陈邵附和郑玄，又引申出"大戴删古《礼》为八十五篇，小戴又删为四十九篇"之说。陆德明《经典释文叙录》、《隋书·经籍志》、《通典》等都沿袭此说。但是，这种说法疑点很多：大、小戴是西汉著名学者，如果真的编撰过《礼记》，《汉书》当有所记载。但是，《汉书·艺文志》所列《礼》十三家著作，并无片语涉及此事。清代学者对此辩难尤多。戴震指出，《哀公问》、《投壶》两篇，大、小戴《礼记》中都有，若是小戴删大戴，就不应出现这种现象。此外，《大戴礼记》中《曾子大孝》、《诸侯衅庙》两篇分别见于《小戴礼记》的《祭义》、《杂记》；《大戴礼记》的《朝事》篇从"相厉以礼"至"诸侯务焉"一段，见于《小戴礼记》的《聘义》；《大戴礼记》的《本命》篇从"有恩有义"至"圣人因杀以节制"一段，见于《小戴礼记》的《丧服四制》。以上凡两书互见的文字多有歧异，如果是小戴删大戴之书，也不应出现这种现象。据近人洪业考证，刘向《别录》中并没有关于《小戴礼记》四十九篇的记载，而且《礼记·乐记》"君子曰：'礼乐不可斯须去身'"以下三百字与《礼记·祭义》中一段几乎全同；《王制》篇"凡养老有虞氏以燕礼"以下约四百字与《内则》篇一段大致相同。至于各篇中零碎文句彼此相同的，更是不胜枚举。沈钦韩《汉书疏证》指出，大、小戴为武帝、宣帝时人，刘向校书则晚在成帝时，大、小戴怎能预删刘向所校之书？可以肯定，四十九篇的《礼记》不是从八十五篇的《大戴礼记》删削而成的。

据《汉书》的《儒林传》、《艺文志》，大戴和小戴所传承的《礼》是《仪礼》，与《大戴礼记》、《小戴礼记》不是一回事。《仪礼》属今文经，东汉称之为"《今礼》"。倘若小戴在所传《仪礼》之外另有《礼记》作为补充，则其《记》也应从今文，而不是从古文。但是，用《仪礼》郑注所引的今古文与《礼记》对照，可以发现《礼记》用古文之处很多，如《仪礼·士冠礼》末段之记，又见于《礼记·郊特牲》，而《郊特牲》所载与古文完全相同。如果《礼记》真由小戴所辑，就很难解释这种现象。

八十五篇本和四十九篇本，很可能是东汉中期形成的两种最权威的本子。洪业认为，许慎《五经异义》引《礼记》时，既不称"戴德"、"戴圣"，也不称"大戴、小戴"，而是称"礼戴"或"大戴记"，因此，很可能是先有《礼戴记》，然后才有《大戴记》。后者所辑之记较前者为多，故以"大"字别之，"《大戴礼》"犹言"《增广戴礼》"。

《礼记》各篇不成于一人之手。孔颖达《礼记正义》说，"《礼记》之作，出自孔氏"，"七十二之徒共撰所闻，以为此《记》"。《中庸》是子思伋所作，《缁衣》是公孙尼子所撰"。郑玄说"《月令》吕不韦所撰"，卢植说"《王制》

谓汉文帝时博士所录"，云云。近年在湖北荆门郭店出土一批战国中期的楚简，其中有包括《缁衣》在内的儒家著作多篇，据专家研究，是《子思子》的佚文。进一步的研究表明，它们与《礼记》风格相似，当属"古文《记》百三十一篇"之类。《礼记》四十九篇中的绝大部分应该作于先秦。

关于《礼记》的篇数，有不同的说法。据《隋书·经籍志》："汉初，河间献王又得仲尼弟子及后学者所记一百三十一篇献之，时亦无传之者。至刘向考校经籍，检得一百三十篇，向因第而叙之。而又得《明堂阴阳记》三十三篇、《孔子三朝记》七篇、《王氏史记》二十一篇、《乐记》二十三篇，凡五种，合二百十四篇。……汉末马融传遂小戴之学。融又定《月令》一篇、《明堂位》一篇、《乐记》一篇，合四十九篇。"其说不知所本。据此，则《礼记》本为四十六篇，后由马融增入《月令》、《明堂位》、《乐记》三篇而为四十九篇。但此说也颇有问题。《后汉书·桥玄传》云："七世祖仁，从同郡戴德学，著《礼记章句》四十九篇，号曰'桥君学'。"文中的"仁"即桥仁，也就是班固所说的受《礼》于小戴的"梁人桥季卿"。当时通行的本子已是四十九篇，而不是四十六篇。又据孔颖达《礼记疏》案《别录》："《礼记》四十九篇，《乐记》第十九。"孔颖达在《礼记》每篇之首，都要引"郑目录"，而"郑目录"对各篇在刘向《别录》中属于某门，都一一记载。如《月令》篇引"郑目录"云"此于《别录》属《明堂阴阳记》"，《明堂位》篇引"郑目录"云"此于《别录》属《明堂阴阳》"，《乐记目录》云"此于《别录》属《乐记》"，可见，这三篇在刘向《别录》中都有，不可能是马融所增。郑玄是马融的弟子，如果这三篇真是马融所增，郑玄不会不知道。马融所传之《礼》是《周礼》，而小戴之学，一授桥仁，一授杨荣，后来传其学的，是刘佑、高诱、郑玄、卢植等，与马融无关，马融怎会越俎代庖，凭空对小戴记增加三篇文字呢？因此，四十九篇实际上就是小戴的原书。

三、历代《三礼》研究概况

(一)两汉

汉武帝建元五年（前136），初置《五经》博士，《礼》居其一。最初的

《礼》博士之名，史籍失载。据《汉书·儒林传》，西汉最早传授《仪礼》的是高堂生。一般认为，高堂生传《士礼》于萧奋，萧奋传于孟卿，孟卿传于后苍，后苍传于戴德（大戴）、戴圣（小戴）、庆普。此即所谓《礼》的五传弟子。但据《史记·儒林传》所记，在萧奋之前还有一位徐氏，萧奋之《礼》当得自徐氏。徐氏与高堂生是否有直接的传承关系，已无从考见。

至宣帝时，博士后苍以《诗》、《礼》名于世。后苍将《礼》授给戴德、戴圣、庆普等，故《礼》有大戴、小戴、庆普之学。三家都是今文经学，其中大、小戴列于学官，庆氏未立于学官。《大戴礼》似乎不为学者所重，其后虽有北周学者卢辩为之作注，但《隋书》、《旧唐书》、《宋书》等的《经籍志》都未加收录。

《周礼》自刘歆置博士至东汉初，一时勃兴。《汉书·艺文志》有"《周官传》四篇"，而无撰者姓名，很可能就是刘歆的传本。据《经典释文叙录》，刘歆曾传《周礼》于杜子春，其后，杜子春还家以教门徒好学之士，郑兴、郑众父子等多往师之。另据《后汉书·贾逵传》，贾逵的父亲贾徽也曾经从刘歆兼习《周礼》。贾逵一方面师从杜子春学《周礼》，另一方面又从其父学《周礼》。类似的情形还有郑众，郑众既师从杜子春，又师从其父。到东汉后期，郑玄从张恭祖受《周礼》，所见到的解说有郑兴、郑众、卫宏、贾逵、马融五家之学。

《礼记》在汉代尚未取得经的地位，所以无师承关系可述。

汉代经学最重要的特点是所谓今古文问题，西汉所立《五经》十四博士，都是今文经，《仪礼》即其一。其后刘歆创通古文，《周礼》得以列为博士，其门徒后学杜子春、卫宏、贾逵、马融等推衍其说，与今文家分门角立，不相为杂。杜、郑、卫、贾、马等注《周礼》，决不取今文说；何休注《公羊春秋传》，也绝不引《周礼》。许慎所撰之《五经异义》，今文古文，泾渭分明，不相混杂。今文学解经，重在微言大义，古文学解经详于章句训诂。由于《礼经》的特点是以介绍名物制度为主的专门之学，可微言大义之处甚少，所涉古制，茫昧难考，文字简奥晦涩，故传授者不得不将解经的重点放在训解字义上。《仪礼》是如此，作为古文经的《周礼》就更毋论矣。《周礼》出自山岩屋壁，有

"古书"与"今书"之别。古书指初献于朝廷、藏于秘府的本子；今书指与古书有歧异的民间钞本。两种本子的文字都有碍难之处，杜子春也只能约略读之而不能尽通。因此，东汉著名学者马融等对《周礼》所作的"解诂"，主要目的都在"正字"上。东汉以后，不少今文学者逾越家法，杂取经谶、乃至古文经记解经，以应时需，今古文经学的界限日趋模糊。

郑玄，字康成，北海高密（今山东高密）人，经学大师。郑玄早年入太学从第五元先习《京氏易》、《公羊春秋》等今文经，后又从东郡张恭祖学《周礼》、《左传》、《古文尚书》等古文经，最后师从扶风马融。游学十余年后回归故里，聚徒讲学，弟子达数百上千人。后因"党锢之祸"被禁，遂潜心学术，遍注群经，成为汉代经学的集大成者。郑玄所作《周礼》、《仪礼》、《礼记》注，流传至今，对《三礼》研究的影响最为深远。

在郑玄之前，只有马融等少数人为《仪礼》的某些篇作过注，没有人为全书作过注。贾逵、马融等只作过《周礼解诂》，卢植只注过《礼记》。郑玄不仅是一人全注《三礼》的第一人，而且其注特色鲜明：

第一，博综众家，兼采今古文。郑玄抛开门户之见，诸说之中择优而从。从今文者，则在注文内列出古文；从古文者，则在注文内列出今文。如果今古文字义均合于文意，则互见之。当时的学者苦于师法家法繁冗难从，郑玄沟通今古文注《三礼》，学者从此不再舍此逐彼，因而靡然从之。

第二，文字精审，要而不繁。郑玄解经，并不面面俱到，字字出注，而是抓住难点，故注文虽简，而经义已达。如《仪礼·少牢馈食礼》全文二千九百七十九字，注仅二千七百八十七字；《仪礼·有司彻》全文四千七百九十字，注仅三千四百五十六字；《礼记》的《祭法》、《祭义》、《祭统》三篇共七千四百六十字，注仅五千五百二十三字；《学记》、《乐记》两篇六千四百九十五字，注仅五千五百三十二字。注文少于经文，十分难得。

第三，发明义例。阮元在《周礼注疏校勘记序》中说，郑玄注《周礼》创立了"读如"、"读为"、"当为"等三种义例。"读如"是比拟某字的读音；"读为"是就某字之音而易其字，以明其义；"当为"是判定误字，指明正字。由于建立了这些义例，经文大意才得以读通，在训诂学上有重要意义。

第四，去取谨慎。例如《仪礼》的《丧服传》、《礼记》的《玉藻》、《乐记》诸篇，郑玄认为确有错简，但并不轻易删改，只在注文中说明自己的意见，其间是非，由读者自己去判断。古书原貌由此得以保存。

由于郑注的种种优长，使它很快取代了《三礼》的其他注本，成为唯一通行至今的本子。汉儒以《易》、《诗》、《书》、《春秋》名家的很多，以《礼》名家的，只有郑玄一人。

《三礼》因郑玄之注而成为显学，其余各家的《三礼》之注因此废而不行。后世学者对郑玄《三礼注》或褒或贬，颇有争议。褒之者称赞他"括囊大典，网罗众家，删裁繁诬，刊改漏失，自是学者略知所归"，是《三礼》的功臣；贬之者指责他泯灭两汉经学之家法，"望文穿凿，惟凭秘臆，以为两全，徒成两败"，是《三礼》的罪人。平心而论，郑玄之注当是功大于过。其不足之处是，好事综合，以不同为同，例如，《周礼》为古学大宗，《王制》为今学大宗，颇有不同，郑玄乃调定二说，以《周礼》为西周典制，《王制》为殷商典制。其他与《周礼》不合之处，也都指为殷制。此外，好引谶纬之说，至今为人诟病。

（二）魏晋南北朝

魏、晋时期，以王肃为代表的"王学"崛起，与"郑（玄）学"抗衡，意欲争夺官方的学术地位。王肃也混合今古文为《三礼》作注，但处处与郑玄对立，凡郑玄用今文说的，王就用古文说诘难；反之亦然。由于王肃与当政的司马氏有联姻关系，故王注《三礼》也被列入学官，其影响已超越学术范围。但王学并未超过郑学，因而最终未能代替郑学。

南北朝时期，政权分裂，学术也分化为"南学"和"北学"。南学重玄学，北学重经学；南学约简，北学深芜。学术风格各异。但《三礼》是专门之学，重在名物训诂，绝非虚玄之说可以替代，所以受世风影响较少。尽管学分南北，立说或异，但都不出郑注范围。

南朝是一个宗法色彩很浓的时代，崛起的门阀士族，严辨血缘亲疏，重视宗法礼制。《仪礼·丧服传》对丧服的等级、样式及服丧者身份所作的种种规定，关系到人际嫡庶亲疏的身份等第，备受重视，有着几乎与法律等同的效应。统治者修订朝典仪规，都以《三礼》为主要理论依据，对《三礼》倾注的热情也非同一般。刘宋学者雷次宗曾专门为皇太子讲解《丧服经》，梁武帝为皇子的丧服问题召集群臣廷议并亲自参加讨论。由于统治者的提倡和力行，《三礼》之学成为显学，其特点是注重礼的应用，成为一门实用的学问。

南朝从事《三礼》研究的学者很多。雷次宗以精于《三礼》而闻名于世，学术声望堪与郑玄相匹，时人以"雷、郑"并称。何承天将原有八百卷《礼论》裁并为三百卷，流传于世。南齐《三礼》学最著名的学者是王俭和刘瓛。王俭长于礼学，熟悉各种朝廷礼仪，朝中每有关于礼仪的辩论，他都旁征博引，语折四座，为之定论。王氏著有《丧服古今集记》、《礼义答问》等。刘瓛是私学中的大儒，著有多种关于礼义的文集，名噪一时，著名学者刘绘、范缜、司马筠等都是其弟子。南朝中的梁礼学最盛。天监初，何佟之撰吉、凶、军、宾、嘉五礼，共一千余卷，堪称盛事。著名学者司马筠、崔灵恩、孔金、沈峻、皇侃、沈洙、戚衮、郑灼、张崖、陆诩、沈德威、贺德基等都系统研习过《三礼》，或者本身就是博通《三礼》的专家。当时传授《三礼》最闻名的是沈峻的《周礼》、鲍泉的《仪礼》、贺德基的《礼记》。

晋宋南方诸儒尤其热衷于《仪礼·丧服传》的讨论，著述也很多。如晋袁准、陈铨各注《丧服经传》一卷，晋孔伦、宋裴松之、蔡超各撰有《集注丧服经传》一卷或二卷。雷次宗撰《略注丧服经传》一卷，晋杜预撰《丧服要集》二卷，卫瓘撰《丧服仪》一卷，环济撰《丧服要略》一卷，蔡谟、贺循各撰《丧服谱》一卷，葛洪撰《丧服变除》一卷，孔衍撰《凶礼》一卷，贺循撰《丧服要记》十卷，等等。如前所述，这是与当时的社会特点紧密相应的。

南朝儒者为《礼记》作《义疏》，有贺循、沈重、皇侃等。沈重曾为梁武帝《五经》博士，精于《三礼》之学，撰有《礼记义疏》等。皇侃撰有《礼记讲疏》九十九卷、《礼记义疏》四十八卷。皇氏之疏，章句详正，既遵郑氏，又不胶执，敢于在聚讼的难点上推出新说，颇见重于南朝，代表了南朝经学的特色。

北朝经学直接承袭汉代经学，其特点是重训诂和实用。通礼学的著名经师有刘献之、张吾贵、徐遵明、卢景裕等。徐遵明是魏末鸿儒，师承多门而独树一帜，兼通群经，邃精于《三礼》，授徒讲学，门庭极盛，是北方最大的经师。徐遵明下传李铉,李铉传刁柔、张买奴、刘昼、熊安生。熊安生又传孙灵晖、郭仲坚、丁恃德。当时通《三礼》的学者,几乎都出自徐氏门下。徐氏门徒都通《礼记》,兼通《周礼》、《仪礼》者十有二三。

周武帝颇重礼学,曾亲自为群臣讲论《礼记》。熊安生先仕北齐,为国子博士,后入北周,为露门博士、下大夫,著有《周礼义疏》、《礼记义疏》等,曾为北齐公卿讲解《周礼》,颇见重于周武帝。

在经学史上,南北朝是义疏之学的创立阶段,佛学、玄学渗入经学,使之具有思辨的特色。《三礼》学由于其自身的性质,受佛学、玄学影响较少,有关的义疏之作,旁搜博引,取材宏富,无侫郑之气而间有新说,代表作有:南朝崔灵恩《三礼义宗》、沈文阿《礼记义记》、戚衮《三礼义记》、《礼记义》;北朝刘献之《三礼大义》、李铉《三礼义疏》、沈重《周礼义》、《仪礼义》、《礼记义》、熊安生《周礼义疏》、《礼记义疏》等。

(三)隋唐

儒学经注自汉魏六朝到唐,历经传抄,已出现许多错误。对经义的说解,章句繁冗,异说纷呈,令人无所适从。为了维护经学的正统地位,消除经学的种种歧异,唐太宗命国子祭酒孔颖达等为《周易》、《尚书》、《毛诗》、《礼记》、《左传》等五经作新疏,以资讲习。书成,共一百八十卷,总名为《五经正义》,于永徽四年(653)颁行天下。与此同时,贾公彦为《周礼》、《仪礼》作疏解,杨士勋和徐彦则分别为《公羊传》、《谷梁传》作疏解,此四书虽是私修,但也被列入官学,与官修《五经》并列为《九经》。如此《三礼》均有《正义》。《三礼正义》对六朝以来的义疏进行归纳总结,并加以发展,具有较高的学术价值。贾公彦的《周礼疏》共四十二卷(原分为五十卷),取材宏富,考订精审,且颇有发挥郑注之处。《礼记正义》由孔颖达领衔,国子司业朱子奢,国子助教李善信、贾公彦、柳士宣等撰作,此书以皇侃之疏为主、熊安生之疏为辅,集南学与北学之长,广采旧文,对于研究者来说,犹如依山铸铜,煮海为盐,提供了极其丰富的材料。《周礼注疏》、《礼记注疏》说解经义,都以郑玄注为宗,对名物度数的疏解,翔实明晰,在诸经疏中尤为突出。朱熹说,《五经》疏,《周礼》最好,《礼记》、《诗》次之。学术界对贾公彦的《仪礼注疏》评价不太高,原因是贾氏所能依据的材料太少,《丧服》篇所引章疏有袁准、孔伦等十余家,其余各篇只有南齐黄庆、隋李孟悊两家,与贾公彦的《周礼疏》相比,显得十分单薄。而且,黄庆、李孟悊之注疏漏很多,连贾氏自己也不满意,其窘迫自不难想见。《三礼正义》为学者士人提供了一个标准的注疏本,这对《三礼》学的传播无疑有积极意义。但儒者多奉《正义》为圭臬,不敢疑经破注,在某种程度上又限制了人们的思想。

唐以《易》、《诗》、《书》、《三礼》、《三传》等《九经》取士,并按经文字数多少,将《九经》分为三等:《礼记》、《左传》为大经,《毛诗》、《周礼》、《公羊》为中经,《周易》、《尚书》、《仪礼》、《谷梁》为小经。由于《礼记》的字数比《左传》少,所以攻大经者多舍《左传》而读《礼记》;中经与小经之中,《周礼》、《仪礼》、《公羊》、《谷梁》文义艰深,《毛诗》、《尚书》、《周易》相对平易,学者舍难求易,靡然而从。因此,《三礼》之学除《礼记》尚可外,《周礼》、《仪礼》面临废绝之境。

唐统治者较重视礼的实用。唐初,房玄龄奉诏修《贞观礼》一百三十卷,此书是对隋的吉、凶、军、宾、嘉五礼斟酌损益而成。其后,高宗又命长孙无忌修订《贞观礼》,更名为《显庆礼》,仍为一百三十卷。对五礼的两次修订,都未能作全盘的清理,只是在枝节上作修补,由此造成前后矛盾、说解歧异的现象。为此,唐玄宗又命徐坚、李锐、萧嵩重行撰定。书成,共一百五十卷,开元二十年(732)定名为《大唐开元礼》,开元二十九年(741)颁行于国中,作为设科取士的标准。

(四)宋元明

宋、元、明三代的《三礼》之学以宋代为最盛,而宋代又以《周礼》为最盛。据王与之《周礼订义》书首所列,当时所见说《周礼》者有四十五家之多。宋代《周礼》研究特盛的主要原因与科举改革有关。宋神宗熙宁四年(1071),王安石改革科举制度,宣布废止诗赋、明经诸科。熙宁中,又设立经义局,由其子王雱主持,吕惠卿、吕升卿等学者参与,为《诗》、《书》、《周礼》三经作“新义”。《周官新义》由王安石亲撰,其余二经也完全按王安石之说立言。熙宁八年(1075),《三经新义》作为科举取士的定本,立在学官,颁行全国。王安石试图通过变法来达到富国强兵的目的,因遭到强烈反对,不得不从儒家经典中寻找理论依据。王安石作《周官新义》,在很大的程度上是要借经抒义,有时不惜附会经义。反对派指责《周官新义》舞文害道,企图全盘否定。平心而论,《周官新义》摆脱繁琐旧注,有其积极意义,对经义的阐发也颇有独到之处。

宋代的学风不同于汉、唐。汉儒对《三礼》的研究,重心在析名物、辨制度、订文字。唐儒淳朴,不敢轻疑经注。宋人则不信注疏,不遵古义,视汉儒如土梗,以新奇为时髦。欧阳修、苏轼、苏辙都直言《周礼》不可信。王安石、李觏、司马光等也都不盲从经注,勇于质疑。由于理学的兴起,研究者以探究经义微旨为本,以名物制度为末。他们注重将经义与现实相联系,以及经义的融会贯通。例如,王昭禹《周礼详解》尤为注重对《周礼》赋税制度的研究。易祓《周官总义》对《职方氏》所及地理山川,论述详核。叶时《礼经会元》总括《周礼》文意,分门论列,第一篇总论礼经,第二篇历数汉儒之谬,第一百篇补《冬官》之阙,其余九十七篇按类纵论体国经野之意蕴,持论醇正。郑伯谦《太平经国之书》,将《周礼》所及制度归纳为教化、奉天、省官、外治、官吏等三十类,设问作答,推究设官分职之意,每每以后代史事印证《周礼》官法之完善,颇有发明。王与之《周礼订义》以时人说解为主,订正旧说,研索《周礼》精微之蕴。宋儒的这种学风,影响及于元、明。

宋、明时期研究《仪礼》的著作主要有:魏了翁的《仪礼要义》,魏氏认为《仪礼》郑注古奥难通,贾疏繁琐芜蔓,全书条理不明,乃以十七篇各为条目,节取注疏的精义录于其下,使条理简明,仪节井然,故名之为"要义"。朱熹《仪礼经传通解》初名《仪礼集传集注》,以《仪礼》十七篇为经,取《礼记》及诸经史杂书有关礼的记述,分类附于经文之下,又详列诸儒疏解之说,又将经文按仪节分段,每节之末均标明大意,使脉络隐现。《仪礼经传通解》共六十卷,其中《家礼》五卷、《乡礼》三卷、《学礼》十一卷,《邦国礼》四卷,共二十三卷为朱熹手撰,二十四至二十七卷为《王朝礼》,是朱熹未定之稿。其后朱熹门人黄干续修《丧礼》十五卷,杨复续修《祭礼》十四卷,全书始成。

元吴澄《仪礼逸经传》二卷,从有关礼书中辑出所谓"逸经"八篇:《投壶礼》、《奔丧礼》、《公冠礼》、《诸侯迁庙礼》、《诸侯衅庙礼》、《中霤礼》、《禘于太庙礼》、《王居明堂礼》。又从大、小戴《礼记》中辑出"记"十篇:《冠仪》、《昏仪》、《士相见仪》、《乡饮酒仪》、《乡射仪》、《燕仪》、《大射仪》、《聘仪》、《公食大夫仪》、《朝事仪》,意在补《仪礼》之缺。敖继公《仪礼集说》不满郑注,故删其不合经义者,取疏记或先儒之说代之,间下已意。敖氏深于礼学,治学颇严谨,亦有心得。

读《仪礼》,必须首先了解古代的宫室制度,人物的揖让进退,器物的陈设方位才能了然于胸。相传郑玄曾作《三礼图》。见于史籍记载,最早作礼图的是后汉的阮谌。《新唐书·艺文志》有夏侯伏朗《三礼图》十二卷,张镒《三礼图》九卷。《崇文总目》有梁正《三礼图》九卷。隋开皇中,礼部也曾奉敕修撰礼图。可惜都已失传。后周显德中,周世宗修定礼典,由于年代久远,宗庙彝器大多失去原貌,工匠乃随意制作。世宗命国子司业兼太常博士聂崇义,考定礼器形制,供有司营造。聂氏遂搜罗前代《三礼》旧图,共得六种,重加考订,而成《新定三礼图》二十卷,于宋建隆三年(962),太祖下诏颁行。此书分冕服图、宫室图、投壶图、射侯图、旌旗图、祭玉图、鼎俎图、丧服图等十六部。可供参考的古器物极少,礼图的复原有相当的困难,所以聂氏之图望文生义者较多,学界对此书评价不高,沈括《梦溪笔谈》、欧阳修《集古录》、赵彦卫《云麓漫钞》等都讥其好臆测古制。杨复有《仪礼图》十七卷及《仪礼旁通图》一卷,此书全录《仪礼》十七篇经文,疏解文意,均以图示,共二百零五幅。《仪礼旁通图》则按宫庙门、冕弁门、牲鼎礼器门等分类设图,附于书后,依经绘象,随事立图,便于阅读,但图例不严,方向、比例都无定规,容易造成误解。宫庙图也有疏略。《仪礼集释》、《仪礼经传通解》也都单列《释宫》一篇,作为全书大纲。

宋卫湜《礼记集说》一百六十卷,此书取郑注及孔疏,又博采一百四十四家之说。凡与郑注相违而言之成理者,驳诘郑、孔而援据有本者,都一并收录,反之则汰削,体现了兼存与裁削并重的原则。所采各书原本,后多亡佚,因卫氏之书征引而得以幸存。此书以采撷诸说为主,存古义颇多,但少有己见。

元陈澔《礼记集说》三十卷,此书较卫氏之书简便,但多失古义,好以空言推义理,舛误亦颇多。因其说解追宗朱熹,故受到明人重视。永乐十二年(1414),胡广奉诏修《五经大全》,其中《礼记大全》以陈澔《礼记集说》为主。陈氏之书自此列入学官,成为科举取士的课本。元吴澄有《礼记纂言》三十六卷,此书将四十九篇之文打散,重行组合,试图使上下文意连续贯通,分为《通礼》、《丧礼》、《祭礼》等类,其下又各为标目,如《通礼》之下有《典礼》、《少仪》、《玉藻》等篇,《冠义》等六篇则别辑为《仪礼传》。此书不仅全失古意,连古书原貌也失。

(五)清代

《三礼》之学在宋以后日趋式微,至明代已是不绝如缕,《仪礼》则几成绝学。入清,由于考据学的兴起,《三礼》学重现生机,并迅速进入极盛时期,《三礼》研究无论是在深度上还是在广度上都取得了前所未有的成就,涌现出一批名家和名著。

李光坡长于《三礼》之学,著有《周礼述注》二十四卷,《仪礼述注》十六卷,《礼记述注》二十八卷,总名为《三礼述注》。汉、唐的《三礼》学,重名物训诂,其流弊是繁琐芜蔓;宋、明的《三礼》学,重探究经义,其流弊是好逞臆想。李光坡欲为《三礼》正本清源,故对前代注疏删繁举要,务求简明,对宋儒之议论,则平心裁取,务求理达。此书析理明通,措词简要,极便于初学。李氏一门,多有通于《三礼》者,李光坡之侄李钟伦著有《周礼训纂》二十一卷,注疏之外,又加训义,颇得《周礼》大旨。尤其是考证禘祫、社稷、学校诸篇,堪称精审。李光坡之兄李光地著有《周官笔记》,以标举《周礼》要义为主,持论平允,多纠宋儒之失。

方苞于礼学造诣颇深,著有《周官集注》十二卷。此书汇集诸家之说诠释《周礼》,训诂简明,持论醇正。又有《周官辨》一卷,分别伪、辨惑二门,论证《周礼》为刘歆所篡改。另有《周官析疑》三十六卷,辩难郑注,然体会经文,颇得大义。方氏晚年致力于《仪礼》的研究,用力尤勤,著有《仪礼析疑》十七卷、《礼记析疑》四十八卷,融会旧说,断以己意,颇有可取之处。

纳兰性德著有《陈氏礼记集说补正》三十八卷,此书之旨,在补陈澔《礼记集说》所遗,正其所误。凡有驳正之处,都是先列经文,次列陈澔之说,然后旁征博引以驳其失。不盲从郑注,时有立异之处,对宋、明儒者之论,采用颇多。因陈氏之说多主义理,故此书辨义理是非者多于名物训诂,凡陈氏谬说,纳氏都一一指出其来源,以明因袭。

惠士奇有《礼说》十四卷。此书不录《周礼》经文,只录考辨之处,然后按经文顺序编次。此书重点有二:一是疏解《周礼》的古音古字,消除阅读上的障碍;二是援引史籍,或通过郑注所引汉制来推求周代典制原貌。此书"征引博而皆有本源,辩论繁而悉有条理"。

万斯大精于礼学,著有《学礼质疑》、《周官辨非》、《仪礼商》、《礼记偶笺》等,总数约三百卷左右。万氏治《礼》,不拘汉、宋,勇于独立思考,其《周官辨非》认为《周礼》官制过于冗繁,赋税过于苛重,与先秦文献所载多有不合,当是后人伪作。其《仪礼商》一书,对前儒之说也多所驳正,屡建新义。

毛奇龄于礼学素有研究,其特点是不信宋儒之说,专与朱熹辩难,如朱熹以《周礼》为周公之典,毛氏则说出于战国之末。所著《周礼问》二卷,共分十七目,详论六官、三司、冢宰、宰夫、官职同异、九州闲田等,力证其说。毛氏认为《仪礼》也是战国作品。

盛世佐有《仪礼集编》,汇辑古今说《仪礼》者一百九十七家之多,堪称巨富。不作无根之论,不轻排郑、贾,持论公允,对杨复《仪礼图》中的错误,也一一辨析,详加驳正,是《仪礼》研究的重要著作之一。

治《三礼》而有著述者还有很多,如金榜、孔广森、陈乔枞、张惠言、胡承珙等,限于篇幅,不再赘举。以上是私撰的礼书。

官方编撰的礼书,有乾隆十三年(1748)修定的《三礼义疏》,其中《周礼义疏》四十八卷,《仪礼义疏》四十八卷,《礼记义疏》八十二卷(内有图五卷)。三书都广搜博采,熔于一炉,体例也一以贯之。《周礼义疏》认为,《周礼》六典出自周公,但在流传过程中有所窜乱而已。《仪礼义疏》以元敖继公《仪礼集说》为本,而以诸家之说补其舛漏。《仪礼》今古文字的同异,则完全采用郑玄注。经文仪节的分段,大体上从朱熹《仪礼经传通解》。此书之首单列《释宫》一卷,末有图八卷,其中《礼器图》四卷,用聂崇义《三礼图》本,《礼节图》四卷,用杨复《仪礼图》本,对其中的谬误,则逐一刊正。《礼记义疏》博采群言,至于轶闻、百家杂说,凡可参证古礼者,都广为收录,汇为一书。对郊社、乐舞、裘冕、车旗、尊彝、圭鬯、燕饮、飨食,以及《月令》、《内则》所涉及的各种名物,都逐一驳正、考订。《三礼义疏》对清以前的《三礼》研究作了较全面的总结,对清代的学术研究起了一定的推定作用。

有清一代的《三礼》研究硕果累累,出现了像胡培翚《仪礼正义》、孙希旦《礼记集解》、孙诒让《周礼正义》那样集大成的著作,使《三礼》研究达到顶峰。

清代研究《礼记》较有影响的著作有朱轼的《礼记纂言》、朱彬的《礼记训纂》、孙希旦的《礼记集解》等,其中以孙氏《礼记集解》为成就最高。此书共六十一卷,每篇均作"题解",撮述篇义。每节除沿用郑注孔疏之外,又博参宋、元以来各家之说,以明古义。凡有歧见异说处,或析疑折中,或推阐辩难,时有新见。训诂方面也以详备著称,对经文的断句,间有与郑注、贾疏相违者,但多较郑、贾为优。此书历来为学者所重。

清代《三礼》研究深入的标志之一,是专题性研究的著作出现。就某一有争议的难题,将先儒异说搜集罗列,逐一评说,再提出自己看法,由于题目集中,故论述都较深入。如深衣之制,黄宗羲有《深衣考》一卷,江永有《深衣考误》一卷,历指前儒之误,推出新说,有一定影响。又如宫室之制,有李如圭《仪礼释宫》、胡匡衷《仪礼释官》、焦循《群经宫室图》、胡培翚《燕寝考》等。江永《仪礼释宫增注》一卷,为李氏之书详增注解,不仅多所发明补正,而且考据精审,颇有新见。任启运《宫室考》十三卷,此书在内容上比李氏之书更为详尽,分为门、观、朝、庙、寝、塾、宁,以及等威、名物、明堂、方位、辟雍等,分类考证,条理秩然。

任启运《肆献裸馈食礼》三卷,分为祭统、吉蠲、朝践、正祭、绎祭等五篇。每篇之内又按礼仪顺序分节,每节先略述己说及其依据,然后附载经传之文。此书综核诸家,考证详密。

专门研究之作还有:邵懿辰《礼经通论》,认为《仪礼》十七篇是完帙,并不残缺,《礼古经》出于刘歆伪造。王鸣盛《周礼军赋说》,此书以鲁、齐、晋三国军赋之制与《周礼》相印证推阐,颇有心得。万斯大《学礼质疑》考辨古礼,如商、周改月改时、周诗周正、兄弟同昭穆及宗法之制等,屡建新义。胡匡衷有《周礼井田图考》、《井田出赋图考》、《郑氏仪礼目录校正》等,都是厚积薄发之作。李光坡《朱子礼纂》拾掇朱熹《仪礼经传通解》及《家礼》二书之外的说礼之文,分为总论、冠婚、丧、祭、杂仪等五类纂集。沈彤《仪礼小疏》专取《仪礼》之《士冠礼》、《士昏礼》、《公食大夫礼》、《丧服》、《士丧礼》五篇,各作笺疏数十条,引经据典,考证精赅。段玉裁《周礼汉读考》、《仪礼汉读考》,江永的《礼记训义择言》等,从文字、音韵、训诂等角度对《三礼》作专题研究,发凡起例,影响深远。

《三礼》各自为书,但内容颇有关联,故必须会通融贯,方可显现礼制大体。清儒在《三礼》分别研究的基础上,推出几部大型的《三礼》通论之作。

徐乾学《读礼通考》一百二十卷,专记历代丧礼,分为丧期、丧服、丧仪节、葬考、丧具、变礼、丧制、庙制等八门,最称详备。此书于《仪礼》的《丧服》、《士丧》、《既夕》、《士虞》等篇的训释,仿照朱熹《仪礼经传通解》体例,广采诸家之说,折中取正。此书论丧服、丧具的递变,极为精详,是古今论丧礼之书中最好的一种。

秦蕙田有感于《读礼通考》仅详于丧礼一门,因而仿《读礼通考》体例,著《五礼通考》二百六十二卷。以《周礼·大宗伯》吉、凶、军、宾、嘉五礼为目,网罗众说,而成一帙。全书分为七十五类,内容除五礼之外,还旁及天文、算法、地理、乐律等方面,极为详博。江永《礼书纲目》八十五卷,江氏认为朱熹所著《仪礼经传通解》是未成之书,其后虽有黄干、杨复二氏续修,但一书成于三人之手,难免小有出入,不能融会贯通,故仍仿朱书体例,广摭博讨,使三代礼仪之纲目,条理洞悉,井然可观。江氏深于《三礼》之学,功力深厚,故能融会郑注,吸收新见,订正朱说,阐发经义,而终朱熹未竟之绪。黄以周著有《礼书通故》一百卷,会通《三礼》,分为四十九类,博采汉、唐、宋、清说礼之书,折中为说,其学虽以郑注为宗,但又不拘泥于此,对郑说时有驳证。其内容及于古代礼制、田赋、乐律、刑法、名物、卜筮等。此书与秦蕙田《五礼通考》相比,博或有不及,精则有过之。末八卷为《仪节图》、《名物图》,考订也很精审。

四、《三礼》研究的要点

（一）文本研究

《周礼》在西汉发现之初即缺《冬官》，时人以《考工记》补之，学者皆无异议。南宋淳熙、绍熙年间，俞庭椿标新立异，首倡"《冬官》不亡"之说。俞氏在其《周礼复古编》中提出，根据《周礼》序官，六官下辖的官职都应该是六十官，而现存五官的属官都超过六十，表明《冬官》并未亡佚，而是由于错简，散入于五官之中。他将五官中超出六十的属官抽出，汇成《冬官》篇。俞氏之说，全无根据，想当然而已。不仅如此，俞氏还把《天官》的《世妇》和《春官》的《世妇》、《夏官》的《环人》与《秋官》的《环人》说成是同一职官的重复，归并为一。然其说新奇，风靡一时，王与之等均从其说。到元、明时，随声附和者仍大有人在。元儒丘葵的《周礼补亡》、吴澄的《周礼考注》均为俞氏之说推波助澜。丘葵认为，《冬官》一职散入五官，认定《天官》属官应为五十九，《地官》属官应为五十七，《春官》属官应为六十，《夏官》属官应为五十，《秋官》属官应为五十七，五官溢出之官为五十四，即《冬官》属官。明代持"《冬官》不亡，杂出五官"说的有何乔新《周礼集注》、金瑶《周礼述注》、舒芬《周礼定本》、王应电《周礼翼传》、徐即登《周礼说》、郝敬《周礼完解》、柯尚迁《周礼全经释原》、郭良翰《周礼古本订注》、郎兆玉《注释古周礼》、陈仁锡《重订古周礼》、陈凤梧《周礼校正》等。舒芬移《天官·大宰》、《地官·大司徒》之文入《大司空》；移《小司徒》及《遂人》之文入《小司空》；又移《天官》的《掌舍》、《幕人》、《掌次》，《地官》的《遂师》、《遂大夫》等四十职，《夏官》的《掌畜》、《职方氏》等八职入《冬官》，随意割裂经文，而自命其书为《周礼定本》。王应电则拟以工师、梓人、器府、四渎、匠人、垒壁氏、巡方、考工、准人、啬夫、柱下史、左史、右史、水泉、鱼政、盐法、冢人等十八官补大司空，也是无根之论。郝敬不仅认为冬官散见于五官，又提出《周礼》"阳分六官以成岁序，阴省冬官以法五行"之说，强生新解，为识者所不取。

（二）学术思想研究

传统的《周礼》成书年代研究，注重寻找《周礼》与文献所见周代典制的矛盾之处，如《周礼》建国之制与《尚书》的《洛诰》、《召诰》有别，封国之制与《尚书·武成》及《孟子》不同，设官之制与《尚书·周官》相违。又如清人李滋然统计，《周礼》官员总数达三十三万左右，远远超过秦汉大一统帝国的官员数，不合情理。九畿之服、井田沟洫之制、五等之爵等，过于整齐，不可能通行，而只能是虚拟之制。研究的面也较狭小，如清人万斯大《周官辨非》取《周礼》可疑者五十五则而论之，据此判定《周官》非周公书。虽然所论颇为精到，但缺乏把握全书的证据，终属吉光片羽。反对者仍有堡垒可据，他们一方面承认《周礼》有不可信的内容，另一方面又将这些内容指为后人窜改所致，而其基本内容仍是周公手作。如朱熹就说，"《周礼》规模皆是周公做"，"其间细碎处虽可疑，其大体直是非圣人做不得"。近代学者认识到，《周礼》研究的更为重要的方面，是此书的学术思想，只有把握此书的思想脉络，才能找准其时代特征。钱穆《周官著作时代考》、杨向奎《周礼的内容分析及其制作时代》、顾颉刚《"周公制礼"的传说和〈周官〉一书的出现》、徐复观《〈周官〉成立之时代及其思想性格》、侯家驹《周礼思想渊源》等也认为此书为王莽伪作，其思想源自阴阳家、法家、儒家与秦、汉之制。彭林《〈周礼〉主体思想与成书年代研究》一书，认为《周礼》一书的主体思想由儒、法、阴阳五行熔为一炉，其精致的程度已超过《管子》、《吕氏春秋》，但书中没有道家思想，也没有灾异、谶纬之说，当是汉初的作品。这种研究视角，较之文字训诂和局部的名物考证，或能更全面、更深刻地揭示《周礼》的时代特征，从而从总体上把握全书，解决《周礼》的成书年代问题。

《周礼》所涉及的禄田问题，也颇有争议，宋欧阳修曾批评《周礼》"官多田少，禄且不给"，在学者中有较大影响。为此，沈彤作《周官禄田考》三卷，专辨《周礼》之禄田。此书分官爵数、公田数、禄田数三篇。凡是田、爵、禄之数不见于经者，则从郑注或经义中推求，其说精密淹通，颇受学者称道。

近现代的《三礼》研究，《仪礼》最为冷落；《礼记》缺乏总体研究之作，多为研究某篇的哲学思想、教育思想、政治思想之作，研究礼义、礼法者较少；《周礼》研究则是最为活跃，中心依然主要是成书年代问题，但在研究方法上有较明显的变化，不再如过去那样，以文字训诂、名物考证为主，而是从文化学的角度,着重研究其学术思想的时代特征。

（三）与考古材料的比较研究

20 世纪初,中国考古学诞生并迅速发展,为历史研究提供了大批宝贵的第一手史料。《三礼》研究的学者为了拓宽研究的路子,摆脱古代学者从文献到文献的研究方法,提高科学性,开始用考古材料来研究《三礼》。考古材料中使用得最多的是金文材料。金文指殷、周青铜器上的铭文,是当时人、当事人所作,比文献材料更为接近史实,因而极其宝贵。杨筠如的《周代官名考略》,是最早的系统利用金文材料研究《周礼》的作品,篇幅并不大,但开创之功不可没。其后有郭沫若的《周官质疑》、斯维至的《两周金文所见职官考》、徐宗元的《金文中所见官名考》等论著,陈梦家《西周铜器断代》的有关章节,以及日本学者白川静《金文通释》、《金文世界》、《甲骨金文学论丛》中也时有涉及。近年刘雨、张亚初《西周金文官制研究》、陈汉平《西周册命制度研究》等书,总结了用金文研究《周礼》的成果,并提出了各自的见解。

上述研究者的方法大致是,将金文所见官名与《周礼》相比较,再用其他文献材料来印证两者的年代孰先孰后。如郭沫若取《周礼》与金文不合的十九个职官相比较,推断《周礼》出于战国之时。徐宗元从殷、周至战国的铜器铭文中,择取五十多个官名(分为三十六项)与《周礼》职官比较,认为《周礼》的六官系统在金文中得不到证明。

应该肯定,用金文材料研究《周礼》,成绩是显著的,这无疑是一个需要继续努力的领域。但是,这种方法至少在目前有一定的局限性,其困难之处在于,铜器的出土是零星的、分散的,年代跨度很大,缺环也不少。刘雨、张亚初《西周金文官制研究》认为,《周礼》中有四分之一以上的职官在西周金文中可以找到根据。如其说不误,则犹有近四分之三的职官于金文无证,因而无法与《周礼》作全面比较。目前所见的金文材料,还难以重构周代职官系统。其次,由于铭辞文体简约,不少职官的职司并不清楚。有些官名虽与《周礼》所载相同,但并非就是一回事。如《周礼》中的地官司徒掌理教育、赋税、产殖,而《舀壶》铭中的司徒却能管理成周八师;《舀鼎》铭中的司徒又掌占卜,而《周礼》中占卜是由春官宗伯掌理;《载簋》中的司徒掌管王的藉田,而《周礼》中王的藉田是由六官的甸师所司;《免簋》的司徒还掌理奠还之地的山林、川泽、畜牧等,职掌如此琐屑,足见其地位无法与《周礼》六官之一的大司徒相匹。这些问题的解决,还有待于更多的金文材料出土和先秦史研究的总体深入。

武威《仪礼》汉简出土后,引起许多学者重视,沈文倬《汉简服传考》等文,是利用出土汉简研究《仪礼》的专门之作。陈公柔《士丧礼、既夕礼中所记载的丧葬制度》与沈文倬《对"士丧礼、既夕礼中所记载的丧葬制度"的几点意见》,则是利用考古资料对《仪礼》丧葬制度进行研究的重要作品,内容不仅涉及《仪礼》所载制度,而且涉及到《仪礼》中的文字训解等问题,为《仪礼》研究开辟了新的途径。陈汉平《西周册命制度研究》,则通过对大量册命金文的排比,并与文献相印证,论述周代册命礼的特点。杨宽《试论中国古代的井田制度和村社组织》、《试论西周春秋间的乡遂制度和社会结构》、《试论西周春秋间的宗法制度和贵族组织》、《我国古代大学的特点及其起源》、《"籍礼"新探》、《"冠礼"新探》、《"大蒐礼"新探》、《"乡饮酒礼"与"飨礼"新探》、《"射礼"新探》、《"贽见礼"新探》等文,《中国古代陵寝制度》一书,以及俞伟超、高明《周代用鼎制度研究》等都是结合考古资料对《三礼》所见礼制进行深入探讨的重要论著。

五、《三礼》对古代文化的影响

《周礼》一书,体大思精,文繁事富,治术、学术无所不包,历来受到学者和统治者的重视。所谓"治术",指的是此书所载治国制度,宏博详密,为上古元典所仅见。孙诒让说自黄帝、颛顼以至西周文、武二王的"经世大法,咸粹于是",认为它集中了五帝三代的为政精华。孙说虽不免有夸大之处,但此书在古人心目中的地位于此可见一斑。《周礼》对古代中国的官制产生的影响,罕有其匹。自南北朝时期开始萌生的吏、户、礼、兵、刑、工"六部"之制,就脱胎于《周礼》六官,其后沿用千年。此外,《周礼》的许多规制,也为后世所遵奉,最典型的例子莫过于王宫"面朝后市,左祖右社"的格局,我们在今天的故宫还能看到,太和殿的前面是皇帝的治政之朝,故宫的北面是皇后掌管的市,故宫左面是皇帝的祖庙(即"太庙",今为劳动人民文化宫),右面是社稷坛(今为中山公园)。

历史上试图援《周礼》典制和建国思想推行变法的也不乏其人,如西汉末的王莽、北宋的王安石等,就是典型的代表。近代学者孙诒让在内忧外患交迫之际,作《周官政要》,试图借用《周礼》重振国政。《周礼》的声教迄于海外,朝鲜近代著名学者丁若镛的代表作《经世遗表》,就是以《周礼》为依据提出的革除弊政的方案。

《仪礼》所记各种礼仪来源甚古,朱熹说《三礼》之中,"《仪礼》最醇",至确。《仪礼》所记的各种礼仪,是中华古礼的正宗和源头,因而为历代统治者所重视。古代一些最重要的礼典,如唐的《开元六典》等,均以《仪礼》为主要依据进行编撰。北宋最初沿用唐代所修的《开元礼》。宋徽宗时重修礼典,徽宗亲撰《冠礼沿革》十一卷,交议礼局,作为重修五礼的标准,要求以《三礼》为本,考镜源流,而又结合时势今俗。政和三年(1113),新修五礼完成,共二百二十六卷,定名为《政和五礼新仪》。政和六年(1116),颁行天下。为推行新仪,朝廷特设礼官,又命各州县招募礼生,先行学习,再到民间推广。国子监还将民间常用的冠婚丧祭之礼从《政和五礼新仪》中摘出,单独印行,以便推广。明代的《大明集礼》采用《仪礼》之处也触目皆是。明儒黄佐的《泰泉乡礼》七卷,以冠婚丧祭四礼以及士相见礼、投壶、乡射礼等,配以乡约、乡校、社仓、乡社、保甲等事,便宜简明,在社会上有较大影响。

《仪礼》中的各种礼仪,原本通行于上古社会,后来由于时代的发展,人们的生活习俗发生很大变化,原来的礼节已不能处处适应,加上佛教等外来文化的强势输入,新的宗教习俗开始流行,南宋以后日趋衰微。为了保卫汉民族固有的文化遗产,宋代一些有识之士对《仪礼》删繁就简,进行加工改造,使之成为冠、婚、丧、祭四礼的仪轨,简约易行,并托名朱熹,称《朱子家礼》(《朱子家礼》的作者不明,学术界有人认为是朱熹所作,笔者不同意这种看法),倡行于世。所以,《仪礼》的主体部分在民间,尤其是在知识分子中,依然有相当大的影响。值得一提的是,以儒教为国教的朝鲜王朝,曾在国中推行《朱子家礼》,以敦民化俗,取得相当显著的成绩,举国上下,冠婚丧祭之礼,一依《朱子家礼》为准。时至今日,这种情况在韩国依然可以见到。

《礼记》文字比《仪礼》简明,便于记诵,很受知识分子欢迎。从唐代起,《礼记》取代了作为礼经的《仪礼》的地位,成为科举考试的主要科目之一,其社会影响更毋论矣。《礼记》的文字看似浅近,而所讨论的却是深藏于礼经之中的奥旨大义,如宗法制度、明堂制度、封国制度、巡狩制度、丧祭制度等等,礼经或语焉不详,或不能确解,凡此种种,《礼记》都有进一步的论述,对于研究《仪礼》有重要的参考作用,因此,《礼记》成为历代学者必须熟读的书。此外,《礼记》中还有不少有关儿童和妇女之礼的规定,由于这些内容不见于礼经,因而就有了特别重要的意义,成为妇女、儿童必须熟知的内容。另外,《礼记》一书多寓言、格言、警句。寓言如孔子过泰山侧,感叹"苛政猛于虎",已是家喻户晓。可作为座右铭或终身的精神指南的格言、警句就更多了,如"敖不可长,欲不可从,志不可满,乐不可极";"临财毋苟得,临危毋苟免"等,至今闪耀着真理和智慧的光辉。许多人尽管没有通读过《礼记》,或者根本就不识字,却能脱口说出许多《礼记》中的文句,说明《礼记》不仅广为流传,而且对民族性格的形成起了重要的作用。

六、《三礼》研究的主要著述

胡培翚《仪礼正义》四十卷。此书是胡培翚积四十年之功而撰,书未成而卒,由门人杨大堉补成,此书自述其例有四:一是补注,补充郑注未加注释的经文字句和名物制度;二是申注,引申、阐发郑注之意;三是附注,近儒之说虽与郑注不同,但义可旁通者,则附于郑说之后,以备一说;四是订注,对郑注的错误详加辨析,以纠其失。《仪礼》郑注,是研究《仪礼》最重要的依据之一,故胡氏以郑注为重心,务求经义明达。此外,《仪礼》经文及郑注,经历代传抄,错误很多,所以胡氏选择所能见到的最佳版本,对经注文字作了极为详尽的校勘,从而使经义更加疏朗明晰。《仪礼正义》成书于道光中后期,时代较晚,故吸收清人研究成果尤多,成为《仪礼》研究最权威的著作。

孙诒让《周礼正义》八十六卷。此书取材极其丰富,对前人旧疏、新解,尽可能搜集,然后分类比较,又与经史子集所见古制相印证,以明是非,持论公允,对旧疏既不盲从,也不排弃,实事求是。每引他人之说,必举其名,绝不掠人之美。凡有诸说不一,而又不能立断是非者,则在详加评析的基础上并存诸说,留待读者自决。对名物制度的考订,极为精审,不仅尽情运用文献材料,而且充分运用当时在天文、历算、数学等方面的科学知识,因而具有很高的学术水平。对《周礼》经、注的文字,孙氏从版本和校勘入手,详加考订。《周礼正义》对古代礼制的研究,有许多超迈前人的独到见解,显示了作者深厚的学术功底,其学术水平远远超过汉、唐旧疏,享有很高学术声誉。

凌廷堪《礼经释例》十三卷。《仪礼》一书,仪节多有省略,互文方可见义。而历代《仪礼》研究,都以名物注解为主,随文说解,不及全体,令人有只见树木、不见森林之感。作者不落窠臼,从归纳《仪礼》各篇的义例入手,细心寻绎,贯通全书大意,创获极多,颇有功于礼学研究,是《仪礼》研究中最重要的著作之一。该书分为通例、饮食之礼、宾客之礼、射例、变例、祭例、器服之例、杂例等八类。宫室之例,因李如圭《仪礼释宫》已有之,故不重复。卷首有《复礼》三篇,阐述作者"以礼代理"的思想。此外,附有《周官九拜解》、《燕乐二十八调说》等考论之作。

黄以周《礼书通故》。黄以周是清末礼学大师,《礼书通故》则是清代礼学研究的集大成的著作。全书共一百卷,分为礼书、衣服、卜筮、冠礼、昏礼、见子礼、宗法、丧服、丧礼、丧祭、郊礼、社礼、群祀、明堂、宗庙、肆献裸馈食礼、时享、改正告朔、藉田躬桑、相见礼、食礼、燕飨礼、射礼、投壶、朝礼、聘礼、觐礼、会盟、即位改元号谥礼、学校、选举、职官、井田、田赋、职役、钱币市籴、封国、军赋、田猎、御法、六书、乐律、刑法、车制、名物等四十七门,另有礼节图、名物图、叙目等,共五十门。此书不专守于一家,博取通贯,是《三礼》研究的重要著作。

钱穆《周官著作时代考》。该书为作者针对康有为《新学伪经考》"刘歆遍伪群经(《周官》、《左传》等)"的说法而作。作者从分析《周礼》祀典、刑法、田制等所反映的思想特色入手,证明此书作于战国晚世。作者力辩《新学伪经考》之非,如康氏认为,《周官》中的"五岳"是刘歆窜入的、晚出的伪说。作者指出,"五岳"之说,宣帝之前的《汉书·郊祀志》中就已出现,其时刘歆还没出生，《周官》尚未面世，如此等等。作者还指出，康氏所谓"刘歆伪造《周官》为媚新莽"之说，是承袭方苞《周官辨伪》，而方苞又袭自姚际恒，而其源则可上溯到北宋，并非康氏特创。

徐复观《〈周官〉成立之时代及其思想性格》。作者认为，用官制表达政治理想，是战国末期思想史上开始出现的、自成系统的一个支派，王莽时《周官》的出现，则是其高峰。作者较全面地分析了《周官》的思想线索及其背景，认为此书受到《管子》、《大戴礼记》、《淮南子》以及董仲舒、桑弘羊等人的思想影响，由王莽草创于前，刘歆整理于后。《周官》中有不少该书独有的"奇字"，《说文解字》曾经征引，作者认为，这些字均出自王莽的杜撰，"率多颠倒不可信"，许慎因误推《周官》为古文而援引之。作者还对《周官》为古文经的传统说法提出挑战，认为"他不属于今古文的任何学派"。

杨向奎《宗周社会与礼乐文明》。宗周是中国礼乐文明奠定基础的时期，研究礼学不能不及于此。作者从宗周的氏族源流开始，紧扣周人的历史，深入探究礼乐文明的发生和发展过程。该书分上、下两卷，上卷为《宗周社会》，介绍周的氏族、地理、建国过程和社会状况，包括社会发展模式、信仰与迷信、社会思潮、风俗人情等。下卷为《宗周的礼乐文明》，分为礼的起源、周公对于礼的加工与改造、孔子对于礼乐的加工与改造等三部分。作者将文献资料与考古学、民族学材料相结合，对礼乐文明的源流、礼乐文明与儒家文化的关系、礼乐文明与民族性格的形成等重大问题进行了成功的探索。

沈文倬《宗周礼乐文明考论》。该书是作者礼学研究的论文萃编，包括《略论礼典的实行和〈仪礼〉书本的撰作》、《对〈士丧礼、既夕礼中所记载的丧葬制度〉几点意见》、《宗周岁时祭考实》、《觐礼本义述》、《汉简〈士相见礼〉今古文杂错并用说》、《汉简〈服传〉考》、《从汉初今文经的形成说到两汉今文〈礼〉的传授》、《〈礼〉汉简异文释》、《孙诒让周礼学管窥》、《黄龙十二博士的定员和太学郡国学校的设置》、《"执驹"补释》、《对扬补释》、《有关〈对扬补释〉的几个问题》、《叚与糈》等十四篇，除礼书本身的研究之外，还涉及到甲骨文、金文以及考古资料所见先秦礼制的研究，功力很深。

钱玄《三礼通论》。该书是当今学术界比较少见的、通论《三礼》的著作。全书分为四编:《礼书编》介绍《仪礼》、《周礼》、大小戴《礼记》、历代的礼学研究者及其著作。《名物编》介绍礼书所及的衣服、饮食、宫室、车马、武备、旗帜、玉瑞、乐舞、丧葬之具等各类名词。《制度编》介绍礼书所及的封建、职官、禄田、赋税、田租、军制、军赋、学制、刑法制度、宗法制度、宗庙祭祀、郊社及群祀等各种制度。《礼仪编》介绍礼节所及的各种礼仪,包括礼仪通例、冠礼通释、婚礼通释、丧礼通释、祭礼通释、聘礼通释等。该书内容详博,考证精审,是学习《三礼》的重要参考书。作者还著有《三礼辞典》,可与此书配合使用。

彭林《〈周礼〉主体思想与成书年代研究》。作者认为,《周礼》一书的主体思想,是由儒、法、阴阳、五行四家思想复合而成,呈现出"多元一体"的特色。儒与法,本各为畛域;阴阳与五行,也本各为营垒。阴阳与五行合流,是在邹衍时。儒法交融,是在荀子时。儒法阴阳五行融会,迟至战国末期的《吕氏春秋》,但此时各家思想尚未充分融合。汉初,随着大一统王朝的建立,各家思想熔为一炉,《周礼》结构详密,体大思精,绝非《吕氏春秋》可比,而与汉初的学术面貌一致。但书中又无文、景时盛行的黄老思想的色彩,所以其成书年代又不得晚于文、景之时,应当是汉初儒者取前代材料,按照以人法天的原则,重新构建的理想国蓝图。

《春秋》与《三传》说略

曹道衡

一、《春秋》的性质及其和孔子的关系

《春秋》一书,相传为孔子所作,因此被列为《五经》之一,被视作神圣的经典,连解释它的《左传》、《公羊传》和《谷梁传》,也被列入《十三经》之中,合称《春秋三传》,受到人们尊崇。《春秋》究竟是一部什么样的书? 它和孔子有着什么关系? 我们究竟怎样看待它呢?

从《春秋》的原文看来,它是一部颇为简略的大事记,记载着从鲁隐公元年(前722)到鲁哀公十四年(前481)共二百四十二年中周朝和各诸侯国之间重大的历史事件(《左传》所载《春秋》终于哀公十六年即公元前479年孔子逝世为止,但历来学者都认为应从《公羊传》和《谷梁传》,终于哀公十四年。这个问题比较复杂,当于下文详谈)。由于文字极简略,所以很难了解这些事件的梗概。如《隐公元年》云:"元年,春,王正月。三月,公及邾仪父盟于蔑。夏,五月,郑伯克段于鄢。秋,七月,天王使宰咺来归惠公、仲子之赗。九月,及宋人盟于宿。冬,十有二月,祭伯来。公子益师卒。"这种文字大约是写给当时鲁国的君主和执政大臣们看的,他们对当时发生的事件都很清楚,所以只要记个年月,以备日后查考,就足够了。但这种大事记对后世的读者了解当时历史,就很难适用。例如:上面引到的"邾仪父"、"宰

吅"、"祭伯"、"公子益师"是什么人？"郑伯克段于鄢"又指什么事？读了《春秋》，仍感茫然。于是后来的读者不能不借助于"三传"中的记载，才能对史事有所理解。但是"三传"对史事的记载往往不尽相同，尤其是《春秋》被说成是孔子之作，因此一些人把其中每句话都看作寓有深意，于是《公羊传》和《谷梁传》的传人对孔子为什么要记此事？有什么用意？常有不同的猜测，各立门户，互相非难，甚至《左传》的传人为了争得正统的地位而参加进去，形成了学术史上许多公案。

其实，《春秋》是否孔子所作？和孔子究竟有什么关系？这本身就需要讨论。从现有的文献史料来看，"春秋"之名的出现远在孔子以前；在当时的列国中，似乎都有类似《春秋》这样的历史大事记存在。根据一些典籍的记载，古代的君主办理政事，确有史官在旁作记录。《礼记·玉藻》说到古代的天子，"动则左史书之，言则右史书之"。同样的，在各诸侯国，也有着类似的史官。《国语·鲁语上》记鲁庄公要到齐国去观看祭社之事，曹刿进谏说："君举必书，书而不法，后嗣何观？"可见当时确有史官在作记录。《左传·宣公二年》载晋国的太史董狐记赵穿杀晋灵公事；《左传·襄公二十五年》载齐国太史兄弟直书崔杼杀齐君的事，都证明了史官在各诸侯国的存在。

史官的设置，最早始于何时，已难确考。汉许慎在《说文解字序》中，曾提到"黄帝之史仓颉"创造文字的传说。此说曾为古人所普遍承认，但现在已无人相信。《左传·僖公十五年》提到史佚之名，杜预注云："史佚，周武王时太史，名佚。"《说文解字序》中还说到了周宣王太史籀创制"大篆"（籀书）的事。关于周宣王时代已经有史官，并且在字体的统一方面作过贡献，应该是没有疑问的。因为早在殷商时代，已经有了甲骨文，这是考古学上确切无疑的事实。根据《周礼·春官》记载，周代的官员中有"大史"、"小史"、"内史"、"外史"等史官的名目。《周礼》一书近人虽有怀疑，但为先秦古籍当无疑问，其中所记制度，有些也与事实相近。像史籀这种人物的存在，说明至少到周代，确已有了史官。再看《尚书·金縢》中有"史乃册祝"一语，更证明了西周初年已有史官。

关于史官的职务，据《说文解字》云："记事者也。从又持中。中，正也。"这里的"又",指人的手；至于"中"字，照许慎的说法是指正道，要史官坚持直笔，像前面讲到的董狐和齐国太史一样，不隐瞒实情。但近代以来有些人不完全同意许慎之说。他们认为篆文"史"字的"中"并非"中"字，而是像笔的形状。这说法和许慎虽有出入，但与"史"是"记事者也"的说法并无多大矛盾，因为记事自然也要执笔。根据《周礼》的记载，周代的大史、小史等官的职掌很多，他们要掌管朝廷中关于礼制、法令、契约等等档案文件，举凡国家的祭祀、大丧、朝会、战争等等大事，他们都要参加，以掌执其礼。当然，他们也要为君主书写公文，如"内史掌书王命"，"外史掌书外令"等。他们所起草的文书发布以后，自然也要作为档案保存起来，这就是史官所执掌的图籍。我们现在所见到的甲骨文，其中很大一部分是记载商王祭祀上帝和祖先及占卜对别的部族用兵的事。这些记载成为我们今天研究殷商历史的重要史料。记下这些史事的人是当时负责沟通人和"神"之间的人，称为"巫祝"，他们同时也就是最早的史官。所以古人往往把这些人称为"祝史"或"巫史"。《左传·桓公六年》记季梁对随国君主说随国祭神时"祝史矫举以祭"（即虚称君主功德）；《国语·楚语下》记观射父对楚王说到乱世的人任意祭神，形成"夫人作享，家为巫史"的局面。《尚书·金縢》中记载周公祭他的祖先时，"史乃册祝"祷告太王、王季、文王的神灵。正是这篇祷文被作为档案保存起来，后来为周成王所见到，才洗清了成王对周公的误解。这说明史官所执掌的档案，对当时的政治起着很重要的作用。在上古的神权社会里，这些史官的地位是比较高的。但随着社会的进步，神在人们心目中的地位日渐低落，史官的地位也就不怎么显赫了。汉代的司马迁自其父以来就任太史令，据说当时天下的各类文书都要送到太史令那里，而把副本送给丞相。尽管这样，他们在帝王心目中的地位很低，正如他说："文史星历近乎卜祝之间，固主上所戏弄，倡优畜之，流俗之所轻也。"这说明史官的设置虽相仍不废，而其地位已大不如前。然而，在先秦时代，各国的君主对史官和史籍都十分重视。《国语·楚语下》载，楚大夫王孙圉聘于晋，对赵简子论楚国之宝时提到："又有左史倚相，能道训典以叙百物，以朝夕献善败于寡君，使寡君无忘先王之业，又能上下说于鬼神，顺道其欲恶，使神无有怨痛于楚国。"这个左史倚相是个很博学的人，据《左传·昭公十二年》说，他"能读《三坟》、《五典》、《八索》、《九丘》"等当时尚存的古籍。显然，当时各国的君臣所以重视历史和史籍，主要是想从中吸取统治的经验。

在当时的史籍中，像《春秋》这样的政治大事记显得十分重要。《左传·昭公二年》记晋大夫韩起到鲁国去，见到《易象》与《鲁春秋》，叹美说："周礼尽在鲁矣！"《国语·楚语上》记楚庄王命士亹做太子熊箴之傅，士亹去问楚贤臣申叔时，申叔时的回答首先是："教之《春秋》，而为之耸善而抑恶焉，以戒劝其心。"申叔时的时代远比孔子为早，韩起的年龄也比孔子大，他们所见的《春秋》，显然出现于孔子之前，不是孔子"所作"或所修的《春秋》。从现有的史料看来，在孔子以前及其同时，大约各诸侯国都曾有过像《春秋》那样的史籍。所以《孟子·离娄下》说："晋之《乘》，楚之《梼杌》，鲁之《春秋》，一也。其事则齐桓、晋文，其文则史。"大约《乘》和《梼杌》，是晋、楚二国独有的名称，而《春秋》则为各国史书的共名。所以《墨子·明鬼下》提到过"著在周之《春秋》"、"著在燕之《春秋》"、"著在宋之《春秋》"、"著在齐之《春秋》"诸语。《隋书·李德林传》和唐刘知几《史通·六家》都提到墨子说过"吾见百国《春秋》"一语，李、刘生当隋唐之世，当有所本。《公羊传·隐公元年》唐徐彦疏引闵因叙云："昔孔子受端门之命，制《春秋》之义，使子夏等十四人，求周史记，得百二十国宝书。"这件事据说在《春秋感精符》、《考异邮》、《说题辞》等纬书中都有记载。纬书虽不很可信，但毕竟是汉以前古书，可能有根据。所谓"百国春秋"、"百二十国宝书"，可能在数量上有所夸大，但在秦始皇焚毁各国史书以前，这类号为"春秋"的史籍可能数量甚多。《公羊传·庄公七年》有一段话说："不修《春秋》曰：'雨星，不及地尺而复。'君子修之曰：'星霣如雨。'"这段记载，我过去是不信的。因为据《公羊传·隐公二年》何休解说：公羊氏传《春秋》，起初靠口耳相传，"至汉公羊氏及弟子胡毋生等，乃始记于竹帛"。"汉公羊氏"当指公羊高的玄孙公羊寿，乃汉景帝时，已在秦始皇焚书之后，不可能见到"不修《春秋》"。现在看来，公羊寿和胡毋生当时，自然看不到鲁史原文（即"不修《春秋》"），但公羊寿的先世生活在战国时代，未必不能见到春秋时史官的原始记录，通过口授被他记成文字,也是可能的。尽管公羊氏的前辈所见到是否就是孔子所依据的原本仍是疑问,然而作为今文经学的代表著作《公羊传》说到了在孔子"作《春秋》"以前,就有他所依据的"不修《春秋》"存在,却很值得重视。因为晚清以来的一些"今文学派",常常把《五经》看作孔子一手所造。这说明他们不但不顾历史事实,也背离了汉代"今文经学家"原意。

从《春秋》的文字和体例来看,它大约基本上仍袭鲁史旧文,未必做多大改动。因为孔子自称他"述而不作"(朱熹注:"孔子删《诗》、《书》,定《礼》、《乐》,赞《周易》、修《春秋》,皆传先王之旧而未尝有所作也。")。他又很尊重历史文献,曾说过"夏礼吾能言之,杞不足征也;殷礼吾能言之,宋不足征也。文献不足故也,足,则吾能征之矣"(《论语·八佾》)的话。可见他不作凭空臆说。在这里我们可以举出一个旁证。据《晋书·束皙传》说:"初,太康二年,汲郡人不准盗发魏襄王墓,或言安釐王冢,得竹书数十车。其《纪年》十三篇,记夏以来至周幽王为犬戎所灭,以事接之,三家分(指魏、赵、韩三家瓜分晋国),仍述魏事至安釐王之二十年。盖魏国之史书,大略与《春秋》皆多相应。"这部《竹书纪年》的原本今虽散佚,但在不少古书中曾加称引。从近人王国维等人的辑本看来,此书佚文亦为简短的大事记,连所用语言亦与《春秋》相似。尤其《晋书》说,"大略与《春秋》皆多相应",更说明《春秋》所记史事主要为鲁史旧文,所以和列国史书内容相符。可见他自称"述而不作",并非谎言。

史书记载的历史事件本身就有是非善恶之分,而记录这些史事的人对这些事件也总有自己的看法,不免有所抑扬褒贬。所以《国语·楚语》中讲到"教之《春秋》,而为之耸善而抑恶焉"。因此古人认为史书都具有"劝善惩恶"的作用。这显然不是孔子一人的著作所独有的功能。早在孔子以前,人们已很重视史书的这一作用了。后来的人竭力强调"孔子作《春秋》"的用意,实为故意夸大。这种说法大约主要依据《孟子》中的一段话。据《孟子·滕文公下》云:"世衰道微,邪说暴行有作,臣弑其君者有之,子弑其父者有之,孔子惧,作《春秋》。《春秋》,天子之事也。是故孔子曰:'知我者其惟《春秋》乎!罪我者其惟《春秋》乎!'"又云:"孔子成《春秋》而乱臣贼子惧。"这两段话就成为后人主张孔子作《春秋》的证据。有人认为,孟子生活在战国中期,上距孔子不远;他又是儒家学派的重要传人,他的话应该有根据。没有强有力的反证明,我们不能随意把它推翻。再说在先秦诸子中如道家的庄子,也承认孔子与《春秋》的关系。如《庄子·天运》云:"孔子谓老聃曰:'丘治《诗》、《书》、《礼》、《乐》、《易》、《春秋》六经,自以为久矣。'"这说明孔子至少曾对《春秋》进行过研究和整理。不过对《孟子》所说的孔子"作《春秋》"一语,不能理解得过于机械。古人谓"作",其实并不一定意味着自己撰著,整理、修订前人的书,有时也可以叫"作"。从《孟子》一书看来,孟子并不见得否认孔子以前有鲁史旧文的存在。如《孟子·离娄下》,就把"鲁之《春秋》"和"晋之《乘》"、"楚之《梼杌》"并提,并断言"其事则齐桓、晋文,其文则史"。这和今本《春秋》的内容并无不同,可见孔子只是对原文作过某些加工。这种加工究竟含有多少孔子的寓意很难推测,但即使仅仅对一些文字作校订和加工,也可以对人起一定的"劝善惩恶"的作用。因为事实俱在,人们自然会有一定的判断。不过,孟子说"孔子成《春秋》而乱臣贼子惧",可能是有意夸大孔子的作用。像孟子这样的思想家,有时为了突出自己的论点,往往不很顾及事实。例如《孟子·梁惠王上》载:"齐宣王问曰:'齐桓、晋文之事可得闻乎?'孟子对曰:'仲尼之徒无道桓、文之事者,是以后世无传焉。臣未之闻也。'"这就和他说孔子作《春秋》及《春秋》记齐桓、晋文之事的话相反。这种说法,其实是战国儒家们经常标榜的论点。例如《荀子·仲尼》中,也有"仲尼之门人,五尺之竖子,言羞称乎五伯"的话。其实孔子对齐桓、晋文等人,并非一味否定。《论语·宪问》记孔子曾称赞齐桓公"九合诸侯,不以兵车";又说:"管仲相桓公,霸诸侯,一匡天下,民到于今受其赐。微管仲,吾其被发左衽矣。"《左传·昭公二十九年》载当时赵鞅、荀寅"赋晋国一鼓铁,以铸刑鼎,著范宣子所为刑书"时,孔子认为晋国将亡,因为晋文公"作执秩之官,为被庐之法,以为盟主",后人应当遵循而不能抛弃,说明孔子对晋文公也有所肯定。所以孟子等人论孔子的话,亦未必可尽拘为事实。

从现有的史料看来,所谓"孔子作《春秋》"之说大约是指孔子对鲁国旧史曾有所整理修订。如司马迁在《史记·孔子世家》中说孔子"乃因史记作《春秋》,上至隐公,下讫哀公十四年,十二公"。《史记·十二诸侯年表》也说:"是以孔子明王道,干七十余君,莫能用,故西观周室,论史记旧闻,兴于鲁而次《春秋》,上记隐,下至哀之获麟,约其辞文,去其烦重,以制义法,王道备,人事浃。"这里都讲到孔子是以旧史原文为依据,尤其是《史记·十二诸侯年表》说到"兴于鲁而次《春秋》",显然只是整理与修订。这和孔子"述而不作"的话相符合。但在《太史公自序》及《报任安书》中,司马迁也说过"孔子厄陈、蔡,作《春秋》"的话。可见古人所谓"作",不一定是指自己创制。事实上这种史书,如果没有史料依据,也是无从臆造的。

不管孔子对《春秋》一书作了什么程度的加工,但只要经过了他的手,就被儒家学派奉为"经典",想从中寻求深奥的教义,认为其中的字句,都各有丰富的含义。所以《荀子·劝学》中就一再说"《春秋》之微也","《春秋》约而不速"的话。据唐杨倞注,就是说"微,谓褒贬沮劝,微而显,志而晦";"文义隐约,褒贬难明,不能使人速晓其意也"。在《荀子》中,《春秋》已经屡次与《诗》、《书》、《礼》、《乐》并称,说明它已被儒者们普遍推崇。在战国时代,儒家是一个极有势力的学派。《韩非子·显学》中说道,当时的"显学"是儒、墨二家。但儒家人数虽多,却并不统一,据《韩非子》说,当时共分为八派,各派都崇奉孔子,但对孔子的理解却各有不同。由此可以推知他们各派对《春秋》的解释也不同,而且各人在传抄《春秋》原书时,其字句也未必一致。所以后来的儒生解释《春秋》,互有不同,各立门户,形成《左传》、《公羊传》和《谷梁传》三派之争,很可能在先秦时代已启其端。

《春秋》一书在先秦儒家中流传,并且很可能已产生不同的学派之争,由于史料缺乏,其详情已难推究,甚至当时究竟有几派学说,亦无从确考。但有一点是可以肯定的,即《春秋》之所以能存留到今天,是和它在当时的儒者中广泛流传有关。我们知道,秦始皇统一六国之后,曾经下令焚毁各种书籍,尤其是各国的史书。所谓"百国春秋"或"百二十国宝书"都在这场浩劫中付诸一炬,而只有这部《春秋》因为被儒生们所传习和尊崇,因此能被人冒险私藏起来,或凭口耳相传的方式得以保存。这些保存或传授《春秋》的人既非出自同一师承,也并不是同一地方的人,因此所传的《春秋》,不但文字甚或篇幅有所不同,而且更大的分歧还在于对《春秋》内容的不同理解。这种分歧本来是很正常的现象,后来由于种种复杂的原因,才由学术上的不同见解,发展为水火不相容的宗派之争。

从秦始皇焚书之后,又颁布了"挟书之禁",藏书要被治罪,所以只能私下传授。直到秦亡汉兴,废除了私人藏书的禁令,并且"大收篇籍,广开献书之路"(《汉书·艺文志》),各种书籍才得以公开流布和传授。尤其是到了汉武帝时代,接受董仲舒的建议,罢黜百家,独尊儒术,还在朝廷中设"《五经》博士",以儒家经典教学生,并规定了如果不能读通一部儒家经典,就不能出任官吏。禄利之途一开,儒家各派都驰骛奔竞,力争在朝廷所设博士中占有一席之地,并力图排斥异己。即以《春秋》的传人而论,据《汉书·艺文志》著录,除了今存的《左传》、《公羊传》和《谷梁传》以外,还有《邹氏传》和《夹氏传》各十一卷。但《汉书·艺文志》又说,"邹氏无师",即无人传授;"夹氏未有书",即仅存书目,原书已佚。《汉书·艺文志》是依据西汉后期刘向、刘歆父子整理国家藏书时所作的《七略》、《别录》而成,反映的是从汉初到成帝时朝廷所能收集到的图书情况。至于当时民间是否还流传有别的《春秋》学派,已很难知道。因为在安徽阜阳出土的汉简本《诗经》,据胡平生先生说,既不同于《毛诗》,也不同于"齐、鲁、韩"三家《诗》。以此推论,我们并不能排斥在汉代还存在过不同于"左"、"公"、"谷"以至邹、夹等派的《春秋》学说的可能。这些不同的《春秋》传人的存在,不但是正常的,而且对学术的进步有益无害。根本不必要也不应该把某一学派封为"正宗",把另一学派斥为"异端"或伪造。

关于《左传》、《公羊传》和《谷梁传》的分歧,主要集中在所谓"义例"方面,即孔子"作《春秋》"的宗旨以及他对某事为什么要这样记和对某人为什么要褒扬或贬斥的问题。《左传》原书本来很少谈这些东西。但后来的传人为了和《公羊传》、《谷梁传》争正统地位,也仿二传作了种种附会,正如杜预所谓"更肤引《公羊》、《谷梁》适足自乱"。其实这些都是解释者各自的猜测,除非起孔子于九泉,谁也不能说尽合他的本意。何况《春秋》中文字多系鲁史旧文，即使孔子所改，也未必每个字都寓有深意。这些都是把孔子神化以后产生的恶果，在今天看来，实在没有加以理会的必要。这些争论确实引起后来一些人的反感。如唐代啖助、陆淳和赵匡等都主张摒弃《三传》，自己来解释《春秋》，甚至作家韩愈在《寄卢仝》中也有"《春秋》三传束高阁，独抱遗经究终始"之句。后来南宋的胡安国另著《春秋传》，元明以后曾被定为科举考试的内容。但这些人的学说仍不外乎站在儒家尊孔的立场上凭自己的主观臆测去谈论孔子的"微言大义"，对理解《春秋》无甚帮助，今天已绝少有人读它了。

关于《春秋》的"义例"之争本不足深论，然而《三传》所载《春秋》的本文有所不同却是事实。例如春秋时代的虢国，《左传》、《谷梁传》都作"虢"，而《公羊传》则作"郭"。现在根据出土的金文，此字应从《左传》和《谷梁传》，《公羊传》所用的字，当属同音假借。这或许是在秦代焚书之后，原文脱误或靠口耳相传之故。又如《隐公三年》有一条文字说："夏，四月辛卯，君氏卒。"《左传》作"君"，说是鲁隐公之母声子；《公羊传》和《谷梁传》则"君"字作"尹"，认为"尹氏"是周天子的大夫，鲁隐公去奔周平王之丧事，由尹氏负责接待。同时，《公羊传》还认为称"尹氏"有"讥世卿"之意，《谷梁传》则没有谈到。像这些不同，由于缺乏旁证，我们不能随便判断其是非。

比较重要的例子是《春秋》的记事究竟止于何年的问题。根据《公羊传》和《谷梁传》都止于哀公十四年，因为这一年春天有"西狩获麟"之事。但《左传》所附经文，不但有十四年夏天以后的史事，而且一直记到了十六年四月孔子去世。历来学者大抵相信《公羊传》和《谷梁传》，这是因为《史记·十二诸侯年表》与《孔子世家》都说《春秋》终于哀公十四年"获麟"。即使晋杜预这样崇奉《左传》的人，在注《春秋左传》时也说："今麟出非其时，虚其应而失其归，此圣人所以为感也。绝笔于获麟之一句者，所感而起，固所以为终也。"对于《左传》所附文字，他认为"孔子卒。孔子作《春秋》，终于'获麟'之一句，《公羊》、《谷梁》经是也。弟子欲记圣师之卒，故采《鲁史记》，以续夫子之经，而终于此。丘明因随而作传，终于哀公。从此已下，无复经矣"（《哀公十六年》注）。但这种说法实在令人怀疑。因为鲁国的史官记事，不会因为"获麟"而停止。《公羊传》说什么:"麟者,仁兽也。有王者则至,无王者则不至。"这完全是出于后儒的附会,孔子当时是否有这种说法颇可怀疑。"麟"这东西,现在有人说就是长颈鹿,我国古代也可能有过这种动物。即使不是它,也不过是一头罕见的野兽。孔子"作《春秋》"何以必须终止于此? 实无必然之理。《史记》所以也说《春秋》止于"获麟",是因为司马迁生活在汉武帝时代,当时法定的《春秋》学说只有《公羊传》一家,而司马迁本人又深受公羊学派的董仲舒影响,因此采用董说并不足怪。董仲舒一派学者为了谄媚帝王,吸取了当时流行的阴阳家和谶纬迷信的学说,制造出关于汉朝君主统治天下是出于上天的意志、孔子曾经代汉高祖接受天命的谎言。他们这样做不过是为了巩固汉朝的统治,并为儒家取得独受尊崇的地位。这些谎言在先秦的儒者中自然无人知道。例如力主"孔子作《春秋》"的孟子,就根本没有提到"获麟"的事。另一位大儒荀子则完全不相信"天变"、"灾异"等谬论,他在《天论》中有一段名言,认为天象变异,"怪之可也,而畏之非也"。荀子和孟子一样,对孔子极为崇拜,如果孔子真的因为抓到了一只怪兽就"反袂拭面,涕沾袍"(《公羊传》),并且停止了《春秋》的编订,那么他未必敢如此彻底地否定"天变"之说。我们试看公羊学派对"获麟"一事是怎么说的:他们认为孔子预知"刘季当代周","将有六国争强,纵横相灭之败,秦项驱除,积骨流血之虞,然后刘氏乃帝,深闵民之离害甚久,故豫泣也"。这种荒唐的神话,显然是后人编造的。《左传》作于秦并六国以前,根本无法预知刘氏称帝,自然对"获麟"一事不加重视。对此事只说:"叔孙氏之车子鉏商获麟,以为不祥,以赐虞人。仲尼观之,曰:'麟也。'然后取之。"这无非是说孔子知识广博而已。这正是先秦儒家较之汉儒董仲舒要诚实得多的例证。后人反而据《公羊传》、《谷梁传》来怀疑《左传》,显然说不通。宋人叶适虽然站在尊孔的立场上,但他评"获麟"事说:"《公》、《谷》,《春秋》至获麟而止。《左氏》以'孔丘卒'为断。使无《左氏》,则不知孔子之所终。不知孔子之所终,则《春秋》亦莫知其所终矣。谓终于获麟者,剿之也。鄙儒妄为训传,不知实义,害经大矣!"不失为卓见。再说我们今天既然不再把孔子当作圣人,就毫无必要去说孔子的手笔具有特别重要的价值,而鲁史旧文或孔门弟子追记的文字就无可凭信。《左传》比《公羊传》和《谷梁传》多提供了几年的史料,这应当是功不是过。这道理是显而易见的。所以评价"《春秋》三传"的问题,首先应该彻底抛弃几千年来把孔子奉为"圣人"的偏见,尤其要揭穿董仲舒等人散布的孔子代汉高祖接受"天命"的谎言,才可以得出比较公允的结论。

二、《左传》的体制及其在史学、文学及思想史上的地位

在"《春秋》三传"中,对后世的史学和文学等学术最有影响的首推《左传》,而至今仍为人们所常读的也只有《左传》,尽管这部书得到朝廷承认而广泛传布的时间较之《公羊传》和《谷梁传》要晚。这一现象确实证明了优胜劣汰的规律。

关于《左传》的作者,历来说是和孔子同时的鲁人左丘明所著。《史记·十二诸侯年表》中,讲到孔子作《春秋》的事后,又讲"鲁君子左丘明",恐后人不明孔子之意,所以详记事实,成《左氏春秋》。《后汉书·班彪传》载班固之父班彪说:"定哀之间,鲁君子左丘明论集其文,作《左氏传》三十篇,又撰异同,号曰《国语》,二十一篇。由是《乘》、《梼杌》之事遂闇,而《左氏》、《国语》独章。"这两段话,虽都认为《左传》为左丘明所作,强调的方面并不一样。司马迁似更注意此书为解释《春秋》而作;班彪则主要是采各国典籍,记述史事。如果照班彪的说法,左丘明写作《左传》的时间,有可能开始于孔子作《春秋》之前。若根据《史记·孔子世家》及杜预《春秋左传注》的说法,孔子是到晚年才开始修订《春秋》的。这虽无确证,却亦颇可能。因为左丘明其人见于《论语·公冶长》:"子曰:'巧言、令色、足恭,左丘明耻之,丘亦耻之。匿怨而友其人,左丘明耻之,丘亦耻之。'"看来这位左丘明年辈比孔子为长,所以孔子称道他。但从《左传》一书看来,此书不可能是左丘明独立完成的。因为《左传》叙事终止于鲁哀公二十七年,甚至还提到鲁悼公十四年(前453)晋国魏、赵、韩三家灭智氏之事,上距孔子去世二十七年,孔子卒年七十三,那么左丘明当年百岁以上,似难说得通。关于这一点,清人姚鼐的说法很有道理,他说:"《左氏》之书,非出一人所成,自左氏丘明作传,以授曾

申，申传吴起，起传其子期，期传楚人铎椒，椒传赵人虞卿，虞卿传荀卿，盖后人屡有附益。其为丘明说经之旧，及为后所益者，今不知孰为多寡矣。"（《惜抱轩文集》卷三《左传补注序》）姚鼐述《左传》源流，本于唐陆德明《经典释文序录》据刘向《别录》佚文。此说所以有理，是因为先秦古书，常常不是一人所作，而是经过了门人的附益。例如现今所见先秦几部子书都莫不如此。其实也不光《左传》，像《公羊传》和《谷梁传》，大约也是经过好几代人转相附益的产品。

从《左传》中的不少内容看来，显然并非专为解释《春秋》而作。因为《左传》中有许多史书，在《春秋》中并无记载；相反地，《春秋》中有一些条文，在《左传》中却并无阐释。可见《左传》和《公羊传》、《谷梁传》之完全依附《春秋》、基本上逐条讲解的情况有很大区别。在这里我们不妨把《隐公元年》和《二年》的情况作为例子来说明。如《隐公元年》，《左传》记有"夏四月，费伯帅师城郎。不书，非公命也"、"八月，纪人伐夷。夷不告，故不书。有蜚不为灾，亦不书"等语。这些都为《春秋》所无。相反地，《春秋·隐公二年》有"冬，十月，伯姬归于纪"、"十有二月，乙卯，夫人子氏薨"这两条，《左传》中也没有相应的文字。可见《左传》之作，不一定全是为了"释经"，即使其中有一部分解释《春秋》的文字，在全文中也只占极次要的地位。如《隐公元年》记"郑伯克段于鄢"的事，《左传》详载了郑庄公和他母亲武姜及弟弟共叔段矛盾的由来。从庄公即位之初如何给予共叔段封邑，共叔段又如何在武姜纵容下扩大势力，图谋夺位，郑庄公又如何暗中准备对策，最后一举把对方击败。文中还讲到郑庄公在取胜以后对武姜的报复以及最后悔悟，接受了颍考叔的谏劝而母子复归于好的事。这些情节，原为《春秋》所无，《左传》加以叙述，使事件显得更为完整。文中涉及《春秋》的只有："书曰：'郑伯克段于鄢'。段不弟，故不言弟；如二君，故曰'克'；称'郑伯'，讥失教也。谓之郑志，不言出奔，难之也。"这段话，在全文中，既不占主要地位，也最显得缺乏说服力。因为《春秋》中用"郑伯"、"克"而不用"弟"、"出奔"等字眼，究为鲁史原文，抑是孔子所改，本难确知；而执笔者为什么这样写的动机，更难测度。这种仅凭主观瞎猜的做法，很可能是汉代的《左传》学派传人模仿《公羊传》和《谷梁传》的体例添加的。这些成分在《左传》中所占比重很小，也远不足代表《左传》的真价值。

《左传》最重要的贡献正在于它首创我国编年史的体制，并且翔实地记载了春秋一代二百五十五年的历史。在此以前，虽有各国的史书，并且也是逐年逐月的记事，但像《春秋》和古本《竹书纪年》的佚文，都只用片言只语来记载一件重大的史事，使人难以了解事件的过程及其来龙去脉。即如春秋时代晋楚两国争霸，曾发生三次大战，这可以说是那个历史阶段的头等大事。然而《春秋》中只在《僖公二十八年》写下"夏，四月己巳，晋侯、齐师、宋师、秦师及楚人战于城濮，楚师败绩"；《宣公十二年》"夏，六月乙卯，晋荀林父帅师及楚子战于邲，晋师败绩"；《成公十六年》"（六月），甲午晦，晋侯及楚子、郑伯战于鄢陵，楚子、郑师败绩"。三场大战，只用了六七十字，和鲁君某次出游（如观鱼、观社）或列国某君主的下葬并无轻重之别。这种史书只能算是最幼稚、最原始的记载，根本谈不上学术和识见。《左传》就不一样，记一件事，往往详载事件的起因，有关人物的各种不同意见，事变发展的过程和产生的后果，有时甚至还描写到某些细节，使人一目了然。所以唐代史学家刘知几在《史通·六家》中，把《左传》作为编年史之祖，而把《春秋》列为"记事"一类。确实，《春秋》只能算一种大事记，而《左传》才是真正的编年史。

我们现在研究先秦时代的历史，常能感到只有《左传》所叙述的二百五十多年的史事最为清楚。西周以前的史事由于史料太少，已经难知其详；就是后来的战国时代，虽然保存至今的典籍比春秋时代多得多，然而很多问题却很难确切考明。这二百五十多年的历史不致湮没，不能不归功于《左传》，《春秋》和《公羊传》、《谷梁传》，是根本起不到这一作用的。所以刘知几在《史通》中有《惑经》、《申左》二篇，论证《左传》的价值胜于《春秋》，这在当时不但是大胆卓识之论，而且直到今天看来，也是颇为中肯的。在《惑经》中，他对《春秋》提出十二条疑问：如《襄公二十七年》，晋楚等国会盟，分明是楚国领衔主盟，而《春秋》却说晋国领先；《襄公七年》郑僖公被杀，《昭公元年》楚王熊麇被杀，《哀公十年》齐悼公被杀，而《春秋》则根据当时各国向鲁国通报的谎话,说成正常死亡。如果没有《左传》的据事直书,后人就无法了解真相。刘知几说:"盖明镜之照物也,妍媸必露,不以毛嫱之面或有疵瑕,而寝其鉴也;虚空之传响也,清浊必闻,不以绵驹之歌时有误曲,而辍其应也。夫史官执简,宜类于斯。苟爱而知其丑,憎而知其善,善恶必书,斯为实录。观夫子修《春秋》也,多为贤者讳。狄实灭卫,因桓耻而不书;河阳召王,成文美而称狩。斯则情兼向背,志怀彼我。苟书法其如是也,岂不使为人君者,靡惮宪章,虽玷白圭,无惭良史也?"(《惑经》)在《申左》中,他还认为《春秋》只是"鲁国之遗文,夫子因而修之,亦存旧制而已。至于实录,付之丘明,用使善恶毕彰,真伪尽露"。他还批评当时一些俗儒讥评《左传》"多叙经外别事",认为"若无左氏立传,其事无由获知。然设使世人习《春秋》而惟取两传也,则当其时二百四十年行事茫然阙如,俾后来学者兀成聋瞽矣"(刘知几还是拘于"获麟"神话,说二百四十年,其实《左传》所记有二百五十五年)。刘知几在这里讲的,其实还只是个"直笔"问题,而《左传》的价值远远高于《春秋》的原因,还不仅这一点。《春秋》其实只是鲁史原文,那些史官根据见闻,随手记下,根本没有任何"史识"可言。孔子所谓"作《春秋》",大约也只是在文字上作些校订,即使有所加工,也体现不出他有多高明的眼光,所以不论大事、小事,都同等看待,几乎是一篇流水账。但《左传》记事,却很注意大小轻重。例如春秋时代最令人注目的是晋、楚争霸,但《春秋》中关于晋楚两国的兴起过程几无记载。《左传》则记载颇详,如晋国的兴起,在《隐公五年》已记载"曲沃、庄伯以郑人、邢人伐翼,王使尹氏、武氏助之。翼侯奔随"的事。次年,又记"翼九宗、五正、顷父之子嘉父,逆晋侯于随,纳诸鄂,晋人谓之鄂侯"的事。《桓公二年》又详载了当时晋国分为翼和曲沃二支的由来,以及曲沃日益强大,最后在桓公八年灭翼的过程。以下就写到晋国日益强大,逐步吞并各小国,发展成为霸主的过程。关于楚国,周初是很弱小的。《左传·昭公十二年》记楚大夫子革的话说,"昔我先王熊绎,辟在荆山,筚路蓝缕,以处草莽,跋涉山林,以事天子",这些情况远在西周时代,自然只能从后来人物口中追叙。但到春秋初年,楚国已经很强大。《左传·桓公二年》云:"蔡侯、郑伯会于邓,始惧楚也。"这次两君相会,在《春秋》中也有记载，却并未涉及楚国，在这一阶段，也没有关于楚国的其他记载。《左传》则记载了楚武王伐随（桓公六年至八年）以及和邓国（桓公九年）、郧国（桓公十一年）、绞国（桓公十二年）及罗国（桓公十三年）的历次战争，楚军有胜有败，但总的趋势也是逐步吞灭各小国，发展成为春秋时代的又一霸主。至于春秋后期继晋、楚而起的吴、越二国的兴起，关系到今天江南一带的开发，在历史上有重大意义。但《春秋》中涉及这两国的事更少，只记到吴国与楚、齐、越等国的战争以及与晋国在黄池争长、派季札聘鲁等事，都在吴国强盛之后。关于越国与吴国的战争以及勾践灭吴的事，在《春秋》中更难知其梗概。

《左传》中尤其可贵的史料是关于当时各种社会力量的兴衰演变过程，以及某些涉及社会发展的重大历史事件。例如从春秋演变为战国，历来史家都以"三家分晋"和"田氏代齐"作为标志。至于魏、赵、韩三家怎样战胜晋国的各贵族强宗，瓜分国土；田氏又怎样到的齐国，怎样逐步篡夺原来齐国姜姓的政权，我们只能从《左传》一书中得到史料，在《春秋》和《公羊传》、《谷梁传》中是没有记载的。例如晋国从曲沃灭翼之后，一方面由于怕君主的族人强大起来和君主争位，逐步翦灭"桓庄之族"等群公子；另一方面又给一些功臣赏赐采邑。如魏氏之先毕万，是晋献公灭了原先的魏国以后，把魏封给他的；赵氏则是晋文公在献公时遭骊姬之谗流亡各国时，赵衰随从他周游狄、齐、宋、曹、卫、郑、楚、秦各国，最后回国即位，因此成为晋卿，得赐采邑，世代在晋国执政者中占有重要地位。在此之后，经过多次内乱，原来在晋国贵显的狐、续、阳、郤、栾、范、中行、知等族先后被消灭，这才剩下魏、赵、韩三家，最终瓜分了晋国。战国时统治齐国的田（陈）氏，本来是陈国的贵族，在鲁庄公二十二年陈国的一场内乱中逃奔齐国，齐桓公任田氏之祖完为工正，由此加入了齐国的大夫之列。其后齐国内乱，原来地位最高的国氏、高氏日益衰落；崔氏、庆氏更因为作乱被诛灭和放逐，于是齐国的政权最后落入田氏之手，取代了姜姓。这重大的历史事件，也只有在《左传》中有所反映。

"三家分晋"、"田氏代齐"等重大的历史事件不是突然发生的，而是在逐步演化中完成的。当时各国的某些人物对此也有所察觉和认识，有人还曾提出过一些对策。像《昭公三年》记齐国的晏婴出使晋国，晋国派叔向接待他。叔向问起齐国的情况，晏婴说到齐国姜姓的统治已经到了末路，终究将为陈（田）氏所有。因为齐君弃民不恤，赋敛繁重，百姓劳苦的收入，三分之二交公家，自己只能用三分之一来维持生活。公家的仓库中财物腐朽长虫，而民间的老人挨冻受饿。国中因犯罪被割去脚的人很多，因此集市上正常人穿的鞋价格反而不如受刑者穿的"踊"贵。民众的这种痛苦，陈氏倒能有所关心，因此齐人"其爱之如父母，而归之如流水。欲无获民，将焉辟之"。叔向听了说，现在我们晋国也走到了末路，军政懈怠，军马配备不齐，军令不整，各级军官都不称职，再不能出兵征战。平民们贫困疲劳，而君主的宫室却越来越豪华，以致路上不断地有饿死的人，只有那些嬖宠之家日趋富裕。民众听到君主的命令，就力图逃避，像遇到仇敌一样。政权落到了大夫们手中，百姓无所依归。君主仍不悔改，一味享乐，还能长久吗？这段对话，不但深刻地揭示了齐、晋两国的政治情况，也道出了当时重要的社会现实。对于这种情况，当时有些君主也非一无所知，如《昭公二十六年》记齐景公已经问到谁会取代自己的后代，晏婴回答是陈氏。他还认为只有实行"礼"才能加以防止。当然，齐景公后来并未付诸行动，而"礼"也并不能改变这种在各国都已出现的普遍历史趋势。不过，《左传》毕竟记下了在那种急剧变化面前各种人物的态度。

从春秋发展到战国，有一些人物和事件，是很值得注意的，如郑国的子产，曾对不少制度进行改革。在开始时，曾遭到一部分百姓的反对，但实行三年之后，这些人又转而对他歌颂。《左传·襄公三十年》记此甚详。其他如宣公十五年鲁国实行"初税亩"（按亩收税），昭公六年郑国在子产主持下"铸刑书"（用铸鼎来写下成文的刑法）和昭公二十九年晋国铸刑鼎的事，《春秋》只记"初税亩"一事，却语焉不详；《左传》的记载虽不及《公羊传》详尽，但也可以知道事情的大概。至于郑、晋二国铸刑书之事，却仅见《左传》。可见研究春秋时代的各种政治情况及典章制度，都离不开《左传》。《左传》实为我国编年史的初祖和古代史籍的瑰宝。

《左传》在文学史上的地位亦极为重要。它的影响不仅在于史传文学，而且还对散文、小说以至于箴、铭、诔等等有韵之文亦有深刻的影响。在史传文学方面，刘知几在《史通·杂说》上曾有一段名言："《左氏》之叙事也，述行师则簿领盈视，唬唬沸腾；论备火则区分在目，修饰峻整；言胜捷则收获都尽，记奔败则披靡横前；申盟誓则慷慨有余，称谲诈则欺诬可见；谈恩惠则煦如春日，纪严切则凛若秋霜；叙兴邦则滋味无量，陈亡国则凄凉可悯。或腴辞润简牍，或美句入咏歌，跌宕而不群，纵横而自得。若斯才者，殆将工侔造化，思涉鬼神，著述罕闻，古今卓绝。"这段话经常为论《左传》的人引用，可见已为多数研究者所认同。现在看来，《左传》这种叙事的手法，对后来的史家显然有很大的影响。例如《左传》中写战争的文字，历来受人重视。现在一般读者最经常阅读的大约要数《庄公十年》的鲁、齐长勺之战（有的书中题曰"《曹刿论战》"）。这场战争在当时规模和影响都不算太大，文章也较简短。若论情节复杂和人物众多，仍能写得条理清晰、性格分明和故事生动，恐怕还当推前文讲到过的晋、楚邲之战、鄢陵之战和《成公二年》的齐、晋鞍之战，《哀公二年》晋、郑铁之战等战役。在我国古籍中比较详尽地写战争的文章以此为最早，因此对《史记》中一些写战争的手法，自然不可能没有影响。如写邲之战时，晋军败后，中军和下军争船逃命，"舟中之指可掬也"，这里显然有夸张（此语亦见《公羊传》，当系流行的传说），和《史记·项羽本纪》中写汉兵为项羽所败，"睢水为之不流"的手法相类似。《左传》鄢陵之战中写楚人养由基射死晋吕锜的情节，也和《史记·李将军列传》写李广射死"匈奴射雕者"的事有类似之处。

《左传》写人物，有时颇能注意性格的复杂性和成长发展过程。像关于晋文公出亡过程的描写就是如此。晋文公相对于他弟弟惠公夷吾来说，不论品德和才能都要高出一头，所以最终做了晋君且成了霸主。他的成功和长期流亡的阅历是分不开的。正如楚成王说的："晋侯在外十九年矣，而果得晋国。险阻艰难，备尝之矣，民之情伪，尽知之矣。"他在城濮战胜后没有放松对楚国的警惕；在围郑之役，秦兵背约先退，他不愿轻易和秦失和，都显示他是一个老练的政治家。但这种识见，并非原来就有，在他流亡过程中也表现了某些幼稚和贪图享受的方面。如他在齐国时，娶齐桓公之女，生活比较安定，就想留下，他舅父狐偃设计灌醉了他然后上路，他发怒拔戈去追狐偃；在卫国向路旁的人求食，别人给他土块，他又想鞭打人。这样晋文公这个人物的性格被写得有血有肉，给人以深刻印象。其他像对郑庄公、楚庄王、楚灵王以及郑国的子产、晋国的叔向等贤人的描写，也颇有传神的地方。

《左传》中也颇注意细节的描写，如《桓公元年》记"宋华父督见孔父之妻于路，目逆而送之，曰：'美而艳。'"一句话就显示出他是居心险恶的歹徒。《文公元年》写楚王之妹江芈发怒时说："呼！役夫，宜君王之欲杀女而立职也。"《宣公四年》写郑国的子公见灵公吃鼋而故意不分给他吃，就发怒"染指于鼎，尝之而出"，显示他不把郑灵公放在眼里的情景。《襄公二十六年》记楚臣穿封戌俘郑大夫皇颉，楚公子围和他争功，请伯州犁来评理，伯州犁对俘虏"上其手，曰：'夫子为王子围，寡君之贵介弟也。'下其手，曰：'此子为穿封戌，方城外之县尹也。谁获子？'"，这分明是暗示对方说自己是被王子围所俘。通过简短的三言两语，就把伯州犁狡诈油滑的性格突现出来。这种描写人的手段不但在后来的史传文学中有重大影响，对许多小说也有不可磨灭的启发作用。

《左传》叙事记人有时也有想象和虚构的成分，这种想象和虚构，在其他史传中也同样存在。这些情节也增加了文章的生动性。如《宣公二年》记晋灵公派鉏麑去刺杀赵盾，鉏麑一清早到了赵盾家里，只见："寝门辟矣，盛服将朝，尚早，坐而假寐。"鉏麑"退叹而言曰：'不忘恭敬，民之主也。贼民之主，不忠；弃君之命，不信。有一于此，不如死也。'触槐而死"。这件事，后人常常提出反问：鉏麑既是刺客，而且说完就死了。他的话又有谁能听到？这反问虽有理，但《左传》所记，可能是根据当时民间传说，不足为病。

《左传》的文章，历来受人推崇。《文心雕龙·史传》说《左传》"实圣文之羽翮，记籍之冠冕也"。他又认为历来的史传文学都"辞宗丘明"。《左传》对后代文学的影响，其实还不限于史传文学，而且对小说的影响也十分巨大。孙绿怡教授著有《〈左传〉与中国古典小说》一书，设专章详论了中国古典小说在结构和形式、形象的塑造以及表现手法等方面取法《左传》的情况,论说颇为精详,可以参看,这里不再赘谈。

《左传》所载各国君臣的外交辞令也具有很高的文学价值,为历来文论家所推崇。我国历代的那些章表奏议和不同政权间来往的公文,多取法《左传》中的辞令。早在南北朝时代,就有人选取《左传》中辞令作为作文的典范,如《成公十三年》中晋国吕相绝秦之辞,就极受文人重视。现在来看古人的文章,特别是一些应用文(当时被视为极重要的文体),不论是南北朝盛行的骈文或唐、宋以后所谓的"古文",其中有很大一部分,都明显地取法《左传》。所以金代著名文论家王若虚认为《左传》之文和杜甫之诗是天下之至美。这代表了当时大多数人的看法。至于《左传》中所载韵文如《虞箴》、《正考父铭》等,也从汉以来就有人效法,其影响亦不可忽视。

《左传》的思想也很可重视。大家知道,《左传》中富有民本思想。书中多次提到君主应该关心民众,考虑民众的意愿。如《桓公六年》云:"所谓道,忠于民而信于神也。上思利民,忠也。"还对"民馁而君逞欲"的现象提出批评。《庄公三十二年》引史嚚论虢国将亡的原因说:"吾闻之:国将兴,听于民;将亡,听于神。"《文公十三年》的一段记载,尤其值得注意:"邾文公卜迁于绎。史曰:'利于民而不利于君。'邾子曰:'苟利于民,孤之利也。天生民而树之君,以利之也。民既利矣,孤必与焉。'左右曰:'命可长也,君何弗为?'邾子曰:'命在养民,死之短长,时也。民苟利矣,迁也。吉莫如之。'遂迁于绎。五月,邾文公卒。君子曰:知命。"这种强调民重于君的思想,足可与孟子主张"民贵君轻"的主张相媲美。这正说明了战国时代七雄纷争,得士者昌,失士者亡,君主的权势还不像秦、汉那样强大。所以这种民本思想到《公羊传》、《谷梁传》及其他汉人言论中就很难见到。

《左传》对于君主之不体恤百姓,作了种种批评,如《昭公八年》记载晋国发生石头说话的传闻。师旷借机对晋平公建造虒祁之宫的事进谏说:"'作事不时,怨讟动于民,则有非言之物而言。'今宫室崇侈,民力凋尽,怨讟并作,莫保其性。石言,不亦宜乎!"这显然是为民请命。所以叔向对此大加称赞。

《左传》对君主和臣下的矛盾,也并不一味维护君权。所以《宣公四年》

有"凡弑君,称君,君无道也;称臣,臣之罪也。"即使关于周天子和列国诸侯的矛盾,《左传》也不完全站在维护天子的立场上。例如《隐公三年》记周天子和郑君因为互不信任而交换人质的事,《春秋》和《公羊传》、《谷梁传》均不载,《左传》记此事对双方都作了批评,无所偏袒。关于这段记载,南宋的吕祖谦在《东莱〈左传〉博议》中大加反对,认为《左传》失去了尊天子贬诸侯的宗旨。其实这正是先秦儒家和秦、汉以后中央集权的专制制度建立后的儒者的不同。东周以后,周天子日益衰微,尤其到战国以后,儒家传人也把实行他们理想的希望寄托于当时的几个强国之君。如孟子奔走于齐、魏二国,尤其对齐宣王抱有希望。荀子由赵至齐,由齐至楚,甚至还到过秦国。对秦国的政治,他有所肯定,也有所批评,却并没有斥秦昭王未能尊周。可见这是战国儒家的普遍现象,不能以此责《左传》。相反地,更可以据此作为《左传》是先秦古书的一个旁证。

当然,《左传》虽成于众手,但毕竟是儒家的人物所作,不免要体现儒家的许多观点。例如书中特别强调"礼"的作用。如《闵公元年》记齐仲孙湫对齐桓公说到鲁国"犹秉周礼,周礼,所以本也",因此"未可动也"。《昭公二十六年》记晏婴对齐景公论防止陈氏夺取政权的办法也说是"礼"。其实"礼"在当时实为一种旧制度和旧意识。相反地书中对郑、晋两国用铸鼎来制定成文法这些适应历史潮流的办法,却引用叔向和孔子的话加以批评。此外,《左传》中还记载了不少关于鬼神的故事,亦颇为一切论者所诟病。但对二千多年前的人相信鬼神,似不必深责,何况这些故事中也保存了一些珍贵的古代神话史料。

三、关于《左传》真伪的争论和历来对《左传》的研究

左丘明的时代早于公羊高和谷梁赤,即使"三传"都经过好几代人加工,《左传》的成书也比《公羊传》和《谷梁传》早,然而《左传》在广大士人中受到普遍重视,却远比《公羊传》和《谷梁传》为晚。关于这一点,唐代的刘知几在《史通·申左》中说:"古之人言《春秋》三传者多矣。战国之世,其事罕闻。当前汉专用《公羊》,宣皇已降,《谷梁》又立于学。至成帝世,刘歆始重

《左氏》,而竟不列学官。大抵自古重两传而轻《左氏》者,固非一家;美《左氏》而讥两传者,亦非一族。互相攻击,各用朋党,嗤眦纷竞,是非莫分。"刘知几这段话是根据《史记》和《汉书·儒林传》来叙述的,他概括得很准确,而且文字较原书简明。产生这种情况的原因比较复杂。大抵在战国后期,儒家的门徒已遍及各地,他们各自根据所师承的学说,传授弟子。例如《公羊传》、《谷梁传》,都说传自孔子的弟子卜商(子夏);而《左传》则说传自左丘明。其中左丘明为《春秋》作传,是《史记·十二诸侯年表》中明确提到的;卜商传授《春秋》,却是汉代那些传人自称的。据《史记·孔子世家》则云:"至于为《春秋》,笔则笔,削则削,子夏之徒不能赞一辞。"可见卜商并不见得独得孔子真传;何况《公羊传》和《谷梁传》不同意见也很多,到底谁代表卜商的看法,恐怕都不过是附会假托而已!

汉武帝时儒学初兴,《公羊传》独盛,这是有原因的。因为汉武帝初年,朝廷中最有权势的大臣要数武帝母亲的同母异父弟田蚡,他是战国时齐国宗室的后裔,又是竭力提倡儒学的人,所以多少要偏袒齐地的学派。《公羊传》的倡始人,据《汉书·艺文志》是齐人;最后把它写成的人公羊寿和胡毋子也都是齐人。当汉武帝开始举贤良方正之际,正是田蚡最显贵之时,因此,得到赏识的是董仲舒和公孙弘二人。董仲舒是公羊学派的传人,他的学说颇得汉武帝欣赏。"罢黜百家,独尊儒术"的政策就是他首先提出的。公孙弘本人亦为齐人,在学术上的成就不如董仲舒,他的官运却很高,做到了丞相。公孙弘和董仲舒一样,也是学《公羊传》的。所以朝廷中最初建立《五经》博士,传授儒家经典,《春秋》就只有《公羊传》一家。朝廷中既然设了《五经》博士,被选定的学派就成了官学。士人们不通《五经》,就不能得到官职,而出任官吏时,要经过策问,对这些策问的回答,又必须根据官学中的学说。于是在当时,大多数士人学《春秋》必然去学《公羊传》,而《左传》因为学了之后对做官无助,所以除了少数有识之士,很少有人去读。甚至原书自汉初收书时入藏国家图书馆后,在社会上流传的复本很少,而藏于朝廷中的《左传》,还是战国时人用古体文字缮写的,所以叫"古文经"。在这时,流通较广的《公羊传》和《谷梁传》已普遍经汉人用当时通行的隶书抄写过,所以被称为"今文经"。

"今文"和"古文"其实只是不同时代的两种字体,本不应产生矛盾。但一涉及儒家的"五经",问题就复杂了。所谓的"今文家",大抵是在汉武帝时已被选定为官学,设立了"《五经》博士"。此后某些学派,也提出自己的理由,挤进了"《五经》博士"之列。如《谷梁传》在汉宣帝时,提出宣帝的祖父戾太子刘据(汉武帝子)爱好《谷梁传》,而且《谷梁传》的始祖谷梁赤是鲁人,和孔子同乡,这样《谷梁传》也被定为官学,增设了博士。可是《左传》没有这个机遇,仍只能在民间被少数人学习。但即使如此,凡能见到此书的,还是十分重视其价值,如司马迁作《史记》,就大量使用《左传》中的史料,这是他自己和后来的班彪、班固父子都明确地说过的。《汉书·儒林传》还记到汉初的张苍、贾谊等名人也曾是《左传》的传人。这些人在汉代的事迹,为大多数人所详知,根本不可能附会捏造。因此《左传》一书在汉以前早已存在是无可争辩的事实。所以在西汉成帝以前,并没有人对《左传》提出过疑问或进行非难。当时作为"古文家"的《左传》学派和作为"今文家"的《公羊传》、《谷梁传》两派基本上相安无事,倒是《公羊传》与《谷梁传》之间时有所争论。

《左传》与《公羊传》、《谷梁传》间的矛盾,是由于刘歆建议为《左传》和《毛诗》、《逸礼》、《古文尚书》等古文经设立学官引起的。原来汉成帝河平年间(前28—前25),刘歆奉命协助他父亲刘向整理国家藏书,见到了古文本的《春秋左氏传》,大为爱好。当时正好有一位丞相史尹咸能治《左传》,刘歆就向尹咸和丞相翟方进学习,质问大义。他认为:"左丘明好恶与圣人同,亲见夫子,而公羊、谷梁在七十子后,传闻之与亲见之,其详略不同。"他曾以此去问父亲刘向,刘向是主张《谷梁传》学说的,却无法说服刘歆。汉哀帝建平元年(前6),刘向去世,刘歆被任为中垒校尉,经过王莽举荐,叫他继承父亲的遗业,主持藏书的整理工作。这时,他就向朝廷提出为"古文经"设学官的问题,但遭到朝廷中一些大臣和已经被任命为学官的太常博士(即《五经》博士)们反对。那些反对者认为他的建议是"改乱旧章,非毁先帝(指武帝、宣帝)所立",还认为《左传》"不传《春秋》"。于是刘歆就作了著名的《移太常博士书》(全文见《汉书·楚元王附刘歆传》及《文选》)。这篇文章得罪了许多有权势的人。《汉书》本传说:"歆由是忤执政大臣,为众儒所讪,惧诛,求出补吏为河内太守。以宗室不宜典三河,徙守五原,后复转在涿郡,历三郡守。数年,以病免官,起家复为安定属国都尉。会哀帝崩。"从这段记载看来,刘歆主持校书工作的时间很短。在刘向生前,他只是协助父亲工作。刘向是信奉《谷梁传》的人,自然不会允许他伪造一部《左传》来和《谷梁传》立异。刘向死后,他当然因为守丧不能马上参加校书。再说汉哀帝在位,前后只有六年。他作《移太常博士书》后,历任了三个郡的太守,又在家病免,重出为安定属国都尉,此时哀帝已死。这段过程少说也得四年以上的时间。刘歆和太常博士争论时,受到大司空师丹的斥责。据《汉书·百官公卿表》,师丹任大司空时间为成帝绥和二年(前7)十月至哀帝建平元年(前6)十月,而刘歆的文章作于哀帝时,离他主持校书时还不到一年。此后不久,他就畏谗求出为河内太守。像《左传》这样一部大书,要在短短几个月内编造出来,本是不可想象的事。何况汉代人写文章一般使用刀或漆书写在竹简上,这很费时间,即使把现成的书抄一遍,在这样短的时间内也难完成。再说当时校理国家藏书,有许多人在参加工作,刘歆更不能在众目睽睽之下,公然伪造古书。要知道在当时社会中伪造"圣经贤传"是可以被判处死刑的。这说明《左传》决非他伪造。

从和刘歆同时人的一些情况看来,也可以说明《左传》早已存在,并非刘歆伪造。《汉书·儒林传》提到《左传》从汉初至刘歆时的传授情况,当有根据。其中"赵国贯公"是刘歆在《移太常博士书》中提到的,他在论敌面前自然不能乱说,以免被人揭穿。他曾向尹咸、翟方进问学,见于《汉书·楚元王(附刘歆)传》,亦见《儒林传》,二者可以互相证明。《儒林传》中还提到了贾护和苍梧人陈钦。贾护是贾谊的九世孙,陈钦即东汉陈元之父。《后汉书·陈元传》:"父钦,习《左氏春秋》,事黎阳贾护,与刘歆同时而别自名家。"更说明《左传》在汉代的传布,不仅仅是由于刘歆,在他以前和同时,已有一些人在研究和学习。甚至像大文学家扬雄,《文心雕龙·铭箴》说他"始范《虞箴》,作卿尹州牧二十五篇"。他这些作品俱存,和《左传·襄公四年》所载

《虞箴》确实相像,可见他也读过《左传》。到东汉初,桓谭、王充等杰出思想家都很推崇《左传》。如王充说:"公羊高、谷梁寘、胡毋氏皆传《春秋》,各门异户,独《左氏传》为近得实。何以验之?《礼记》造于孔子之堂,太史公汉之通人也,《左氏》之言与二书合,公羊高、谷梁寘、胡毋氏不相合。又诸家去孔子远,远不如近,闻不如见。"(《论衡·案书》)冯衍在他的辞赋和章表中,也屡用《左传》典故。照怀疑《左传》的人说,《左传》是刘歆帮助王莽篡汉而伪造的。果如此,像冯衍、桓谭、班彪、王充等生当光武帝重建汉朝后不久,怎敢称赞和引用。至于陈元和贾逵等甚至向光武帝建议为《左传》设立学官,这说明光武帝也不认为《左传》是刘歆伪造。

当陈元、贾逵建议为《左传》设立学官时,曾遭到范升等人反对。范升反对的理由主要为"左氏不祖孔子,而出于丘明","且非先帝所存"。他列举《左传》之失十四事,又因《左传》多与《史记》相合,而斥责司马迁"违戾五经,谬孔子言"(《后汉书·范升传》),却并未说《左传》为刘歆伪造,也没有说《史记·十二诸侯年表》中讲左丘明作传事是刘歆窜入。后来何休作《公羊传解诂》和《左氏膏肓》等,拼命攻击《左传》,却也未说《左传》为伪书。可见从西汉到东汉,并无人说过《左传》是伪书的事。

近代以来有人疑《左传》为刘歆伪作,其最主要的理由即是东汉贾逵为了建议立《左传》,曾向汉明帝说只有《左传》说过汉皇室刘姓是帝尧之后的话,与图谶相合。据怀疑者说,这就是刘歆伪造的证据。因为尧以天下传舜,而王莽自称舜后,应该取代汉朝。这里所说《左传》认为刘氏是帝尧之后,指《文公十三年》记晋士会自秦归晋,家人留于秦的,成了刘氏;《襄公二十四年》记士匄称:"昔匄之祖,自虞以上为陶唐氏。"其实汉朝自称尧后,早在贾逵之前。班彪作《王命论》,在光武帝统一中国之前,已说汉高祖得天下是由于他为"帝尧之苗裔"。贾逵引用此说不过是投帝王所好。至于《左传》说刘氏为尧后,和王莽篡汉并无必然联系。因为古人对姓氏之起源,常有各种说法,有时不免有巧合。以曹姓为例,根据《史记·楚世家》、王符《潜夫论·志氏姓》都说是祝融氏之后。但《三国志·蒋济传》注云:"魏武作《家传》,自云曹叔振铎之后。"曹植作《武帝诔》亦从此说。曹操经常自比周文王,有人说是以此暗示曹丕代汉。那么自称周文王之后,也可作此理解。然而东汉中平二年(185)所立的《曹全碑》,却已称曹氏为曹叔振铎之后。这时"黄巾"尚未平定,董卓之乱尚未发生,曹操的地位还很低。我们总不能说《曹全碑》的作者已预知二十多年后曹丕要篡汉而为他作舆论准备吧!《左传》中出现刘氏为尧后之说,和刘歆本无关系。要知刘歆表彰《左传》时,正值哀帝抑制王氏势力之际,刘歆焉能预知几年后哀帝就要死去,十几年后王莽就会代汉的事,而预先去窜乱《左传》,为王莽造借口?这真是凭空想象,横加罪名。

所谓《左传》是"刘歆伪造"的说法,只是清末以来才盛行起来的。主此说最力的当数康有为,他著有《新学伪经考》,认为所有的"古文经",包括《周礼》、《左传》等书,都出于刘歆伪造。康有为这样说有他的政治目的。他作《新学伪经考》是为了配合他另一部著作《孔子改制考》的主张,要借孔子的威望来实行变法维新,挽救清末被列强瓜分的危局,其用心是很好的。不过,从学术的角度来看,此说未免牵强和武断。所以连瑞典人高本汉都已经看出他这些意见其实并非谈学术而是宣扬政治主张。然而到了20世纪的20、30年代,由于"疑古"的学风兴起,康有为的说法又得到胡适、顾颉刚等先生的重视,在学术界产生过不小的影响。当时钱穆先生为此作《刘向歆父子年谱》一文,已经提出了许多强有力的证据,证明《左传》等"古文经"不可能出于刘歆伪造。在今天来看,钱先生的意见基本上可视为定论。

《左传》一书,在西汉初年虽流传不广,但到东汉以后,就得到学者重视。当时贾逵、服虔等人都曾为《左传》作注。到了魏晋以后,人们研究《春秋》,多习《左传》,而很少人学《公羊传》和《谷梁传》。尤其是西晋名臣杜预作《春秋经传集解》,对后人影响更大。东晋南北朝时,南北分立,两地士人习《春秋》,也都读《左传》。不过南方人主要用杜预注,北方人用汉服虔注。唐代统一以后,唐太宗命孔颖达作"五经正义",为杜预注作疏。后来人读《左传》,一般都用杜注孔疏。宋代尽管有人非议《三传》,又有胡安国另作《春秋传》,元、明以后甚至定胡传为科举考试的内容,但人们为理解历史和鉴赏文学起见,仍不能废《左传》不读。直到清代,因为"汉学"复兴,《左传》再次受到重视。人们除了读杜注孔疏外,还有人专门辑录贾逵、服虔注的佚文,如洪亮吉的《左传诂》、李贻德的《春秋左传贾服注辑述》等都很有名。刘文淇等的《左传旧注疏证》是未完稿,但颇受学者推崇,此书有好几种刊本,但以科学出版社排印本最完备。今人杨伯峻先生的《春秋左传注》更是一部精审之作,已由中华书局出版;还有沈玉成先生的《左传今译》,亦忠实而晓畅,对读者极有帮助。此外,今人选本如徐中舒先生的《左传选》、朱东润先生的《左传选》都很有特色。

四、关于《公羊传》的内容及其在后世的流传

在《春秋》三传中,最先受到汉代朝廷重视的是《公羊传》。从汉武帝到宣帝时,它大约独占官学的地位有半个世纪左右。据《汉书·艺文志》说,作者为齐人公羊子(颜师古注说名高),其人可能生活在战国时代。但今本《公羊传》的成书,却出于汉景帝时的公羊寿和胡毋子之手。西汉著名学者董仲舒和胡毋子都是同门,也是《公羊传》的传人。《公羊传》之被汉武帝看重,和董仲舒的对策分不开。董仲舒在对答汉武帝的策问中曾说:"臣谨案《春秋》之中,视前世已行之事,以观天人相与之际,甚可畏也。国家将有失道之败,而天乃先出灾害以谴告之,不知自省,又出怪异以警惧之,尚不知变,而伤败乃至。以此见天心之仁爱人君而欲止其乱也。"(《汉书·董仲舒传》)他还说:"孔子作《春秋》,上揆之天道,下质诸人情,参之于古,考之于今。故《春秋》之所讥,灾害之所加也;《春秋》之所恶,怪异之所施也。书邦家之过,兼灾异之变,以此见人之所为,其美恶之极,乃与天地流通而往来相应。此亦言天之一端也。"因此董仲舒的宣传《春秋公羊传》,完全是为了维护汉朝的统治。正如司马迁所说:"《春秋》辨是非,故长于治人。"(《史记·太史公自序》)《汉书·艺文志》还著录有"《公羊董仲舒治狱》十六篇"。可见他的学说不过是借《春秋》之名来为朝廷服务。为了巩固汉代的统治,他编造了不少荒诞迷信的灾异之说。后来汉代的《公羊传》学说,大抵都是由董仲舒及其弟子们传授下来的。所以东汉何休作《春秋公羊解诂序》,不管自桓谭、王充以

来，多少人对董仲舒的灾异说提出批评，仍强调《春秋》"其中多非常异义可怪之论"。何休在《序》中还对贾逵主张"《公羊》可夺，《左氏》可兴"极为不满。为此他作了《公羊墨守》《左氏膏肓》《谷梁废疾》三书。郑玄针对他的说法作了《发墨守》《箴膏肓》《起废疾》，反驳他。这时已到东汉后期，《公羊传》的势力已衰。魏晋南北朝时人习《春秋》，多学《左传》。只有北魏高允据说喜《公羊传》，但亦无这方面著作传世。

唐代以后，《公羊传》虽仍被列为应科举时可供选择的经书之一，并有徐彦为何氏《解诂》作疏，但其书读者不多。宋以后士人对《公羊传》也不大重视。直到清代中叶以后，孔广森、刘逢禄等人，才重新注意此书。至于康有为在否定"古文经"时，提倡"今文经"，由此也对《公羊传》大加表彰。但近代以来学者对《公羊传》的研究著作却并不多。近人廖平的《大统春秋公羊补证》等书，大抵意见偏颇，已很少有人阅读。只有清末陈立作《春秋公羊义疏》被收入《续清经解》，后又被商务印书馆收入《国学基本丛书》。

在今天看来，《公羊传》一书仍有其一定的历史地位。首先，它对《春秋》所记的史事，基本上是逐条解释。由于《春秋》文字过于简略，人们很难了解事情的梗概，在汉初《左传》尚未广泛流布以前，人们阅读《公羊传》，毕竟可以了解不少史事。如《公羊传·隐公元年》记载了隐公和桓公的关系，并且指出了当时的继承制度是"立适以长不以贤，立子以贵不以长"的制度。这种制度在我国曾流行了几千年。通过这段记载，可以帮助我们对古代宗法制度的情况有所了解。同一年的"郑伯克段于鄢"，其中"段"指什么人？"郑伯"为什么要对他用兵？仅读《春秋》条文，是无从知道的，读了《公羊传》至少可以知道共叔段乃郑庄公之弟，由于母亲偏爱才引起兄弟争位之事。《宣公六年》的"晋赵盾弑其君夷皋"，《公羊传》说明了真正杀死晋灵公的人是赵穿，及史官将罪名加在赵盾头上的理由，使我们知道事情的真相。《宣公十五年》"初税亩"条，《公羊传》解释了是"始履亩而税"，即破坏了井田制的收税办法。《公羊传》的评论虽然是偏于保守的，但它记录了这种税制的变化，反映了社会经济制度的重要变化。这些史料虽然数量不算太多，也没有《左传》翔实，但在汉初《左传》尚未广泛传布之时，人们正是通过《公羊传》，多少了解到一些春秋时代的历史。

《公羊传》中还记载了一些《左传》等其他史书中所没有的史事。如《庄公四年》记齐襄公灭纪国的事。《公羊传》写道："纪侯大去其国。大去者何？灭也。孰灭之？齐灭之。曷为不言齐灭之？为襄公讳也。《春秋》为贤者讳。何贤乎襄公？复雠也。何雠尔？远祖也。哀公亨乎周，纪侯谮之。"根据《公羊传》说，这位被"纪侯"谮杀的齐哀公下距襄公已有九世。据《史记·三代世表》，齐哀公与周夷王同时，还在周朝的共和（时周宣王还小，由周公、召公共同执政）元年（前841）以前，年代已无可确考。但此事亦见《史记·齐太公世家》："哀公时，纪侯谮之周，周烹哀公而立其弟静，是为胡公。胡公徙都薄姑，而当周夷王之时。哀公之同母少弟山怨胡公，乃与其党率营丘人袭攻杀胡公而自立，是为献公。"司马迁当然读过《公羊传》，他这段记载也可能就是根据《公羊传》。但司马迁当时曾博考典籍，不会随便盲从。我们再看《史记索隐》引宋忠讲到齐献公攻杀胡公之事说："其党周马繻人将胡公于贝水杀之，而山自立也。"可见汉代人还可以见到一些有关史料，所以不能轻易怀疑《公羊传》的记载，而这种记载，亦可补周史之缺。

当然，《公羊传》的主要内容不是叙述历史，而是对《春秋》中所记的史事进行褒贬评论。这些议论在我们今天看来，自然很难赞同，但它们却表现了西汉前期一些儒家人物的天道观和历史观，作为思想史的材料，它还是很有价值的。

《公羊传》不是文学作品，它对文学影响自然远不如《左传》那么大，但其中有些文字，还是有较高的文学价值。例如《宣公六年》记晋国赵盾与晋灵公的矛盾，记了晋灵公许多无道的事例，其中有些情节和《左传》相同或类似，但表现手法却不一样，而且各有千秋。文中记灵公在台上以弹子打人取乐，及因熊掌不熟杀死掌膳的人，及赵盾进谏之事。这件事亦见《左传·宣公二年》，情节稍有不同。但《公羊传》的记载写赵盾发现死人及看见之后的情景，更为细致。如"赫然死人也"和赵盾见后说了个"嘻"字，都很能传达出他当时的心态，更能给人留下深刻的印象。下面又记到灵公派人行刺赵盾的事，这一段与《左传》内容也相类似而稍有出入。再往下又记灵公伏甲谋害赵盾的事，和《左传》所载情节亦相似，而手法不同，有的评论者认为《公羊传》所载更为生动。文中写赵盾的随从祁弥明暗示赵盾离去，及他杀狗的情节尤其生动。赵盾对晋灵公说"君之獒不若臣之獒也"，虽然是细节，却更添风趣。最后写灵公的伏兵中有人出来救赵盾，此人当即《左传》说的"灵辄"，不过《左传》写他救赵盾后就自己逃亡而去，《公羊传》则未作交代。不管怎样，这一情节显示了赵盾有恩于民众，得到多数人拥护。这一情节也显示了赵盾与晋灵公的矛盾，还是赵盾有理。在《公羊传》中，这样富于文学意味的篇幅还有一些。

《公羊传》对《春秋》的解释，自称为"传经"，即阐明孔子的意思。其实根本目的却是宣传他们的政治主张，正如骈宇骞、郝淑慧先生在《春秋谷梁经传补注》的《点校前言》中说的，"这一些正好迎合了汉武帝的政治目的的需要"。当然，迎合汉武帝的政治目的，也可以作具体的分析，不一定都不好。例如《公羊传》一开始就强调"大一统"思想，这种思想适应了刚刚建立的中央集权帝国的需要，在当时有一定的积极意义。《文公十二年》对秦穆公作了表彰，并引了《尚书·秦誓》中的话，肯定他能改过。这在封建社会里也有积极意义。《公羊传》好言"灾异"，这当然是迷信，但这种思想亦有其两面性。一方面它强调了"天意"和君权神授，是为帝王的统治辩护；另一方面，它也利用了"灾异"来谏劝君主，如董仲舒的对策中就有这思想。

不过，《公羊传》的内容与帝王要求相符，有时也未必是有意迎合，而是帝王利用了《公羊传》已有的内容。如《汉书·匈奴传》载汉武帝下诏伐匈奴说："高皇帝遗朕平城之忧，高后时单于书绝悖逆。昔齐襄公复九世之仇，《春秋》大之。"此诏作于太初四年（前101），时《公羊传》早已在士人中盛行。再说此事亦不可能由《公羊传》作者捏造以迎合武帝心意，因为齐襄公是个品行恶劣的人，曾与其妹（鲁桓公夫人）通奸并害死鲁桓公。《公羊传》作者不可能故意找这样一个人作为表彰的对象。倒是《公羊传》中有些内容，确与董仲舒的观点相符。如《宣公十五年》记"蝝生"事云："蝝生不书，此何以书？幸之也。幸之者何？犹曰受之云尔。受之云尔者何？上变古易常，应是而有天灾。"这里说的"变古易常"，即是指那年鲁国实行了"履亩而税"，改变了古来的"什一而藉"的税制（见《汉书·食货志》）。我们知道董仲舒是力主恢复古代井田制，实行什一而藉的。在他的对策中还说："故《春秋》变古则讥之。"这说明与董仲舒观点完全一致，很可能是董仲舒陈述《公羊传》的思想，也可能是董仲舒一派学者添加进《公羊传》的文字。

《公羊传》中对一些人物的评论，有时不合春秋时代的史实。如《桓公十一年》记宋国人抓住郑大夫祭仲的事，《公羊传》说是对祭仲的褒扬。因为郑庄公死后，宋国人抓住祭仲，要他废庄公之子忽而立突，祭仲照办了。据《公羊传》说："祭仲不从其（指宋国人）言，则君必死，国必亡。从其言，则君可以生易死，国可以存易亡，少辽缓之。"因此说他懂得权变。其实当时郑国不比宋国弱，当时两国多次交战，互有胜败，宋国根本不可能灭郑和杀郑君。《桓公十五年》五月，郑厉公突出奔蔡，昭公忽复归于郑。《公羊传》说突有"夺正"之罪，而忽归国是"复正"，似是支持昭公忽的。但忽正是祭仲所逐，已属矛盾。同年九月，厉公忽又进入郑地栎，《公羊传》说"祭仲亡矣"，"言忽为君之微也。祭仲存则存矣，祭仲亡则亡矣"。其实据《左传》，厉公出亡是由于祭仲专权；而且到桓公十八年，祭仲还在，并去郑国迎立昭公忽之弟子仪。可见《公羊传》作者对春秋的历史知之甚少。

《公羊传》中对另一些人物的褒贬也难令人同意。如《僖公二十二年》，宋、楚泓之战，楚军还没有全部渡河，臣子要求襄公发动攻击，他不听；楚军过河后尚未布好阵，臣子又求发动攻击，襄公又不听。等楚军布好阵势再开战，宋军大败。《公羊传》说："故君子大其不鼓不成列，临大事而不忘大礼。"又说："以为虽文王之战亦不过此也。"宋襄公这种做法显然十分愚蠢，《左传》和《谷梁传》对此都持批判态度，显然是对的。因为既要打仗，就不能讲这种"蠢猪式的仁义道德"，这简直是自取灭亡。又如《襄公三十年》记宋共姬遇火灾不肯逃出去，宁可烧死，说是合乎"礼"的，加以表扬。但《左传》对此事却提出了批评，认为已婚妇女不必这样拘谨。从这些例子看，《公羊传》在"三传"中最强调封建的"纲常礼教"，较之《左传》的民本思想要远为逊色。

五、《谷梁传》的内容及其在后世的流传

《谷梁传》在历史上似较少受到人们的重视。在汉武帝和昭帝时代的官学中，只有《公羊传》一家；到东汉以后，学者多重《左传》，而官学则仍为《公羊传》、《谷梁传》二家，然而和《左传》学派争论的却只有《公羊传》一派，可见《谷梁传》在东汉已较衰微。它大约只是在西汉宣帝至平帝期间有较大的势力。魏晋以后习《春秋》者多读《左传》，东晋时代曾经有人认为《谷梁传》"肤浅"，不值得立于学官。唐初人作《隋书·经籍志》，在经部《春秋》类的说明中对《公羊传》和《左传》在汉代的传授论述颇详，而对《谷梁传》却很少谈及。不过，从《隋志》所著录的书名看来，《谷梁传》从三国以后，仍有人在研究注释，并提到南朝梁代曾有西汉人尹更始作的注，而且在《旧唐书·经籍志》中，此书又重新出现。但到今天，我们所能见到的古注疏只有东晋范宁注和唐代杨士勋的疏。这部书的读者亦不算多。宋、明以后研究《谷梁传》的人更少。清代经学颇盛，但专门治《谷梁传》的人也很少。较有影响的是清钟文烝的《春秋谷梁经传补注》（《续清经解》本。中华书局排印，骈宇骞、郝淑慧校点本）。

《谷梁传》一派的始创者，据《汉书·艺文志》说是"谷梁子，鲁人"，颜师古注说他"名喜"。但王充《论衡》作"谷梁寘"；杨士勋《春秋谷梁传注疏序》说谷梁子"名淑，字元始"，"一名赤"（骈宇骞、郝淑慧二先生以为"淑"为"俶"之误，是。因为据《尔雅·释诂》："俶，始也"）。"寘"、"俶"和"赤"显然是一声之转。谷梁学派也自称得于孔子弟子卜商，但和《公羊传》一样恐属附会。《谷梁传》和《左传》、《公羊传》一样，亦属长期相传，经过好几代人写定的。宋王应麟《困学纪闻》和清《四库全书总目》根据此书《隐公五年》有"谷梁子曰"的话，又引《尸子》语，指出如为"谷梁子"自作，不应自引己说；尸佼据《汉书·艺文志》乃战国时人，曾为商鞅之师，商鞅死后逃入蜀。那么《谷梁传》一书，当非"谷梁子"自撰，而是后学所增益或写定。在今天看来，《谷梁传》的成书可能比《公羊传》更晚。如《宣公十五年》云："冬，蝝生。蝝，非灾也。其曰蝝，非税亩之灾也。"按：说"蝝生"是由于"鲁国履亩而税"所引起的灾异，正是《公羊传》中所说。《谷梁传》对此提出批评，正说明此

条作者已见到了《公羊传》。正因为《谷梁传》出现于《公羊传》以后,一些传人已认识到《公羊传》某些论点过于迂腐甚至荒唐,所以立论有所不同。如《隐公元年》的"春王正月"四字,本来就如《左传》所说是"王周"的正月(古人说周朝以十一月为一年之始,与夏历不同,今人对此有怀疑,姑可不论。因为不论这"正月"指夏历正月或十一月,都是周时的历法)。但《公羊传》却大发议论,说"王"字有"大一统"的用意,甚至说"王"指"周文王",其实当时已到东周,还提"周文王",真是信口乱说。《谷梁传》对这四字不作解释,其实读者也未必不懂得这句话的意思。又如《僖公二十二年》记宋襄公与楚国战于泓的事,《公羊传》大肆表彰宋襄公那种愚蠢可笑的"仁义道德",显然很难被读者接受。《谷梁传》则与此相反,认为《春秋》对宋襄公是谴责的,说:"泓之战,以为复雩之耻也。雩之耻,宋襄公有以自取之。伐齐之丧,执滕子,围曹,为雩之会,不顾其力之不足,而致楚成王,成王怒而执之(楚执宋襄公事见前一年),故曰:礼人而不答,则反其敬;爱人而不亲,则反其仁;治人而不治,则反其知。过而不改,又之,是谓之过。襄公之谓也。古者被甲婴胄,非以兴国也,则以征无道也,岂曰以报其耻哉!"这样,就从此次战役的性质上否定了宋襄公行为的正义性。接下去,记载了宋臣司马子反(《左传》作"子鱼")几次建议出击而襄公不听,最后"则众败而身伤焉;七月而死"。《谷梁传》也和《左传》、《公羊传》一样记载了宋襄公那套迂腐可笑的言论的大意,并评论说:"人之所以为人者,言也。人而不能言,何以为人?言之所以为言者,信也。言而不信,何以为言?信之所以为信者,道也。信而不道,何以为信?道之贵者时,其行势也。"这就是说,宋襄公那套言论,既不合于宋、楚力量对比的形势,不合时宜,而且因为个人受辱,不量力去发动战争,本身就不能算"仁义",却以此来美化自己,其实是"言而不信"。这种看法显然比《公羊传》要高明得多。

　　《谷梁传》对春秋时代某些史事,显然比《公羊传》论述得正确。如前面讲到《公羊传》中对郑国的祭仲大加褒扬,而《谷梁传·桓公十一年》则与之相反,讲到"宋人执祭仲"及"突归于郑"之后,写道:"曰归,易辞也。祭仲易其事,权在祭仲也。死君难,臣道也。今立恶而黜正,恶祭仲也。"《桓公十五

年》记"郑伯突入于栎",也没有提到祭仲已亡的事。如果据《左传》的记载
来看，《谷梁传》显然比《公羊传》合乎事实，因为《史记·郑世家》记此事，显
然和《左传》相同，而《谷梁传》的贬祭仲，应该说和《左传》、《史记》的记载完
全一致。《谷梁传》的成书在《公羊传》以后，其作者虽未必能见《左传》，却
很可能见到《史记》，据以纠正了《公羊传》之误。又如《公羊传·庄公十
年》："秋，九月，荆败蔡师于莘，以蔡侯献舞归。荆者何？州名也。"《谷梁
传》则云："荆者楚也。何为谓之荆？狄之也。"这两种说法，显然以《谷梁
传》为是。因为"九州"的划分，始见于《尚书·禹贡》，据近人的意见，这种
划分实始于战国。以战国州名释《春秋》中"荆"字，当然不正确。即使我们
承认《禹贡》为夏代的文章，《公羊传》之说仍无法成立，因为即使春秋时代
有了"荆州"的地名，却并无一个政治实体，怎能打败一个国家，俘虏其国君
呢？至于以"荆"为楚国，则确切无疑。《诗经》中称楚为荆之例甚多，如《小
雅·采芑》称"蠢尔蛮荆"，"蛮荆来威"；《鲁颂·闷宫》"荆舒是惩"。后来
秦始皇之父庄襄王名叫子楚，秦人讳"楚"字，因此《韩非子》等书多改称
"荆"。这些都说明《谷梁传》后出，比《公羊传》在思想及史实方面都有较大
的改善。

　　不过，《谷梁传》记史事毕竟过于简略，对《春秋》的解释往往是讲"褒
贬"或"微言大义"的多，讲事实的少。这个毛病和《公羊传》相同。有时它
比《公羊传》更简略，例如春秋时代晋、楚两国间的三次大战，在《谷梁传》中
都只用一语了之，对《春秋》原文并未增添什么情节。可见它也不是一部具
有史学价值的书。在有些时候，它也和《公羊传》一样提倡了愚蠢的礼教。
如《襄公三十年》记"宋灾，伯姬卒"，也对伯姬宁死不肯夜出避火灾进行表
彰，其思想较之《左传》就要落后。又如《成公元年》，《春秋》记"秋，王师败
绩于茅戎"。《谷梁传》和《公羊传》都说周王的军队被晋国打败，这也是错
的。据《左传》，这一年，晋景公曾派大夫瑕嘉调解周朝和戎人的矛盾。周大
夫刘康公想乘戎人不备去攻打他们，结果为戎人所败。又据《史记·十二诸
侯年表》，成公三年时齐顷公到晋国，"欲王晋，晋不敢受"。可见这时晋国虽
强，仍要利用周天子的名义，不可能去打周天子的军队。《公羊传》、《谷梁

传》成书于汉代,对历史已不清楚,才有此误。

《谷梁传》中也有一些篇幅有较高的文学价值。如《僖公十年》载晋国的丽姬陷害世子申生的事,所记的情节,在《左传》和《国语·晋语》中也有记载,大意类似,稍有出入。《左传》、《国语》的记载有些更详,但分散在几处,而《谷梁传》则显得更集中,更简洁,使丽姬的奸恶、申生的愚孝都被表现得更为突出。尤其值得注意的是申生向里克推荐"重耳"(晋文公),这很符合历史的事实。因为里克后来杀奚齐、卓子而又被惠公夷吾所杀,恐即由于此。文中写丽姬"下堂而啼",大呼:"天乎! 天乎!"可谓形神逼肖,突现纸上。这比《左传·僖公四年》所写"姬泣曰:'贼由太子。'"一语要生动传神得多。

又如《谷梁传·定公十年》写颊谷之会中孔子不畏齐君之强,与齐君展开面对面的交涉,使齐君折服,"来归郓、讙、龟阴之田"的描写,故事梗概与《左传》亦类似而不记孔子对梁丘据讲的一段议论,显得文字更为简洁。《僖公二年》记虞师、晋师灭夏阳,亦为历来传诵之文,尤其篇末写灭虞之后,"荀息牵马操璧而前曰:'璧则犹是也,而马齿加长矣。'",更突出地表现晋国君臣得意的心态。《僖公元年》记鲁国的公子友击败莒兵于丽,俘杀了莒挐之事。文中写到公子友提议双方不用士卒,由两个主将搏斗,公子友处于劣势,他的左右在旁边叫"孟劳"!"孟劳"是鲁国的宝刀,公子友就拔刀杀了莒挐。这段描写和《史记·刺客列传》中写荆轲行刺秦始皇时,秦始皇佩剑太长,一时拔不出来,只好"环柱走",这时秦始皇的左右在殿下叫喊:"王负剑。"秦始皇由此得以拔出剑来,砍断荆轲的左股。《刺客列传》是《史记》中名篇,而《谷梁传》这一细节描写,与之有异曲同工之妙。《文公十一年》写鲁大夫叔孙得臣击毙长狄的事,颇有夸张成分:"长狄也,弟兄三人,佚害中国,瓦石不能害。叔孙得臣,最善射者也。射其目,身横九亩。断其首而载之,眉见于轼。"《国语·鲁语下》记吴王夫差伐会稽,得到一节人骨,可装满一车,叫人去问孔子,孔子说是禹当年所杀的防风氏的遗骨。两者相较,《国语》仅显示孔子之博学,而《谷梁传》所写虽有怪异的成分,毕竟突出了叔孙得臣的机智和勇敢。这种夸张,在《春秋》三传中都多少有一些,并不妨害全书的真实性。《谷梁传》中还有一段记载亦颇有名:"季孙行父秃,晋郤克眇,卫孙良夫跛,曹公子手偻,同时而聘于齐。齐使秃者御秃者,使眇者御眇者,使跛者御跛者,使偻者御偻者。萧同侄子处台上而笑之。闻于客,客不说而去,相与立胥闾而语。移日不解,齐人有知之者,曰:'齐之患必自此始矣。'"这段文字看来是个小事,却引出了晋国纠合鲁、卫、曹诸国大破齐军于鞍的战役。这种文字写得颇显风趣,实则写出了一个严肃的外交礼节问题。唐人陆淳之流指责这种描写为"街谈巷议"。其实这情节在"三传"中皆有记载,只是具体说法互有出入,决非全无根据。对这种生动文章的指责也说明了陆淳这些人对文学的无知。

《谷梁传》的文章一般比较简短,不像《公羊传》文字那么拖沓而且用了过多的虚字,令人生厌;它叙事虽不像《左传》那样翔实而富有文采,却以简明见长,亦偶有胜于《左传》处。东晋范宁在《谷梁传注序》中说:"《左氏》艳而富,其失也巫(指讲鬼神事较多);《谷梁》清而婉,其失也短(清钟文烝认为"文简耳,非短也");《公羊》辩而裁,其失也俗(指意见适应流俗,取媚君主)。"这种评论虽对其思想内容而言,移来评论"三传"的文风,似颇合适。唐代大文学家柳宗元在《答韦中立论师道书》中自称其作文"参之《谷梁氏》以厉其气",正是指学习《谷梁传》简洁有力、见解犀利的长处。可见《谷梁传》对我国古代文学特别是散文,有着一定的影响,不应忽视。

六、参考书目

《春秋左传正义》,晋杜预注,孔颖达疏,《十三经注疏》本。此书为历代人读《左传》时普遍使用的本子。后来人的研究著作及选注无不以此书为原始依据。此书因为是古人所著,文字嫌古奥,而孔颖达《疏》尤嫌太繁,对初学者不甚适宜。但由于沿用已久,学习《左传》的人仍须对它的概貌有个大致的了解。

《春秋左传注》,杨伯峻注。杨先生是当代研究《左传》的专家,他参考了历代特别是清代许多学者研究《左传》的成果,结合他自己长期研究所取得的独到之见,纠正了前人的尊孔偏见及门户之见,较之古注更多精见,且适于现代读者使用。

《春秋公羊传注疏》，汉何休解诂，唐徐彦疏，《十三经注疏》本。此书为历来研究《公羊传》常读之书。何休为经学家，门户之见极重，徐彦《疏》亦甚繁，而且汉唐人注疏，文字古奥。清人陈立《公羊义疏》亦甚繁，且并不比古注疏好读。目前仍无适当的书可以替代。

《春秋谷梁传注疏》，晋范宁注，唐杨士勋疏，《十三经注疏》本。范宁生当东晋，门户之见较之何休为轻。但杨士勋《疏》亦嫌繁重，与《左传正义》、《公羊传注疏》一样，文字亦太古奥。清人钟文烝有《春秋谷梁经传补注》，亦不免有门户之见及文字古奥的缺点。目前亦无适当的书可取代古注疏。

《左传译文》，沈玉成译。此书译文基本上以杨伯峻先生的《春秋左传注》为依据。但一部古书虽有优秀的注释，要准确地传达原文的意思和语气，又要译笔流畅优美是很难做到的。沈先生这部译文得到了同行的普遍好评，对了解《左传》有很大帮助。

《左传选》，徐中舒选。徐中舒先生是著名的古史专家。他这部选本，从历史学的角度选择《左传》中尤其重要的事件作注，使读者对春秋时代的要事有较简要的了解。另外，朱东润先生亦有《左传选》，与徐先生的选目不完全一样，但亦各有所长。

《春秋左传研究》，童书业著。童先生是著名的春秋史专家，早年就出版过《春秋史》一书。此书乃晚年之作，共分四个部分。前两个部分是《春秋左传》考证，第一卷凡一百二十条，讨论有关古史传说、西周史、春秋史、西周春秋制度文化及春秋地理问题；第二卷则考证《左传》中一些史事和文字的解释，还讨论到春秋时的社会史及伦理思想的问题。后两个部分为《春秋左传札记》和《札记续》，前一部分共七十条，后一部分共三十二条，每条考证一件史事或一个问题，颇多精见。

《春秋左传学史稿》，沈玉成、刘宁著。本书分上下二编：上编为《概说》，分"经和经学"、"《春秋》"、"《公羊传》和《谷梁传》"、"《左传》"四章，分别论各书性质；下编为《春秋左传学史》，共八章，分汉魏、两晋南北朝、隋唐、宋元明、清前期、清中期、清后期和现代八个阶段，论述各阶段的学风及其得失，使人对历代的《左传》研究有一个清晰的概念。

　　《〈左传〉与中国古典小说》，孙绿怡著。此书共分三编，上编为《〈左传〉的文学价值》，中编为《中国古典小说与〈左传〉》，下编为《在比较中看中国小说的民族特点》。这部书专从文学的角度来研究《左传》，分析细致，颇多独到之见。第三编将中外作品进行比较，论点公允，绝无牵强及难懂之弊，是研究中外文学比较问题中上乘之作。

《论语》说略

孙钦善

　　《论语》是以记载孔子言行为主,并且兼记孔子某些弟子言行的一部书。其中以记言为主,故谓之"语"。"论"是论纂、论辑的意思。《论语》全名的含义,就是经过编纂的语录。因袭《七略》而成的《汉书·艺文志》,已将《论语》著录于《六艺略》。至唐代,《论语》正式列入经书。从宋代起又成为现传《十三经》之一。

　　《论语》是儒家的原始经典,了解孔子及其学派,必须以《论语》为主要依据。《论语》记录了当时的生动口语,也是汉语史的重要研究资料。《论语》虽不是纯粹的文学作品,但具有文学价值,表现在语言表达、人物刻画和情节、细节描写等方面,在中国文学史上影响极为深远,也是文学史的重要研究资料。《论语》中还保存了不少重要的史实,也是研究春秋时代历史的重要资料。

一、《论语》的成书和流传

　　《论语》具有多方面的重要价值,要利用好这部书,就不能不对《论语》的成书和流传有所了解。

　　《论语》成于众手,记述者有孔子的弟子,有孔子的再传弟子,也有孔门以外的人,但以孔门弟子为主。这几种情况都可从《论语》中得到例证。《论语》的内容原被分散地一条一条记述下来，集腋成裘，经过了一个不断收集编纂的过程。《论语》没有严格的编纂体例，每一条就是一章，集章为篇，章与章之间、篇与篇之间并无严密联系，只是大致以类相从，并且有重复的章节出现。

关于《论语》的最后编定者，前人有几种说法，柳宗元认为出自曾子弟子乐正子春、子思之徒（《柳宗元文集·论语辨》），此说近于史实，为多数人采纳。据此，《论语》的成书约在战国初年。

据《汉书·艺文志》，《论语》传到汉代，出现三种本子。今文《论语》两家：《鲁论语》和《齐论语》。《鲁论语》二十篇。《齐论语》二十二篇，多《问王》、《知道》两篇，其余二十篇章句也颇多于《鲁论语》。古文《论语》一家，二十一篇（分《尧曰》"子张问"以下为另篇，名曰《从政》，故称两《子张》），篇次与《齐论语》有异，文字更多异，《经典释文》引桓谭《新论》说："文异音（当作"者"）四百余字。"从残存的郑玄注中尚能窥见一些情况。汉人为古文《论语》作注的有孔安国、马融二家，为魏何晏《论语集解》所采。1973年河北定县八角廊四十号汉墓（可能是西汉中山怀王刘修墓）中出土的竹简中，有《论语》一书，残简的篇幅不到今本《论语》的一半。据十支尾题残简所题各篇章数、字数，多与今本不同，正文文字与今本多有不同，用同音假借字较多（详见《定州汉墓竹简〈论语〉》，文物出版社1997年版）。西汉末年，安昌侯张禹对《鲁论语》、《齐论语》择善而从，号曰《张侯论》，最后行于世。汉人为张禹《论语》作注的有包咸、周氏二家，见采于《论语集解》。至东汉末，郑玄以《鲁论语》为底本，参考《齐论语》、古文《论语》，编校成一个新的本子，并加以注释。郑玄本实际亦借阶于张禹本，王国维《书论语郑氏注残卷后》说："郑氏本所据本为自《鲁论》出之《张侯论》，及以《古论》校之，则篇章虽仍《鲁》旧，而字句全从古文。"（《观堂集林》卷四）郑注本唐以后不传，有敦煌遗书本残卷，新疆也出土过唐抄郑玄《论语注》残本。

至魏，何晏等著《论语集解》，自序说："今集诸家之善，记其姓名。有不安者，颇为改易。"此为汉以来《论语》成果的集大成著作，所集诸家之说，包括汉代的包咸、周氏、孔安国、马融、郑玄，魏时的王肃、周生烈、陈群。何晏是玄学家,他总领其事著《论语集解》,在用己说"颇为改易"时,虽然加进了玄学思想,但这种情况为数不多,所以《论语集解》的科学价值颇高,后人多在其基础上作疏。

至南朝,梁代皇侃著《论语义疏》。此书就何晏等《论语集解》作疏,吸收了江熙《集解论语》所集十三家之说及其他"通儒解释"。

唐宋时期,注本益多。唐时主要有贾公彦《论语疏》,今不传,见《旧唐书·经籍志》及《新唐书·艺文志》著录。宋时主要有邢昺等人的《论语注疏》,此书约略皇疏而成,又傅以义理。朱熹的《论语集注》也是一个重要注本,他不依傍何晏《论语集解》,重新集注,所集诸家之说,以宋人为主,也兼取汉魏古注,是宋代《论语》注释的集大成之作。注释的内容训诂考证与分析义理兼有,分析义理或借题发挥。

元明时期皆以朱熹《论语集注》为本,没有什么代表著作。

清代考据学兴起,开始批评宋学,朱注独尊的情况才有所改变。毛奇龄著《四书改错》,专驳朱熹四书注中的错误,颇有创见,也有主观武断之处。黄式三《论语后案》虽将《集解》与《集注》并列,实际仍左袒《集解》。清人研究、整理《论语》的著作很多,校勘、注释成就卓著,集大成的著作是刘宝楠的《论语正义》。此书是《论语》的新疏本,《论语》本文及《集解》注文全从刑昺注疏本,异文考订列入疏内。引据翔实,尤其是集中了清代同治以前整理研究《论语》的丰富成果。

在《论语正义》之后,又有一部集大成的《论语》整理成果,这就是近人程树德的《论语集释》。此书征引书籍六百八十种,还包括了《论语正义》之后的新成果。

今人杨树达《论语疏证》独具特色,采用材料互证的方法疏通孔子学说,先本证,后他证,无证者阙略。

《论语》新注今译的著作不少,杨伯峻的《论语译注》、钱穆的《论语新解》较为突出。笔者有《论语注译》,注译并重,尤其注意用材料互证、特别是以《论语》前后互证的方法阐明孔子的思想。

二、孔子的时代和生平

要从总体上了解《论语》，必须了解孔子其人；而了解孔子其人，又必须以《论语》为主要依据。

孔子生活在春秋末期，那是一个社会大变革的时代。关于西周的社会性质，史学界历来存在争论，一派认为西周是封建领主制度，一派认为西周是奴隶制。因此关于春秋末期社会变革的内容，也就存在不同的看法，前一派认为是由封建领主制向封建地主制的转变，后一派则认为是由奴隶制向封建制的转变。我们认为，前一派的见解比较合理，不仅有大量文献资料作依据，而且为考古资料和某些少数民族社会调查材料所印证。关于这方面的专著和文章很多，毋需在这里详加讨论。

西周封建领主制社会主要有以下的特点：

第一，土地由各级封建领主所占有。周天子是最高一级的领主，名义上是天下土地所有者，"溥天之下，莫非王土；率土之滨，莫非王臣"（《小雅·北山》）。实际上王室只直接控制其所在地区畿中的土地，其余的土地用来分封诸侯，各国诸侯成为次一级的领主。诸侯拥有由公室直接经营的土地，把其余的土地分授大夫。大夫拥有"采邑"，成为再次一级的领主。贵族中大夫之下还有士，士享受田禄，不占有土地。

第二，农奴是社会的主要生产者，他们被束缚在土地上，随土地一起分封或分授。领主计夫授田，让农奴家庭得到一块份地即所谓"私田"，由他们自己耕种，以维持生活，保证劳动力的再生产。同时农奴要用自家的生产工具优先给封建领主耕种"公田"，提供劳役地租（所谓"助"）。此外还得服各种公役（徭役、兵役等），缴各种贡赋，受到经济剥削。农奴对自家的宅地和份地只有使用权，不得买卖，所谓"田里不粥（卖）"（《礼记·王制》）。他们有自己的家庭经济，有一定的身份自由，不像奴隶那样完全为奴隶主所占有。值得特别指出的是，西周农奴制还保留着原始农村公社躯壳的残余，封建领主利用残存的村社形式组织农奴的公田劳动和各种公役，因此实质上的封建领主对农奴的统治、剥削关系，又往往被形式上的原始民主关系假象所掩盖。这种两面性的特点从《诗经》的《豳风·七月》等文献中可以清楚地看出来。

第三,在领主贵族中实行着严格的等级、宗法制度。由于分封关系所形成的经济、政治地位的不同,西周封建领主贵族分天子、诸侯、卿大夫、士四个等级,构成上对下控制,下对上服从的"王(天子)臣公(诸侯),公臣大夫,大夫臣士"(《左传·昭公七年》)的关系。为了维系这样的等级关系,还利用由父系家长制演变而成的以血缘关系为基础的嫡长子继承制的宗法制,来确立政治、经济权力的世袭和分配。在宗法制度下,宗族分大宗、小宗。周天子的王位由嫡长子继承,称为天下的大宗,是同姓贵族的最高家长,也是政治上的共主,掌握着最高的权力。天子的庶子有的分封为诸侯,对天子来说是小宗,在本国则为大宗,其职位由嫡长子继承。诸侯的庶子有的分封为卿大夫,对诸侯来说是小宗,在本家则为大宗,其职位由嫡长子继承。政统与血统的密切结合的等级制度,是周代政治制度的突出特点。因此"孝""悌"不仅是维系血缘关系的道德准则,也是维系等级关系、避免犯上作乱、维持政治稳定的基本保证。

第四,敬神事人,实行礼治。礼乐在周代社会的上层建筑中占据重要地位,表现出礼治的特点。礼起源于迷信祭祀,包括敬鬼神的种种礼节和仪式。后来扩展到人与人、人与自然的关系方面,形成一系列有关生产、生活的制度、公约、准则、习俗、仪节等,具有不成文的习惯法的性质。原始社会的礼没有阶级性,反映了人们之间的平等、民主关系。阶级社会的礼,基本内容反映了人的阶级关系、等级关系,具有阶级性。但也保留了一些全民性的公约、习俗等没有阶级性的内容。周代的礼对夏、商两代的礼有因有革,发展得最为完备,包括敬神、事人各方面,诚如孔子所说:"丘闻之,民之所由生,礼为大。非礼无以节事天地之神也,非礼无以辨君臣、上下、长幼之位也,非礼无以别男女、父子、兄弟之亲,昏姻疏数之交也。"(《礼记·哀公问》)周礼中虽然也有一些原始社会全民性礼俗的遗存,但中心内容是宗法等级制度的反映。如周礼中尊尊亲亲的基本原则,就是在人事方面维护"君君、臣臣、父父、子子"的等级名分(《论语·颜渊》。以下引《论语》只注篇名)。即使是周代对待鬼神的礼,也反映了人间宗法等级的内容。首先,各种祭礼因主祭人而异,有等级名分之别;其次,丧祭之礼目的在于"慎终追远",使"民德归厚"(《学而》),直接服务于维护宗法等级制度。

随着生产力的发展,封建领主制的生产关系已经落后,直至腐朽,新的封建地主制逐渐代之而起。春秋时代就是这样一个大转变的过渡时期。

公田、私田之分的井田制,是西周封建领主制经济的基础,封建领主制的衰亡,正是从这个基础的动摇开始的。由于生产力的发展,农奴有余力开垦荒地自己占有,使计夫授田的制度受到破坏。同时农奴经营私田所获益多,积极性越来越高,而对公田上的无偿劳动则消极怠工,甚至逃避,以致造成"公田不治"的恶果。这就迫使封建领主不得不改变剥削方式,将劳役地租改为实物地租。《春秋》宣公十五年所载鲁国"初税亩",就是这种改变的一例。"税亩"就是按亩收税,古时租税统一,收税就是收实物地租,这是剥削方式的一次大的变革,故同年《左传》说:"初税亩,非礼也。谷出不过藉,以丰财也。"所谓"藉",就是"先王制土,藉田以力"(《国语·鲁语下》)的劳役地租。其变革的原因,正如同年《公羊传》何休注所说,农夫"不肯尽力于公田"。

随着剥削方式的改变,人与土地的关系也开始变化。诸侯以下的领主对封地的关系由占有变为所有,从而转化为新兴地主。农奴对份地(私田)由使用变为占有,从而转化为佃农或自由农民。于是分封制和授田制便受到根本破坏。

经济关系的变化必然导致政治关系的变化。旧的封建领主上对下层层控制的等级关系逐渐崩溃,权力不断下移。如果用孔子的话来划分,西周是"礼乐征伐自天子出"的时期,春秋前期大国争霸是"礼乐征伐自诸侯出"的时期,而到春秋末期,大夫专国政,甚而家臣操权,就是礼乐征伐"自大夫出",乃至"陪臣执国命"的时期了(《季氏》)。

孔子(前551—前479)名丘,字仲尼,鲁国陬邑(今山东曲阜)人。孔子的祖先本是宋国的贵族,其五代祖因避宫廷祸乱,由宋奔鲁,定居在鲁国。孔子的父亲叔梁纥是一个武士,虽跻身于贵族之列,但地位较低。孔子三岁时,父亲死去,他跟着母亲过着较艰苦的生活,曾说:"吾少也贱,故多能鄙事。"鲁国是一个礼乐之邦,完整地保存着西周的文化传统。孔子自幼就受到周文化的熏陶,成年以后又以好礼、知礼闻名于鲁国。

孔子在仕途上并不得意,年轻时曾做过小吏,一次任"委吏",管理仓库;一次任"乘田",掌管牛羊畜牧。为实现自己的政治理想,孔子不得不在仕宦上谋出路,他不仅在鲁国活动,而且周游过其他一些国家。鲁昭公二十五年(前517),季氏逐昭公,昭公避难于齐。孔子也离开鲁国到了齐国。齐景公向孔子问政,孔子答以"君君、臣臣、父父、子子",告诫他为政之要,首先整顿宗法等级制度。齐景公想以尼谿田封孔子,遭到齐国大夫晏婴的反对。齐国革新派不满孔子兴礼乐的主张,想加害于他,使他不得不返回鲁国。鲁定公初年,大夫季氏(桓子)专鲁国之权,其家臣阳虎(《论语》作"阳货")又轻季氏,处于"陪臣执国命"的状况。孔子不仕,从事教育,整理《诗》、《书》、《礼》、《乐》,学生越来越多。

鲁定公八年(前502),阳虎作乱失败,叛鲁奔齐,孔子开始出仕,由中都宰而为司空,又升为大司寇。孔子出任大司寇约在定公九年、十年之际。大司寇主管司法,位与三卿(司徒、司马、司空)并列,有相当的实权,并进而由此兼做相国,得以利用自己的职位为实现尊王忠君的政治思想做一些事情。在外交方面,孔子主张诸侯平等,共尊周王,反对大国恃强称霸。在内政方面,孔子采取了不少申张鲁君势力、抑止操权大夫的所谓"张公室,抑私门"的措施,"堕三都"就是一次重大的策划。鲁定公十二年(前498),孔子"由大司寇行摄相事","与闻国政"(《史记·孔子世家》),起初与以季桓子为首的鲁国三家执政大夫关系比较融洽,便利用他们与家臣的矛盾,相机提出拆毁费、郈、成三城的建议,得到季孙氏、叔孙氏、孟孙氏三家的同意。《公羊传》定公十二年载:"孔子行乎季孙,三月不违,曰:'家不藏甲,邑无百雉之城。'于是帅师堕郈,帅师堕费。"同年《左传》还具体记载了堕费时遇到邑宰公山不狃反抗的情况。孔子堕三都,名义上是削弱家臣的势力,改变"陪臣执国命"的局面,实际上最终目的在于"张公室,抑私门",打击操纵国政的大夫的势力,改变"礼乐征伐自大夫出"的局面。孔子的用心被成邑之宰公敛处父觉察,他一向忠于孟孙氏,便对孟懿子说:"堕成,齐人必至于北门。且成,孟

氏之保障也。无成，是无孟氏也。子伪不知，我将不堕。"(《左传·定公十二年》)
于是孟懿子改变态度，使堕成没能成功。

由于政治上不可调和的矛盾，孔子与鲁国三家关系的破裂势在必然，因
此很快为季桓子所疏远。当堕三都的意图暴露以后，就难以为继了。时值
季桓子接受了齐国馈赠的歌妓舞女，迷恋于声色，三日不听朝政，孔子便毅
然离开鲁国，到别的国家寻找实现政治理想的机会，于是开始了周游列国的
生涯。其时约在定公十二年末、十三年初之际。

孔子出游，首先到了卫国。卫国与鲁国情况相近，也是一个传统的礼乐
之邦，国中贤者很多，孔子的弟子在那里做官的也不少，并且人口兴旺，具备
了富强、教化的基础，因此孔子对卫国抱有希望。但是国君卫灵公好征战而
不尚礼教，与孔子思想相悖，孔子只得离开，其时约在定公十五年末。孔子
离开卫国，前往陈国，途经宋国时，曾受到宋国司马桓魋的威胁，不得不伪装
而过；孔子到陈国，依靠司城贞子，做了陈侯周的臣，但也曾遭遇困厄，"在陈
绝粮，从者病，莫能兴"(《卫灵公》)。以后又曾去过蔡国，往来于陈、蔡之间，终
未得志。约于鲁哀公六年(前489)孔子由陈回到卫国，时卫出公辄继卫灵
公即位已有四年之久，执政大夫孔文子(圉)留孔子从政，孔子拟给卫出公提
出正名分的建议，但终未得到实权，只是得到一些俸禄而已。

鲁哀公十一年冬，孔子反对孔文子用兵攻卫大叔疾，将离卫，应鲁人之
召而归鲁。鲁国以国老待孔子，虽遇事多有征询，又不听用其言。孔子也不
求仕，专心于古代文献的整理工作，但是维护周道的立场老来弥坚。孔子一
回到鲁国，就标举"周公之典"来反对季康子"以田赋"(《左传·哀公十一年》)。
鲁哀公十四年春，鲁国西狩获麟。传说麟为"仁兽"，非盛世不现，而此麟出
非其时，故遭被捕之祸，孔子非常悲伤，叹道："吾道穷矣！"(《公羊传·哀公十四
年》)他所修的寓褒贬以讥当世、使"乱臣贼子惧"的《春秋》，便就此住笔。同
年六月，齐国陈成子(桓)弑其君。孔子再三请求鲁国伐齐，讨陈成子"无
道"之人。又过了两年，至鲁哀公十六年，孔子就离开了人世。

三、《论语》的思想内容

孔子的思想在《论语》中得到集中表现，《论语》的思想内容主要反映了

孔子的思想体系。

孔子思想体系的核心是"仁",主要表现为伦理形态,孔子思想的诸方面多与"仁"有关。

仁的基本含义是仁爱。樊迟问仁,孔子说:"爱人。"(《颜渊》)仁是一种普遍的爱,但并不是一视同仁的爱,而是有亲疏远近之别的有差等的爱。孔子说:"入则孝,出则弟,谨而信,泛爱众而亲仁。"这句话清楚地说明了仁爱的层次。首先,仁爱以维护宗法血缘关系的孝悌为根本内容。孔子的弟子有若也曾说过:"孝弟也者,其为仁之本与?"(以上《学而》)孝指孝敬父母,悌指尊敬兄长,可见仁的基点是家庭、家庭中的亲情之爱。其次,仁爱以维护贵族等级关系为主要原则。颜渊问仁,孔子说:"克己复礼为仁。""非礼勿视,非礼勿听,非礼勿言,非礼勿动。"(《颜渊》)礼的中心内容是宗法等级制度,克己复礼就是要用等级名分来约束自己,各安其位,不得僭越,以维系"君君、臣臣、父父、子子"的宗法等级关系的和谐状态。第三,仁爱要求体恤别人,奉行推己及人的"忠恕"之道。仲弓问仁,孔子说:"己所不欲,勿施于人。"(《颜渊》)这是从不可为的否定一面说的,即所谓"恕"。子贡问:"有一言而可以终身行之者乎?"孔子说:"其恕乎!己所不欲,勿施于人。"(《卫灵公》)至于忠,是从可为的肯定一面说的,孔子曾说:"夫仁者,己欲立而立人,己欲达而达人。能近取譬,可谓仁之方也已。"(《雍也》)这里不仅说明了"仁"的内涵中的忠的一面,而且说明了行仁的方法在于就近从自身体察,然后推及于人。忠和恕是仁的同一内涵的两面说法,所以孔子又说:"吾道一以贯之。"曾参解释道:"夫子之道,忠恕而已矣。"(《里仁》)第四,仁爱就是广济博施,泛爱大众。孔子认为,如果"博施于民而能济众",那就是超越"仁",达到更高的层次"圣",连尧、舜都不易做到(《雍也》)。

由此可见,孔子"仁"的思想,既以宗法等级的人际关系为基本内容,又包含了原始人道、泛爱的成分。这两方面互相矛盾的内容不是简单硬凑在一起的,而是有着当时现实矛盾的基础。同样,以血缘关系为基础的嫡长子继承的宗法制,也保留着原始社会后期父系家庭制的躯壳,而内涵却已发生本质变化。同时,周代的礼制中,除了反映领主等级关系的中心内容外,也有不少原始社会礼俗的遗存。孔子"仁"的思想的两面性，正是现实社会这种两面性的反映。

"仁"除了仁爱的含义之外，还包括"敏于事而慎于言"的内容，这是孔子观察人、评价人的一条重要道德标准，主要是要求表里如一、言行一致、尤重实践，如"巧言令色鲜矣仁"(以上《学而》)，"仁者先难而后获"(《雍也》)，"仁者，其言也讱"，"为之难，言之得无讱乎"(《颜渊》)，"刚、毅、木、讷近仁"(《子路》)。孔子还说过"能行五者于天下为仁矣"，接着对"五者"做了解释："恭、宽、信、敏、惠。恭则不侮，宽则得众，信则人任焉，敏则有功，惠则足以使人。"(《阳货》)其中"恭"、"宽"、"信"、"惠"均属"仁"的范畴，而"敏"则属重行的范畴。孔子之所以把重实践列入仁学的内容，一方面为了反对言行不一的伪君子和只说不做的侈谈家，另一方面也为了提倡实践，修身、齐家、治国、平天下，对自身负责，为社会尽责。孔子"仁"的思想具有两面性，一方面具有维护贵族宗法等级制度的历史局限，另一方面他看到现实私有制社会人际关系的自私自利、压迫欺诈，极为忧虑，向往原始公有制社会人际关系的平等、民主、人道、和谐，珍惜美好传统的遗存，怀抱"大同"的理想，借助这些来针砭现实的弊病。就其改造社会弊端的目的来看，确有不自觉的瞻前意识，闪烁着理想主义的光辉，展示着人类社会的未来。这正是孔子仁学思想中带有永恒价值的部分，是我们今天毋需彻底改造或重新解释即可为我所用的原因所在。

因此可以说，孔子的仁学实际是人学，他重视人，爱惜人才，强调人要自重自律，修养完美的人格；强调人要积极用世，追求充实的人生；强调推己及人，实现和谐的人际关系。这是一种积极的人道主义、人本思想，是人类精神文明的宝贵遗产。

了解了孔子的思想核心及其历史根源和现实意义，我们再来分析孔子思想的各个侧面。

在经济方面，孔子反对按田亩数量征收军赋(所谓"以田赋")，维护"周公之典"，即建立在井田制上的军赋制度丘甲法。这和《左传》宣公十五年所载"初税亩，非礼也。谷出不过藉，以丰财也"，事件相类，立场相同。《左传》宣公十五年所载的反对租税变革,孔子在哀公十一年反对的赋制变革,其取向都是在维护井田制。从历史进程来看,孔子的立场是保守的,但孔子是从反对苛征暴敛的角度来反对这一变革的,如当时他说:"君子之行也,度于礼,施取其厚,事举其中,敛从其薄,如是则以丘(井田制按丘出赋的丘甲法)亦足矣。若不度于礼而贪冒无厌,则虽以田赋,将又不足。"(《左传·哀公十一年》)这和《左传》宣公十五年所载反对"税亩"以反对"丰财"为出发点也是一致的。有若建议哀公用"彻"法(什一税),反对行什二之税(《颜渊》),主张与百姓共富足,直接承袭了孔子的上述思想。孔子还反对统治者挥霍无度,主张"节用";反对滥兴徭役以误农时,主张"使民以时"(《学而》);称赞子产"其养民也惠","其使民也义"(《公冶长》)。孔子虽说过"君子喻于义,小人喻于利"(《里仁》),但只是反对见利忘义,并不一概否认功利。他主张"因民之所利而利之",以引导百姓生产致富而不靠施舍,做到"惠而不费"(《尧曰》),主张对百姓"富之"(《子路》)、均平(《季氏》)。

在政治方面,孔子向往远古公有制的大同社会,《礼记·礼运》载:"孔子曰:'大道之行也,与三代之英,丘未之逮也,而有志焉。大道之行也,天下为公,选贤与能,讲信修睦。故人不独亲其亲,不独子其子,使老有所终,壮有所用,幼有所长,矜寡孤独废疾者,皆有所养,男有分,女有归。货恶其弃于地也,不必藏于己;力恶其不出于身也,不必为己。是故谋闭而不兴,盗窃乱贼而不作,故外户而不闭,是谓大同。'"但他认为这样的社会难以实现,连尧舜都为之感到吃力,所谓"尧舜其犹病诸"(《雍也》),故自己始终只能有志于此,作为理想来寄托。但是他认为夏商周三代圣人(所谓"三代之英")所创造的盛世,并不是不可以企及的,因此,所谓"小康"就成了孔子实际追求的目标:"今大道既隐,天下为家,各亲其亲,各子其子,货力为己。大人世及以为礼,城郭沟池以为固。礼义以为纪,以正君臣,以笃父子,以睦兄弟,以和夫妇,以设制度,以立田里,以贤勇知,以功为己。故谋用是作,而兵由此起。禹、汤、文、武、成王、周公,由此其选也。此六君子者,未有不谨于礼者也。以著其义,以考其信,著有过,刑仁、讲让,示民有常。如有不由此者,在执者去,众以为殃,是谓小康。"(《礼记·礼运》)孔子追求三代,尤以恢复"礼乐征伐自天子出"的西周为直接、具体的目标,他怀念周公,欲从周礼,幻想"齐一变,至于鲁;鲁一变,至于道"(《雍也》),即以齐国那样强大的国力,加上鲁国那样完备的礼乐,恢复天下一统的周道。孔子的"大同"理想,虽然带有乌托邦性质,但具有深远的理论意义,具有对社会弊端的批判力度,并且某些具体方面如德治、举贤等也已为当时政治所吸收。孔子恢复周礼的思想,在当时礼坏乐崩的趋势下,未免有倒退之嫌,但也不无可继承的实际内容,已为当时政治所吸收。

孔子的治国思想是君明,臣贤,以民为本,和平外交。他主张君主圣明,有威严而不专横,举贤纳谏,"使臣以礼"(《八佾》),勤政爱民。主张"臣事君以忠"(《八佾》),敢于直谏,为官正直清廉,"行不由径"(《雍也》),"不义而富且贵,于我如浮云"(《述而》),先正己后正人,"先有司,赦小过,举贤才"(《子路》),安分守己,"不在其位,不谋其政"(《泰伯》);主张老百姓比粮食、军备都重要,"民无信不立"(《颜渊》);在外交上严华夷之限,维护先进文明,"微管仲,吾其被发左衽矣"(《宪问》);但也反对大欺小,强凌弱,主张"修文德"(《季氏》)以招来远人,称赞管仲辅佐齐桓公"九合诸侯,不以兵车"(《宪问》)。

关于治国方法,孔子主张礼治、德治为主,法治为辅,并非像有些人所说孔子完全反对法治。孔子虽然说过"道之以政,齐之以刑,民免而无耻;道之以德,齐之以礼,有耻且格"(《为政》),但是他也说过:"礼乐不兴,则刑罚不中;刑罚不中,则民无所措手足。"(《子路》)又如孔子还说过:"政宽则民慢,慢则纠之以猛。猛则民残,残则施之以宽。宽以济猛,猛以济宽,政是以和。"(《左传·昭公二十年》)这里所谈的道德教化与刑罚法治的辩证关系,以及刑罚宽严适度,实属真理,至今仍有参考价值。至于有人说宽猛相济是镇压人民起义的对策,则属附会之辞,《左传》所记"郑国多盗,取人于萑苻之泽",明显为社会治安问题。

在教育方面,孔子有丰富的实践经验,并且形成了完整的思想理论。他主张德育为先,全面发展,"行有余力,则以学文"(《学而》);"志于道,据于德,依于仁,游于艺"(《述而》);告诫偏重学问的子夏:"为君子儒,无为小人儒。"(《雍也》)主张"有教无类"(《卫灵公》),并亲自实行"自行束脩以上,吾未尝无诲焉"（《述而》），对于打破贵族对教育的垄断，使文化下移，起了积极作用。在教育方法上他总结了非常丰富有益的经验。他因材施教，针对学生的特点甚至根据某个人在不同场合、不同时间的不同表现进行恰如其分的教育，如"求也退，故进之；由也兼人，故退之"（《先进》），又如先称赞子路："道不行，乘桴浮于海，从我者，其由与？"待看到他沾沾自喜之后，又加以抑制："由也好勇过我，无所取材。"（《公冶长》）他承认人的智力有差别，"中人以上，可以语上也；中人以下，不可以语上也"，但也强调后天的主观努力，反对怠惰不前的"画"（《雍也》）。他"循循然善诱人"（《子罕》），注重启发式教育，"不愤不启，不悱不发，举一隅不以三隅反，则不复也"（《述而》），他不仅强调举一反三，更称赞"闻一以知十"（《公冶长》）。他强调"学"与"习"相结合，"学而时习之"（《学而》）；辩证对待"学"与"思"的关系，"学而不思则罔，思而不学则殆"（《为政》）；正确处理学与用的关系，重视实践，提倡"多闻"、"多见"（《述而》）；强调学以致用，以用促学，"仕而优则学，学而优则仕"（《子张》），"学而知之"（《季氏》），"困而学之"（《季氏》），"善人教民七年，亦可以即戎矣"（《子路》），"以不教民战，是谓弃之"（《子路》）；反对不学无术，盲目蛮干，指责子路"有民人焉，有社稷焉，何必读书，然后为学"（《先进》）的说法。他倡导严谨老实的学风，主张"知之为知之，不知为不知，是知也"（《为政》），"多闻阙疑，慎言其余"，"多见阙殆，慎行其余"（《为政》），"学而不厌，诲人不倦"（《述而》）。他为人师表，而又谦虚谨慎，平易近人，不耻下问，以众为师。总之，在孔子的教育思想中，颠扑不破的真理尤多。

在哲学方面，孔子提倡中庸之道，说："中庸之为德也，其至矣乎！"（《雍也》）又说："君子之中庸也，君子而时中。"（《礼记·中庸》）中庸就是以中为用的意思，其哲学意义就是在承认事物存在两面性的前提下，随时折中，平衡，力求不偏不倚。孔子的中庸思想难免有形而上学的消极因素，但是其中又包含着丰富的全面辩证的观点和行为合度的思想。他看到事物的两面性，力戒片面，调整取中，追求适度，如"事举其中"（《左传·哀公十一年》），"无可无不可"（《微子》），"刑罚不中，则民无所措手足"（《子路》），"叩其两端而竭焉"（《子罕》），"乐而不淫，哀而不伤"（《八佾》），"过犹不及"（《先进》），"温而厉，威而不猛,恭而安"(《述而》),"惠而不费,劳而不怨,欲而不贪,泰而不骄,威而不猛"(《尧曰》)等。孔子提倡中庸,强调执中,但并不拘泥、固执,又强调权变,如说:"可与立,未可与权。"(《子罕》)孔子权变的实例,如:"不得中行而与之,必也狂狷乎!狂者进取,狷者有所不为也。"(《子路》)与中庸相关,孔子还讲"和"。"和"就是在承认事物存在矛盾和差异的前提下进行调和,如说:"君子和而不同,小人同而不和。"(《子路》)调五味叫和,谐五音也叫和,这是"和"的本义,加以引申,协调事物的矛盾、差异也叫和。"同"则否,"同"指等同,完全抹杀矛盾,泯灭差别。可见"和"是辩证法,"同"是形而上学。有人说孔子的"和"是形而上学,这不符孔子本意。孔子的"和"与"同"相对而言,不是一味求和,乃至抹杀矛盾、差异。而是恰当地处理矛盾、差异,保持对立统一,达到和谐的结果。有若的话忠实地反映了孔子的思想:"礼之用,和为贵。先王之道,斯为美,小大由之。有所不行,知和而和,不以礼节之,亦不可行也。"(《学而》)有人说孔子否定斗争,也不尽然,孔子一方面说"君子无所争"(《八佾》),"君子矜而不争"(《卫灵公》),同时又肯定了不失原则之争:"其争也君子。"(《八佾》)当然,与孔子讲中庸一样,孔子讲"和"也有其局限,主要表现为维护以"礼"为代表的贵族等级制度,但并不能因此而否定孔子"和"的哲学思想的合理内核。

天命鬼神观念也属哲学思想。有人说孔子是无神论者,孔子所说的天就是自然的天,孔子正确看待人与自然的关系。这种说法根据不足。实际上孔子是宿命论者,也是有神论者。他认为天位居众神之上,是神中的最高主宰,所以说"获罪于天,无所祷也"(《八佾》),意思是如果得罪了上天,就没有可值得祷告的神了,即使祷告也无济于事。孔子所谓的天,是有意志的人格神,并非自然的天,它具有至高无上的权威,毋需亲自开口发号施令,就能主宰一切,指挥一切:"天何言哉?四时行焉,百物生焉,天何言哉?"(《阳货》)他认为天命不可违抗,因此君子"畏天命"(《季氏》)。即使符合道义的事,能否行得通也由天定,因此说:"道之将行也与,命也;道之将废也与,命也。"(《宪问》)孔子很少讲论天道,并不是因为他不信天命,而是因为天道神秘莫测,不便领会、难以言说罢了。他认为只有身经复杂的人生阅历之后,才能认知天命,所以说"五十而知天命"(《为政》),而且知天命又与学习占筮书《周易》有关:"加我数年,五十以学《易》,可以无大过矣。"(《述而》)"子不语怪、力、乱、神"(《述而》),孔子不讲神怪,情况与不讲天命一样。其实孔子很强调对鬼神的虔诚:"祭如在,祭神如神在。"(《八佾》)至于说"敬鬼神而远之"(《雍也》),"未能事人,焉能事鬼","未知生,焉知死"(《先进》),固有重人事,轻鬼神之意,但也含有人事切实,鬼神难明的意思,也不足以说明孔子不迷信鬼神。孔子的鬼神观念,与周人的思想是一致的,其迷信程度不像殷人那么深,正如《礼记·表记》所说:"殷人尊神,率民以事神,先鬼而后礼。""周人尊礼尚施,事鬼敬神而远之,近人而忠焉。"只能说孔子的鬼神观念有进步,但离无神论相差尚远。

孔子的伦理思想,包括修身、齐家、治国、平天下的诸多内容,主要集中在他的核心思想中,前面已作分析。

四、《论语》的语言价值

《论语》是一部语录之作,其中单人语录占三分之二以上,其余为对话体。由于记录了春秋时代中原地区的生动口语,成为汉语史研究的可靠资料。《论语》不仅对古代汉语产生深远影响,而且不少语汇和句式还保留在现代汉语中,可见其生命力之强。《论语》的语言以其规范性和生动性还具有很高的文学价值。

《论语》所记之言多出于圣哲之口,不乏社会和人生的格言。在前面讲《论语》的思想内容时,已经引述过不少。又如"学如不及,犹恐失之"(《泰伯》),"见善如不及,见不善如探汤"(《季氏》),"三人行,必有我师焉;择其善者而从之,其不善者而改之"(《述而》),"见贤思齐焉,见不贤而内自省也"(《里仁》),"见得思义"(《子张》),"仁者不忧,知者不惑,勇者不惧"(《宪问》),"君子坦荡荡,小人常戚戚"(《述而》),"过则勿惮改"(《学而》),"过而不改,是谓过矣"(《卫灵公》),"法语之言,能无从乎?改之为贵。巽与之言,能无说乎?绎之为贵"(《子罕》),"躬自厚而薄责于人,则远怨矣","工欲善其事,必先利其器","人无远虑,必有近忧"(《卫灵公》),"欲速则不达,见小利则大事不成"

（《子路》），"过犹不及"（《先进》），"毋意，毋必，毋固，毋我"等（《子罕》），均深邃隽永，脍炙人口，富有教益。有的已形成流传不废的成语，显示无限的生命力。

善用比喻，妙喻层出，形象生动，是《论语》语言的鲜明特点。比喻是修辞手段，一般分为三种类型：一是明喻，二是隐喻，三是借喻。《论语》中的比喻，类型多样，手法灵活，设喻贴切，具有鲜明的表现力。如"为政以德，譬如北辰居其所而众星共之"（《为政》）。此为明喻，生动地说明了实行德政受到拥戴的效果。如："谁能出不由户？何莫由斯道也？"（《雍也》）以前句比喻后句，说明为人行事必须遵从仁道不可，以绝人之迟疑。如"知者乐水，仁者乐山。知者动，仁者静"（《雍也》）。这里以前两句分别比喻后两句，形象地表现了知者、仁者的本质特征。如："子在川上曰：'逝者如斯夫！不舍昼夜。'"（《子罕》）以形象的流水比喻抽象的时间，表示两者同样不停地流逝，一去不返。此为伤逝惜时之叹，不能不催人勤奋。如："譬如为山，未成一篑，止，吾止也。譬如平地，虽覆一篑，进，吾往也。"（《子罕》）此以堆土造山比喻为学和做事，劝人主观努力，自强不息，进取不止，极有说服力。如孔子对季康子说："子为政，焉用杀？子欲善而民善矣。君子之德风，小人之德草。草上之风，必偃。"（《颜渊》）这里孔子以风喻德，以草喻民，以草受到风必倒伏喻德政的效果，形象地宣传了自己的政治理想，与"北辰"之喻异曲而同工。如："人而无信，不知其可也。大车无輗，小车无軏，其何以行之哉？"（《为政》）此以后句比前句，说明人而无信难以行得通。"信"如"輗"、"軏"之重要，形象地突出了其关键地位。如："三军可夺帅也，匹夫不可夺志也。"（《子罕》）此章勉人守志，以前句喻后句，强调匹夫之志比三军之帅更为重要，不可丢失，不可侵犯，足以起到警策之效。以上或明喻，或隐喻，皆能够发人深省。如："苗而不秀者有矣夫！秀而不实者有矣夫！"（《子罕》）此纯为借喻，或喻成才，或喻进学，均深刻而贴切。又如："岁寒，然后知松柏之后凋也。"（《子罕》）也是典型的借喻，显然用以称颂人格之坚强超众出群。这种比喻或为触景联想，引喻自然，情景交融，诵读之后，不仅获益匪浅，而且得到更多更美的享受。《论语》中所记孔子之言，不仅重视用比喻形象说理，而且用得娴熟，美妙绝伦，如宰予昼寝，孔子说："朽木不可雕也！粪土之墙不可圬也！"（《公冶长》）连用两个比喻慨叹宰予之不可造就,恨铁不成钢的激切之情不言而露。又如叛臣佛肸召孔子,孔子欲往,受到子路的责问,孔子连忙说:"不曰坚乎,磨而不磷;不曰白乎,涅而不缁。吾岂匏瓜也哉?焉能系而不食?"(《阳货》)连用三个比喻,分两层意思说明自己的坚定、清白和政治上的意图,急切表白之心理显露无遗。凡此皆堪称妙喻连珠,意味无穷。不仅孔子,其弟子也善于运用比喻,《论语》中亦不乏其例,如子贡就是突出的一个,他说:"君子之过也,如日月之食焉:过也,人皆见之;更也,人皆仰之。"此喻恰切说明了君子光明磊落,不文过饰非,知过必改。又如称颂孔子说:"譬之宫墙,赐之墙也及肩,窥见室家之好。夫子之墙数仞,不得其门而入,不见宗庙之美,百官之富。"此为明喻。又说:"仲尼不可毁也。他人之贤者,丘陵也,犹可逾也。仲尼,日月也,无得而逾焉。"此为隐喻。又说:"夫子之不可及也,犹天之不可阶而升也。"(以上《子张》)此又为明喻。子贡在"四科十哲"中属"言语"科,不虚此名。

《论语》记言,有时伴有举动、语境等的叙述描写,互为照应,相得益彰。如:"或问禘之说。子曰:'不知也。知其说者之于天下也,其如示诸斯乎?'指其掌。"(《八佾》)"指其掌"为举动,这一补叙十分必要,不仅示人以具体情景,且表明代词"斯"之所指。又如:"厩焚。子退朝,曰:'伤人乎?'不问马。"(《乡党》)"不问马"这一补充交代也很重要,说明人马相较,以人为重,显示了孔子的仁爱思想。

《论语》所记,忠实于活生生的口语,语气情态尽量表现无遗。特别值得一提的是不嫌重复,如:"视其所以,观其所由,察其所安,人焉廋哉?人焉廋哉?"(《为政》)这一重复表达了对于观察人充满信心的肯定语气和实现目的的快意。如:"或曰:'雍也仁而不佞。'子曰:'焉用佞?御人以口给,屡憎于人。不知其仁,焉用佞?'"(《公冶长》)孔子一贯反对巧嘴利舌,如:"是故恶夫佞者"(《先进》),"恶利口之覆邦家者"(《阳货》)。这里先后重复"焉用佞"一句,除了表示强调语气之外,也流露了他对佞的深恶痛绝之情。如:"子谓子贡曰:'女与回也孰愈?'对曰:'赐也何敢望回?回也闻一以知十,赐也闻一以知二。'子曰:'弗如也!吾与女,弗如也!'"(《公冶长》)"弗如也"一句先后重复,除了表示对子贡之见的充分肯定外,也是对颜回不禁连连称赞之意的自然吐露。如："伯牛有疾,子问之,自牖执其手,曰:'亡之,命矣夫! 斯人也而有斯疾也! 斯人也而有斯疾也!'"这里的重复表现了无限惋惜的慨叹。如："贤哉,回也! 一箪食,一瓢饮,在陋巷,人不堪其忧,回也不改其乐。贤哉,回也!"(以上《雍也》)这里的重复则是一再的赞叹。其他如:"觚不觚,觚哉! 觚哉!""子见南子,子路不说。夫子矢之曰:'予所否者,天厌之! 天厌之!'"(《雍也》)"禹,吾无间然矣! 菲饮食而致孝乎鬼神,恶衣服而致美乎黻冕,卑宫室而尽力乎沟洫。禹,吾无间然矣!"(《泰伯》)"色斯举矣,翔而后集。曰:'山梁雌雉,时哉! 时哉!'"(《乡党》)"桓公九合诸侯,不以兵车,管仲之力也,如其仁! 如其仁!"(《宪问》)"天何言哉? 四时行焉,百物生焉,天何言哉?"(《阳货》)等,其语气之真切,情意之深重,均得到充分表现。

运用丰富的语气词表达复杂的语气也是《论语》记言的一个特点,前后引文中多见,此不专举。

《论语》所记口语,自然而不粗俗,往往出口成章,不乏雕琢而又不露痕迹,圆润典雅,精致无比。主要表现为服从于表达内容的需要,十分讲究对偶、排比、韵律等形式之美。例子前面已涉及一些,又如"君子周而不比,小人比而不周","学而不思则罔,思而不学则殆"(《为政》),"君子和而不同,小人同而不和"(《子路》),"礼,与其奢也,宁俭;丧,与其易也,宁戚","夏礼吾能言之,杞不足征也;殷礼吾能言之,宋不足征也"(《八佾》),"富与贵是人之所欲也,不以其道得之,不处也;贫与贱是人之所恶也,不以其道得之,不去也"(《里仁》),"好仁不好学,其蔽也愚;好知不好学,其蔽也荡;好信不好学,其蔽也贼;好直不好学,其蔽也绞;好勇不好学,其蔽也乱;好刚不好学,其蔽也狂"(《阳货》),"恶紫之夺朱也,恶郑声之乱雅乐也,恶利口之覆邦家者"(《阳货》),"礼之用,和为贵;先王之道,斯为美,小大由之"(《学而》)等。《论语》不愧为记言的典范之作,在汉语史、文学史上的深远影响显而易见。

五、《论语》的文学价值

《论语》的文学价值主要表现在语言表达、人物刻画和情节、细节描写等方面。关于语言表达,前一节已连带提及,这里主要谈一谈人物刻画和情节、细节描写。

《论语》以记言为主,兼及行事,善于用画龙点睛之笔,刻画栩栩如生的人物形象。《论语》中的人物众多,除孔子及其弟子之外,其他人物也不少,大多具有鲜明的个性。

《论语》所记言行,以孔子为主,孔子自然成为《论语》的核心人物。孔子是伟大的思想家和教育家,他的伟人形象,已为人们所共知,而且早已突破国界,成为世界名人。关于此,在前面介绍他的生平、思想时已经涉及。值得强调的是,通过《论语》我们所看到的孔子,不仅是一个伟人,而且同时是一个朴朴实实、有血有肉、活灵活现的常人。他集伟大与平凡于一身,与后世出于种种目的而把他圣化、神化,以至于变成超脱凡俗、道貌岸然的偶像迥然不同。

孔子对于高尚的理想和道德情操执著以求,"志于道,据于德,依于仁"。他认为这是很高的目标,从不自命不凡,以圣人、仁者自居,总是谦虚好学,如"若圣与仁,则吾岂敢? 抑为之不厌,诲人不倦,则可谓云尔已矣"(以上《述而》)。

他安贫乐道,不贪富贵,"饭疏食,饮水,曲肱而枕之,乐亦在其中矣。不义而富且贵,于我如浮云"(《述而》),"君子忧道不忧贫"(《卫灵公》)。但是他又不假清高,不否认正当的欲望,不讳言富贵,而是认为:"富与贵是人之所欲也"(《里仁》),"富而可求也,虽执鞭之士,吾亦为之"(《述而》)。

他在弟子中有极高的威望,受到无限崇敬,"颜渊喟然叹曰:'仰之弥高,钻之弥坚。瞻之在前,忽焉在后。夫子循循然善诱人,博我以文,约我以礼,欲罢不能。既竭吾才,如有所立,卓尔,虽欲从之,末由也已。'"(《子罕》)。子贡认为"譬之宫墙,赐之墙也及肩","夫子之墙数仞";"他人之贤者,丘陵也,犹可逾也。仲尼,日月也,无得而逾焉";"夫子之不可及也,犹天之不可阶而升也"(《子张》)。但孔子从不摆"师道尊严"的架子,他主张"当仁不让于师"(《卫灵公》),在真理面前人人平等。他鼓励发表不同的意见,曾经惋惜自己心爱的高足:"回也非助我者也,于吾言无所不说。"为能在师生间平等无拘地讨论问题,有时还特意打消学生的顾虑,如"侍坐章"开头说:"以吾一日长乎尔,毋吾以也。"(以上《先进》)因此孔子使弟子感到既"严"又"温",可敬可亲。

孔子"温、良、恭、俭、让"(《学而》),以谦和著称,但是他是非分明,疾恶如仇,关键时刻从不掩饰自己的态度和感情。季氏僭越礼,"八佾舞于庭",孔子说:"是可忍也,孰不可忍也?"(《八佾》)弟子冉求为季氏搜刮民财,孔子说:"非吾徒也,小子鸣鼓而攻之可也!"(《先进》)

孔子十分注意择友,对人以诚相待。但是他也不排斥与不同道者甚至奸邪之人打交道,在与这类人周旋时,孔子既坚持原则,又讲究策略,有时还不免略施诡计,表现出近似狡狯的机智,如"阳货欲见孔子,孔子不见,归孔子豚。孔子时其亡也,而往拜之。遇诸途。谓孔子曰:'来!予与尔言。'曰:'怀其宝而迷其邦,可谓仁乎?'曰:'不可。''好从事而亟失时,可谓知乎?'曰:'不可。''日月逝矣,岁不我与。'孔子曰:'诺,吾将仕矣。'"(《阳货》),阳货即阳虎,是季氏(桓子)的家臣。季氏连续几代把持鲁国朝政,此时季氏的权柄又落到阳货手里(见《左传》定公五年至八年)。阳货企图削除季氏势力,遭到讨伐,奔齐,最后逃往晋国,孔子说:"赵氏其世有乱乎!"(《左传·定公九年》)阳货原知孔子反对季氏僭越,危及鲁国公室,故欲争取孔子,岂知孔子反对"政在大夫",更反对"陪臣执国命",与阳货政见根本不同。《孟子·滕文公上》引阳虎曰:"为富,不仁矣;为仁,不富矣。"可见二人之思想亦水火不相容。这正是孔子坚持不见阳货的原因。阳货并不甘心,施以诡计,利用受赐回拜之礼,赠孔子一只小猪,想让孔子见他。孔子很机警,绝不上当,以其治人之道还治其人之身,也略施诡计,趁其不在家时往拜。结果两人在路上意外遭遇。阳货很狡狯,隐瞒起自己"为富不仁"的观点,顺着孔子的思想,侈谈"仁"、"知",进行拉拢。而且每次质问之后,唯恐孔子辩解,连忙自作肯定的回答。咄咄逼人,强加于人,气势凌人。最后孔子不得不应诺出仕,实际是以敷衍的话摆脱阳虎的纠缠。有人认为本章有损孔子的正派形象,故怀疑是孔门外人的臆造。其实这里记述的恰恰是活生生的孔子。其他如公山弗扰(季氏家臣)以费叛季氏,召孔子,孔子欲往;佛肸(晋大夫范氏家臣)以中牟叛范氏,召孔子,孔子欲往(《阳货》),情况亦同,"欲往"仅是一种策略,绝不是同流合污,利用他们实行自己的政治抱负才是真正目的,孔子自言甚明,如前章中说:"如有用我者,吾其为东周乎?"后章中说:"不曰坚乎,磨而不磷;不曰白乎,涅而不缁。吾岂匏瓜也哉? 焉能系而不食?"至于孔子谒见素有淫荡恶名的卫灵公夫人南子,《论语》记云:"子见南子,子路不说。夫子矢之曰:'予所否者,天厌之! 天厌之!'"(《雍也》)孔子认为"鲁卫之政兄弟也",对在卫国实现政治理想抱有极大希望,他巴结南子自然与此有关,当遭到反对时,本可以像前举两章一样理正辞严地辩解,而这里竟急得不知所措,指天发起誓来。这种失态,本常人所难免,孔子亦不例外,正说明他是一个没有超凡脱俗的真人。

常言道"金无足赤,人无完人",现实中的真孔子就是如此。如:"子路曰:'卫君待子而为政,子将奚先?'子曰:'必也正名乎?'子路曰:'有是哉,子之迂也! 奚其正?'子曰:'野哉,由也! 君子于其所不知,盖阙如也。'"这里子路毫不客气,竟说老师"迂腐"。而孔子也出言不雅,直斥子路"粗野"。子路出言不逊,足以显露他的直率、粗鲁,非常自然。而孔子如此说话,则有失其谦和之常态,颇有与子路互相对骂之嫌。但这的的确确是他当时真情的流露,恰恰说明他是一个生活中的真人。樊迟向孔子请求学稼、学圃,孔子当面说"吾不如老农","吾不如老圃",予以搪塞,隐含鄙薄之情。待樊迟一出门,便破口痛斥:"小人哉,樊须也!"(以上《子路》)与此类似。可贵的是孔子从不文过饰非,知过必改,这又是常人所难以做到的。如:"子之武城,闻弦歌之声。夫子莞尔而笑,曰:'割鸡焉用牛刀?'子游对曰:'昔者偃也闻诸夫子曰:"君子学道则爱人,小人学道则易使也。"'子曰:'二三子! 偃之言是也。前言戏之耳。'"(《阳货》)子游为武城宰,用礼乐教化治邑,被孔子嗤笑为大器小用,子游援引孔子之言,强调兴礼学道之重要。孔子立即当众郑重宣布子游的话是对的,以不足为据的戏言否定了自己前面嗤笑的话。这种勇气实在可贵,当着学生的面这样做,尤其难得。

《论语》中所见孔子弟子有二十余人,其中不少人被记叙得十分生动,可谓如闻其声,如见其人。

如子路很有个性,又有才干,优点突出,毛病也突出,而且两者往往是结合在一起的。例如勇敢是他的长处,稍一过头就变成鲁莽;果断是他的长处,稍一过头就变成粗率,甚至固执;好强无可厚非,稍一过头就变成争胜;重然诺也是好的,稍不注意就成"言必信,行必果,硁硁然小人哉"(《子路》);心直口快是好的,稍不注意就变成尖刻等。

又如颜回,是孔子所喜爱的最聪慧、最有修养的一个弟子。他追求仁德,安贫乐道,悟性很高,深得孔子之传,从不违孔子之教,甚至从不提问题、表示不同意见,以致使孔子怀疑他有些愚呆(《为政》),深表遗憾:"回也非助我者也,于吾言无所不说。"(《先进》)

又如宰予,语言的巨人,行动的矮子,十分怠惰,忽视道德修养,以致白天睡大觉,使孔子寒心,慨叹"朽木不可雕也,粪土之墙不可圬也","始吾于人也,听其言而信其行;今吾于人也,听其言也观其行"(《公冶长》)。

又如子贡,善于言辞,前面讲比喻时引过他的一些话语,确实口才超群,但他聪明好学,也注意修身,虽与宰予同属"言语"科,而有实际作为,道德学问比宰予高得多。

又如冉求,与子路同属"政事"科,有军政才能,孔子曾将二人并称:"今由与求也,可谓具臣矣。"但二人性格迥异,子路勇进,冉求退缩,故孔子对他们的教育方法不一样:"求也退,故进之;由也兼人,故退之。"(以上《先进》)

又如子游和子夏,二人同属"文学"科,在文献、文化上皆有专长,但子游躬行君子,重视礼乐教化,而子夏则有重学问轻道德的倾向,故孔子告诫他说"女为君子儒,无为小人儒"(《雍也》)。

"四科十哲"之外,《论语》中也还记有不少有名的孔子弟子,如很重道德、也重学问的曾晳、曾参父子,与孔子既貌似又神似的有若,多言浮躁、多忧不安的司马耕,不善举人的冉雍,谦虚谨慎的漆雕开,善于处世的南容,既问仁、问知,又请学稼、学圃的樊迟,等等,无不有其鲜明的个性。

《论语》还记叙了一些孔门之外的形象鲜明的人物。如素对孔子有疑的陈亢,一再贬损诋毁孔子的叔孙武叔,告发亲父偷羊的"直躬者",行不同道、直言相讽的隐者楚狂接舆、长沮、桀溺、荷蓧丈人等,也都给人留下深刻印象。

《论语》描写人物的成功之处主要有三点：第一，自然、真实。记言、记行都有这样的特点。第二，善于把握与表现人物的本质特征。如"由也果"，"柴也愚，参也鲁，师也辟，由也喭"，"求也退"，"由也兼人"，与他们各人的实际表现完全相符。其他虽未作明确概括，但类似的描写中均有分寸。第三，善于在对比甚至冲突中表现人物。对比和冲突，或表现在性格方面，或表现在思想方面，都很鲜明。

《论语》中有一些初具故事性的叙事篇章，其中颇留意情节和细节的描写，具有艺术成就，不仅增强了故事的曲折性，也更有利于人物的刻画。如前面已举过的"阳货欲见孔子"章，开头五句话分五层写了五个情节：欲见，不见，赠小猪，趁其出门时回拜，最终邂逅于途。文字简洁，而情节曲折。其结果是阳货之狡猾、孔子之机智得到淋漓尽致的表现。

又如《先进》篇中著名的"子路、曾皙、冉有、公西华侍坐"章，写了孔子和他的四个弟子，情节、细节描写之委婉细腻特别突出。开头一句交代场景，写四个弟子侍坐于孔子身边。进而展开情节，首先是孔子发问，启发大家各言自己的志向。第一个是子路回答，此由其性格使然，不出人们所料，十分自然合理。在写子路答话时，用了细节描写"率尔而对"，"率"有直率、轻率之意，或解为率先、抢先，均通，都是子路鲁莽个性的鲜明流露。孔子对子路的答话做了"哂之"的反应，这又是细节描写，"哂"是微笑，是带有轻蔑的微笑，是在笑话子路。为何如此，后面孔子对曾皙做了解释："为国以礼，其言不让，是故哂之。"所谓"不让"，首先指答话内容，如高言治千乘大国，大谈战呀勇呀，丝毫不及礼乐兴邦。其次指他的仪态不讲礼让。关于答话本有礼节规定，《礼记·曲礼》说："长者问，不辞让而对，非礼也。"又说："侍于君子，不顾望而对，非礼也。"子路不先自谦客套一番，径直作答，犯了前一条规矩。子路不顾他人而抢先回答，又犯了后一条规矩。因有"率尔而对"，故有"哂之"，两个细节描写前后呼应，相得益彰。第二个答话的是冉求，他不是主动回答，而是经孔子点名后才作回答，这是细节，表明礼让在先。而话语内容亦很谦逊，如不仅不敢称大国，甚至不敢吐露一个国字，仅用"方六七十，如五六十"的小国疆土称之；又如自称只能胜任政事，礼乐大事有待君子,可谓谦而又谦。第三个回答的是公西华,也是经点名后才作回答的,态度谦让,话语亦谦:"非曰能之,愿学焉。"首先声明不敢称能;其次虽及礼乐之事,但作为不大,仅"愿为小相焉",也是谦而又谦。孔子最末点名问到曾晳,曾晳慢慢停下正在弹拨的瑟,铿得一声终止,放下瑟站起来回答:"不同于三君所述。"这是一句客气话,意思是不敢与三君所言相提并论,谦和之态可掬。又经孔子打消顾虑之后,才道出了自己结伴游乐的心愿。曾晳的志愿最为潇洒,由"用之则行,舍之则藏"、"如不可求,从吾所好"的处世态度使然。最后孔子谈了自己的志愿,他附和了曾晳的说法。写孔子表态时用了一个"喟然"而叹的细节,余味无穷,反映出自得其乐的潇洒中,透着济世未遇的辛酸和壮志难酬的遗恨。

其他像"季氏将伐颛臾"章、"楚狂接舆"章、"长沮桀溺"章、"荷蓧丈人"章等,均为脍炙人口之佳作,已具备志人小说的雏形,对后世产生了深远影响。

六、《论语》的影响

《论语》作为儒家经典和古代社会的生活教科书,沾溉中国历史两千多年,影响极为广泛而深远。今天如果能够正确看待和利用,也不失为难得的思想宝库、语言宝库和文学宝库。

《论语》的影响是多方面的,主要在思想方面,而且在这一点上与孔子的影响密不可分。

孔子的思想博大精深,仁者见仁,智者见智,后人的取向并不尽同,甚至大相径庭;而且为我所用,对孔子进行歪曲、改装的情况亦复不少。因此,考察孔子思想的影响,首先必须坚持全面的观点,切忌片面;其次,也许更为重要,必须还孔子以本来面目,澄清后世对他的曲解、改装和附会。然后才能探讨孔子思想的实际影响。

孔子是儒学的创始人,但是儒学在历史上绝不是一个一成不变的概念,孔子所代表的是原始儒学,后世儒学屡有发展变化,孔子的偶像也随之有所不同,孔子的思想也多被曲解、附会。例如汉代的今文经学和纬学把孔子神化，作了极大的歪曲。又如魏晋玄学援道入儒，用老庄改造儒学，对儒学也是莫大的歪曲。再如宋代理学，也是原始儒学被严重扭曲的典型。理学宣扬"存天理，去人欲"，加强礼教对人们的束缚，甚至摧残人性也在所不惜，有悖于孔子思想。明清之际一些启蒙思想家的反孔乃至"五四"时期的反孔，主要是针对被宋明理学所歪曲的孔子，对孔子思想的原始面貌了解得既不准确，又不全面。

从孔子的实际思想来看，其对中国长期封建社会的影响，主流是积极的。孔子死后，儒学得到继续发展，战国时期存在着激烈的儒法斗争，以致酿成秦始皇时期的焚书坑儒。秦朝的反儒有其合理性，表现在反对颂古非今、由郡县制退到分封制。但是有很大的片面性，只看到儒家思想的消极面，忽视了儒家思想的积极面，结果纯粹"以法为教"，"以吏为师"，以致巩固不了自己的统治，二世即亡。汉承秦制，汉初即有人总结秦亡的教训，建议统治者重视儒学，借以治国。如陆贾说汉高祖居马上可以得天下，居马上不可以治天下，认为"文武并用，长久之术也"，"秦任刑法不变"以致速亡，建议高祖用《诗》、《书》、礼、乐辅之以刑罚进行统治（《史记·郦生陆贾列传》）。至汉文帝时，贾谊总结秦亡的原因说："仁义不施而攻守之势异也。"（《新书·过秦论》）建议兴礼乐，改秦法，"孝文帝初即位，谦让未遑也"（《史记·屈原贾生列传》）。至汉武帝时，董仲舒把儒学抬到至高无上的地位，在对策中"推明孔氏，抑黜百家"（《汉书·董仲舒传》）。但是他的建议并未完全为武帝所接受，正如皮锡瑞《经学历史》第四章所说："武帝罢黜百家，表章六经，孔教已定于一尊矣。然武帝、宣帝皆好刑名，不专重儒。"宣帝不重儒有《汉书·元帝纪》为证，元帝为太子时，"见宣帝所用多文法吏，以刑名绳下，大臣杨恽、盖宽饶等坐刺讥辞语为罪而诛，尝侍燕从容言：'陛下持刑太深，宜用儒生。'宣帝作色曰：'汉家自有制度，本以霸王道杂之，奈何纯任德教，用周政乎！'"其实霸道（法）王道（儒）相杂，不限于汉朝，可以说贯穿于汉以后的整个封建社会中。但在意识形态领域，儒家又始终处在正宗的地位。所谓"独尊"的含义，不过如此而已。而且倡王道，反霸道，把两者绝对化是孟子的思想。在孔子思想中，并不完全否定霸道，孔子称赞管仲相齐桓公称霸诸侯，一匡天下，增强了国家实力,抵御了夷狄内侵,保卫了中国的先进文明,"民到于今受其赐"(《宪问》)。此外,如前所述,孔子不排斥法治,他主张兴礼乐教化,辅之以刑罚,这与"以霸王道杂之"亦颇相似。

孔子思想在封建社会的影响,积极方面是主流,体现在明君贤相、清官廉吏、仁人志士、民族英雄身上,表现为励精图治、选贤与能、兼听纳谏、改恶从善、倡廉肃贪、克己奉公、刚正不阿、执法如山、兴利除弊、勤政爱民、精忠报国、积极用世、忧国忧民等政绩和美德,闪烁着自强不息、人道、民本、尚德、贵知、重和、均平、为公、大同等思想光辉,流传下"杀身成仁"、"舍身取义"、"先天下之忧而忧,后天下之乐而乐"、"人生自古谁无死,留取丹心照汗青"、"天下兴亡,匹夫有责"、"苟利国家生死以,岂因祸福避趋之"等无数震撼人心的至理名言和仪表风范。中国长期的封建社会出现过不少太平盛世,这些治世的出现,首先是人民斗争的结果,但也与统治者善于总结历史经验教训、调整封建关系分不开。有一种事实不容忽视,即在总结经验教训、调整关系时,以孔子为代表的儒家思想每每起着重要的指导作用。汉初的情况已如前述。又如唐太宗和魏征为代表的君臣论治也是明显一例。当时魏征建议太宗重视隋亡的教训,"载舟覆舟,所宜深慎,奔车朽索,其可忽乎",劝太宗"偃革兴文,布德施惠,中国既安,远人自服"(《旧唐书·魏征传》);敬待君子,疏远小人;偏听则暗,兼听则明等,并且多引孔子之言以为证。由此可见原始儒家思想在封建社会中的进步性是十分明显的。

有一种言论,认为儒家思想阻碍科学技术的发展,实难服人。第一,中国古代科学是先进的,这种情况不可能与当时社会的主导思想儒学背道而驰。第二,中国古代有成就的科学家多数信奉儒家。第三,以孔子为代表的儒家重视教育,重视知识,提倡独立思考,发挥人的创造才能,学风又谨严扎实,有利于促进科学的发展。自然科学以生产实践为基础,孔子轻视生产实践,视技能为鄙事,这种思想或许会影响自然科学的发展,但并不是主流。

由于种种原因,中国的资本主义未能发展成为一个成熟的社会阶段,有人把此归罪于儒家思想的阻碍,认为儒家否定自由竞争,此论实难说通。首先观念不是万能的,作为上层建筑的思想意识可以反作用于经济基础,但不能起决定作用。情况恰恰相反,正是因为经济领域里的资本主义萌芽没有发展壮大,才没有动摇封建正统思想儒学的根基。其次,中国儒学也绝非与资本主义不相容,资产阶级政治家、思想家确实吸收过孔子思想。在西方,十七八世纪资产阶级启蒙思想家用理性万能的学说反宗教、反封建,进入了所谓理性时代。孔子的思想确是理性时代的重要思想来源之一,当时的思想家非常推崇孔子的学说,甚至以不同于神学的孔子作为他们启蒙运动的旗帜(参见朱谦之《十七八世纪西方哲学的孔子观》,《孔子哲学讨论集》,中华书局1962年版)。在中国近代史上,康有为的改良变法思想、孙中山的三民主义也吸收过孔子的学说。当然袁世凯称帝、张勋复辟时也鼓吹过孔教,这固然说明了儒学的复杂性,但孔教旨在歪曲、利用,不等于儒学。

"五四"新文化运动提出打倒孔家店,反映了反封建的革命性,但是缺乏分析,不无偏颇。实际上,在1919年前后,关于孔子及其学说也有公允的客观评价,如陈独秀说:"孔教(指孔学)为吾国历史上有力之学说,为吾人精神上无形统一之具,鄙人皆绝对承认之,而不怀丝毫疑义。"(《答俞颂华》,《独秀文存》第四册卷三)梁启超于1926年即对"打倒孔家店"的口号做了反思,认为"不是求真求美的态度"(《儒家哲学》,《清华周刊》第二十六卷第二号)。抗日战争时期,高涨的爱国主义激起对民族文化传统的重视,如1937年元旦,以爱国救亡为宗旨的"孔墨学术讲习会"成立;1938年5月4日,陕甘宁边区文化界救亡协会在《解放》杂志三十九期上发表了《我们关于目前文化运动的意见》;同年9月18日,吴玉章在《解放》五十二期上发表了《研究中国历史的意义》等。同时促进了对"五四"新文化运动的反思和总结,孔子进一步得到公允的评价,影响也随之加深。1938年10月毛泽东在《中国共产党在民族战争中的地位》一文中提出"学习我们的历史遗产,用马克思主义的方法给以批判的总结"的任务,指出"今天的中国是历史的中国的一个发展;我们是马克思主义的历史主义者,我们不应当割断历史。从孔夫子到孙中山,我们应当给以总结,承继这一份珍贵的遗产"。此文极有指导意义,对于清除"左"的影响,促使人们解放思想,起了很大的作用。之后,刘少奇在《论共产党员的修养》中,洛甫在《论待人接物问题》中,彭德怀在《论民主教育》中,都援用过孔子思想和名言,收到了很好的效果。

1949 年以后,由于"左"的思潮和庸俗社会学研究方法的影响,孔子基本上处在被批判的地位,"文革"中达到登峰造极的地步,因此对孔子思想的现实意义认识得极为不足。拨乱反正以后,情况有了很大的好转,但又受到民族虚无主义、全盘西化思潮的严重干扰。对孔子为代表的儒学的现实意义的重视,受到两股风的影响,一股来自西方学术界,一股来自东亚"四小龙"。而内因则基于实行改革开放、实现现代化还要不要继承传统文化的思考。不少西方学者考察问题的出发点是基于资本主义社会的弊端而关心人类的前途。"四小龙"以他们的文化背景和经济发展的事实,证明了以孔子为代表的儒学不仅不是现代化的阻力,甚至可以成为促进的动力。这两方面都给了我们很大的启发。

能否正确认识、准确把握孔子思想的现实意义,关系到观察问题的观点和方法。

"彻底决裂论"完全否定孔子思想的现实意义,不符合实际情况,是一种民族虚无主义。不加分析地当作国粹来宣扬,违背了事物发展的辩证法,且与复古论划不清界限。这两种倾向的观点显然都是错误的。

至于方法,以前盛行过阶级分析法,其实应该说是机械的阶级分析法,即先根据孔子的基本立场,确定其阶级属性——奴隶主代言人,然后把他的所有言行都看成这个阶级属性的反映。例如赵纪彬《论语新探》就是这样的一部代表性著作,文中不仅把《论语》中的"君子"说成"奴隶主"的同义语,"小人"说成"奴隶"的同义语,而且把其中的"人"字说成"奴隶主"的同义语,把"民"字说成"奴隶"的同义语。这样把基本词汇当成专门术语,完全违背了语言基本属性——无阶级性的全民共同语。并且不符合这些词在《论语》中的实际使用情况。20 世纪 60 年代还有人提出过"抽象继承法",即抽象地继承其字面意思,赋予新的内容。孔子思想如果抽去了具体内容也就不成其为孔子思想了,继承的前提已不复存在,还有什么继承可言。

探讨孔子思想的现实意义乃至全部传统思想文化的现实意义,必须尊重历史,不仅我们不可以任加解释、改造、赋予新的内容,而且要澄清前人的歪曲,还历史以本来面目。然后具体分析,区别对待:凡是属于反映客观真理的至理名言,凡是体现民族优良传统的善行美德,均有永恒价值,毋需重新包装,拿来就是。凡属具有合理内核的,要注意发掘、吸收。凡属瑕瑜混杂的,要注意分辨,以决弃取。有的纯属反面经验,也要认真分析,引以为戒,清除其现实影响。总之,还是要坚持辩证的、历史唯物主义的观点和方法,只有这样才能对复杂现象作出科学的分析,准确的判断。

七、怎样读《论语》

《论语》一书篇幅不大,语言亦不算艰涩,但是读起来并不容易。这是因为作为语录,话语简单,说话的背景往往不甚了了,所以话语的原意和所表达的思想内容不易把握。尽管自古以来,解释之作很多,但往往众说纷纭,莫衷一是,难于抉择。究竟怎样读《论语》才能准确理解其内容?从阅读古书的常规来说,照例应该从弄懂语言文字入手,准确分析其思想内容,这一点毫无二致。但是仅限于此尚不足,还必须从《论语》一书的特殊性出发,充分利用内证和外证(尤其是内证)准确理解语言文字并把握思想内涵。下面试举例略作说明。

例如《学而》的第一章:"子曰:'学而时习之,不亦说乎?有朋自远方来,不亦乐乎?人不知而不愠,不亦君子乎?'"这里孔子的三句话,好像互不关联,其实都与学习有关。第一句不言而喻。第二句讲会友,也与学习、修养有关,如《颜渊》:"曾子曰:'君子以文会友,以友辅仁。'"又如《礼记·学记》:"独学而无友,则孤陋而寡闻。"第三句讲不怕不为人知,实与学习目的有关,如《宪问》:"子曰:'古之学者为己,今之学者为人。'""子曰:'不患人之不己知,患其不能也。'"又如《卫灵公》:"子曰:'君子病无能焉,不病人之不己知也。'"

又如《为政》:"子曰:'攻乎异端,斯害也已!'"这里的"攻"字有两种解释,一是治,一是攻击;"异端"也有两种解释,一是异端邪说,一是事物的两端(指两面性);"已"字也有两种解释,一是实词"止",终了之意,一是语气虚词。由于几个字词的不同解释,相互搭配,又使整句可以有几种不同的理解：一是"攻治异端邪说，这是祸害啊"，一是"攻击异端邪说，则祸害就会终止"，一是"攻治认为事物有两端的学说，则祸害就会终止"，一是"攻击认为事物有两端的学说，这是祸害啊"。以上几种解释，都符合孔子的思想，究竟哪一种符合孔子这句话的本意？关键在于对"已"字意义的确定。通观《论语》，凡"也已"二字连称，均为语气词连用，如《学而》："君子食无求饱，居无求安……可谓好学也已。"《雍也》："能近取譬，可谓仁之方也已。"《泰伯》："泰伯，其可谓至德也已矣。""周之德，其可谓至德也已矣。"《子罕》："虽欲从之，末由也已。""说而不绎，从而不改，吾未如之何也已矣。"《颜渊》："可谓明也已矣。""可谓远也已矣。"只有一处似为例外，《阳货》："公山弗扰以费叛，召，子欲往。子路不说，曰：'末之也已，何必公山氏之之也？'"这里"末之也已"，似乎是说"没有地方去就算了"，"已"解释为"止"；但是"已"字作语气词解则为穷途末路之叹，亦通。如此看来，对上面的四种解释，只有第一、第四两种可以成立，而在这两种中，又以第一种为优，因为孔子对是否承认事物有两端的学说，还没有放到势不两立的地位，故不至于说出第四种那样严厉的话。

　　又如《述而》："子曰：'加我数年，五十以学《易》，可以无大过矣。'"陆德明《经典释文》标出"易"字，注曰："如字（如'易'本字）。《鲁》（《鲁论语》）读'易'为'亦'，今从《古》（《古文论语》）。"这里根据的是郑玄注。可知今文经书《鲁论语》"易"作"亦"，连下句读，作"五十以学，亦可以无大过矣"。按，以古文经本为是，郑玄和陆德明的意见是对的。五十岁学《易》，与人生阅历有关，正如朱熹《朱子语录》卷一一七说："此书（指《易》）自是难看，须经历世故多，识尽人情物理，方得看入。"学《易》无大过，与知天命有关，还可以从《论语》得到内证，《为政》："子曰：'吾十有五而志于学，三十而立，四十而不惑，五十而知天命，六十而耳顺，七十而从心所欲不逾距。'"《论语集解》解释得很好："《易》穷理尽性以至于命。年五十而知天命，以知命之年，读至命之书，故可以无大过。"但《鲁论语》的文字亦有外证，如惠栋《九经古义》引汉《外黄令高彪碑》"恬虚守学，五十以学"，但这只能说汉碑根据《鲁论语》，不能说明《论语》原文应该如此。而且孔子明说"十有五而志于学"，

"五十以学"亦无内证根据。这里说明有时内外证据可能很多,使用时还必须分析判断。

又如《子罕》:"子罕言利与命与仁。"一般把两个"与"字解作连词,意思是说孔子很少谈利、命和仁。孔子很少谈利是事实,很少谈命则不符合孔子的天命思想,很少谈仁更不符合孔子的思想。如前所述,孔子的思想核心是仁,《论语》讲仁的地方随处可见。这里的"与"字不是连词,还可以从句法上得到内证,因为《论语》中连词在几个并列成分之间的用法,跟现代汉语一样,没有在几个成分之间连用的情况,总是用一个连词放在最后两个成分之间,如《子罕》"子见齐衰者、冕衣裳者与瞽者",《为政》"使民敬、忠以(连词,同'与')劝",均可证。实际上"与命与仁"的"与"字是一个实词,义为赞同,则整句应断作:"子罕言利,与命,与仁。""与"字作"赞同"解,《论语》亦有内证,如《述而》"与其进也,不与其退也";"人洁己以进,与其洁也,不保其往也";如《先进》"吾与点也",皆是。

又如《乡党》:"食不厌精,脍不厌细。"一般把"厌"字解作满足,是说饭食越精越好,肉丝越细越好,指饮食的讲究。其实这里的"厌"字同后起的"餍"字,意思是饱足,全句是说饭食不贪吃精粹,鱼肉不贪吃细美,讲的是养生之道。同时也与孔子的安贫乐道思想有关,如《学而》"君子食无求饱,居无求安";《述而》"饭疏(粗)食,饮水,曲肱而枕之,乐亦在其中矣"。

例子不一而足,都可以说明应该怎样充分而灵活地利用内证和外证,从语言文字到思想内容准确理解《论语》原意。《论语》是一部思想著作,要从宏观上把握其中的某些思想内涵,还必须结合历史背景的分析,这又需要运用历史唯物主义的方法,在前面分析孔子的仁学思想时,我们已经作了尝试,可以参考。

八、有关《论语》的读本和参考书

《论语》在流传中有不少古注本,到现、当代又产生了不少新注本。读者可以根据个人的程度和不同的需要,选择一种恰当的本子作读本,参考其他一些本子来阅读。下面摘要介绍几种。

　　《论语集解》,魏孙邕、郑冲、曹羲、荀颙、何晏等五人所撰。何晏虽殿后,实为领衔者,故后人题署作者时一般只题他一人。全书共十卷,为现传最古的《论语》完整注本,所集诸家之说及何晏等人新加注释的情况,前面讲流传时已经提及。《论语集解》无论从所保存的《论语》文本上看,还是从注释成果上看,价值都很高,注文又比较简明,阅读和研究《论语》当以此书为基础。《论语集解》多在注疏本中流传,主要有皇侃《论语义疏》和邢昺《论语注疏》两个系统。单集解本极为鲜见,国内早已无存,日本尚流传有抄本、刻本多种,最有代表性的是正平本,为日本南朝后村上天皇正平十九年(相当元至正二十四年,1364)所刻,后流传有双跋本、单跋本、无跋本三种。经日本学者考证,双跋本为其祖版(此藏本的影印本已收入《四部要籍注疏丛刊》,中华书局1998年版)。有一点值得说明,《四部丛刊·论语集解》牌记云:“上海涵芬楼借长沙叶氏观古堂藏日本正平刊本影印。”其实其影印底本是一个影抄本,与原刊本对勘,不仅字体走样,而且有异文和错字,所以《四部丛刊》本不足为据。

　　《论语义疏》,十卷,皇侃撰。《论语义疏》在《论语集解》基础上作疏,既疏解正文,又疏解注文,其中吸收了晋江熙《集解论语》中十三家的成果及其他通儒的解释,引用时皆标姓名。凡不标姓名者为皇侃本人所解,内容包括引证、训诂、串释和就他人之说所加的按语。《义疏》的首要原则是不破《集解》之说,但亦不妨存列异说,因此就注释而言,皇疏内容丰富,援据详博,很有参考价值。至于底本文字,无论本文还是注文,都与后来通行的邢疏本有较大差异,反映了不同的版本依据,故皇疏的版本价值也很高。皇疏未出南宋即亡佚,但在日本一直流传不废,如足利学有藏本,新刻本即据其藏本而镌。清乾隆开四库馆时鲍廷博得到由日本传人的《论语义疏》,刻入《知不足斋丛书》,并收入《四库全书》。另有武英殿刻本。《论语义疏》的价值不限于阅读、研究《论语》本书,它也是南北朝义疏之作完整流传至今的唯一的一部书,对于研究义疏体著作有重要意义。

　　《论语注疏》,又称《论语正义》,原十卷,后人析为二十卷,邢昺等撰。据《宋史·儒林传·邢昺传》,真宗咸平二年(999),始置翰林侍讲学士,以邢昺为之。邢昺并受诏与杜镐、舒雅、孙奭、李慕清、崔偓佺等校定诸经义疏,《论语注疏》的成书当与此有关。《论语注疏》在注释上颇如《四库提要》所云"大抵翦皇氏之枝蔓而稍傅以义理",但邢疏对《论语集解》之外的旧说不具姓名标引,则失之笼统,有泯灭援据之嫌。至于邢疏所据《论语集解》底本渊源有自,像皇疏一样,有版本价值。《论语注疏》的单疏本现已不传,只传有注疏合刻本,以阮元南昌府学本为最佳,并附有校勘记,《四部要籍注疏丛刊·论语》即据此本影印,《十三经注疏》所收亦为此本。

《论语集注》,十卷,朱熹撰。朱熹先集程颐、程颢、张载、范祖禹、吕希哲、吕大临、谢良佐、游酢、杨时、侯仲良、尹焞等十一家宋人之说,成《论语精义》。后采摘此书精华,兼取《论语集解》古注,并补采曾几、苏轼、黄祖舜、洪适、晁说之、刘敞、李郁、邹浩、张栻、吕祖谦、胡寅、吴棫等宋人之说,而成《论语集注》。此书集中了宋人解释《论语》的成果,引用时各标姓氏或兼名字。虽不废古注,但不具姓名明引。当然其中也不乏朱熹个人的意见,有些还很有见地。《论语集注》中虽也有朱熹等理学家对《论语》歪曲解释,特别是在分析义理方面附会颇多,但就总体而论仍不失为很有价值的注释成果。注文的简明扼要尤其可取。《论语集注》中的《论语》正文,与邢疏所据《集解》本为同一系统,未经朱熹轻改,但在分章上有一些改动。总之,《论语集注》的价值在注释方面,而不在校勘上。现传最早的《论语集注》刻本是理宗淳祐十二年(1252)马光祖刊印的《四书集注》本,后又有与《孟子集注》合刻本,而通行的多为《四书集注》合刻本。

《论语正义》,二十四卷,题清刘宝楠撰。其实刘宝楠只完成了前十八卷,后几卷是由其子刘恭冕续成的。此书的《论语》本文及《论语集解》注文全依从邢疏本,异文考订列入本疏之内。《集解》之外,钩稽郑玄遗注载于疏内。作者注意抽绎本文,实事求是,不专一家。《集解》注文详备者,据注以疏本文;略者依本文以补疏;有违失而未可从者,先疏本文,次及注义;如有几说于义均通,兼存以备考。此书训诂、考据、校勘、分析义理兼重,尤以训诂、考据见长。引据不限众家之说,书证亦富。在清人诸经新疏中属佼佼者之列,堪称《论语》整理研究的经典之作,参考价值甚高。《论语正义》有同治五年刻本(此本影印收入《四部要籍注疏丛刊·论语》)、《续皇清经解》本。《诸子集成》亦收有此书。

《论语集释》,四十卷,近人程树德撰。此书分考异、音读、考证、集解(包括《论语集解》和邢疏有可采者)、唐以前古注、集注(朱熹)、别解、余论、发明、按语十项,集中了大量校释、考证和义理分析的成果,引书六百八十种,包括自古至清及刘宝楠《论语正义》以后的清人、近人著作。《论语集释》的主要价值在注释方面,校勘虽专列"考异"一项,但主要采摘他人成果,且比较疏略。此书1943年由华北印书局初版印行。1990年中华书局又印行《新编诸子集成》本,由程俊英、蒋见元点校整理,订正了旧本的一些讹误。

《论语疏证》,二十卷,杨树达撰。本书的宗旨是广泛取证以疏通孔子学说,取证范围、次序和原则是:以《论语》本证为先,群经诸子及前四史等他证为次,无证者缺之;老、庄、韩、墨等学说与儒家违异,然亦取其时有可以发明孔子之意者。所证的内容包括字义、文句、学说、事例、道理,并且体现由浅入深、由近及远的层次。对材料注意区分源流,分别对待。按断立说有据,并注意创新。《论语疏证》是一部很有丛刊价值的书,其强调以《论语》证《论语》的方法尤为可取。《论语疏证》1955年科学出版社出版,1986年上海古籍出版社收入《杨树达文集》重新出版。

《论语译注》,杨伯峻著。在《论语》新注中,杨伯峻的《论语译注》有开创之功,作者不仅对字音词义、语法规律、修辞方式、历史知识、地理沿革、名物制度和风俗习惯等作了考证性的简明注释,而且对全书作了今译,书后并附有《论语词典》。此书雅俗共赏,在《论语》的研究和普及上起了很大的作用。但是作者用括弧括起的方式增加一些词句进行翻译的做法不无商榷之处,另外对思想内容的阐释尚嫌不足。此书1958年中华书局出版,1980年重印。

《论语新解》,钱穆著。钱穆《论语新解》,分前十篇、后十篇为上、下编。内容包括解释和白话试译两部分,解释以诠释、讲解为主,间亦介绍异说,时有判断。此外还留意对章旨的分析。此书亦有重要参考价值,1985年巴蜀书社出版。

《论语注译》,孙钦善著。作者参考吸收前人的成果,结合个人钻研的心得,对《论语》作了注释、今译。在注释方面,除了注明生僻字词、人物、史实、典制、名物等具体内容之外,还多方取证,特别是利用《论语》内部材料互证,据以分析思想内容,力求做到训诂、考证、义理辨析相结合,在古代思想著作的整理、研究方面作了新的尝试。在今译方面,力求在古今语词对译的基础上做到语句顺畅。此书收入《古代文史名著选译丛书》,1990 年由巴蜀书社出版。

《孟子》说略

董洪利

一、孟子的生平事迹

孟子是战国时期伟大的思想家和教育家,是继孔子之后儒家学派最有权威的代表人物。他继承并发展了孔子思想,为儒家学说的发展立下了不朽的功勋。因此在漫长的封建社会里,人们也把孟子推崇为圣人,号称"亚圣",受到人们的顶礼膜拜。孔子思想和孟子思想结合而成的"孔孟之道",成了维系封建统治的精神支柱。孟子的思想和著作在中国历史上产生了极为深刻的影响。中国古代政治思想的发展、哲学思想的发展、文学思想的发展乃至其他学术思想的发展,几乎都与孟子思想有着密不可分的关系。

孟子名轲,公元前380年左右出生在邹国(今山东邹城),据说他的先祖是春秋时期赫赫有名的鲁国公族孟孙氏,而他的父亲则没有留下名字,母亲的姓氏也不可详考。金代人孙弼作《邹公坟庙碑》始称"公夙丧其父,母李氏以贤德见称"。明成化十八年(1482),刘浚撰《孔孟颜三氏志》又称"孟子之父激公宜,母仉氏或云李氏"。这以后,刘浚的说法普遍被人们所采用,其实并没有什么切实的根据。相传孟子的母亲是一位既有见识又很会教育子女的人。孟子幼年丧父之后,母亲就成了他第一位启蒙教师。在《列女传》、《韩诗外传》等古籍中记载了不少有关孟母教子的传说,其中"孟母三迁"、

"杀豚不欺子"、"断织劝学"等脍炙人口的故事,两千多年来一直为人们所传诵,成为后世教育子女的典范。孟母也成了优秀母亲的楷模。孟子在母亲的教导抚育下,度过了充实而有意义的少年时代。少年时代的良好教育,对孟子以后在思想和学术上的发展影响很大。他之所以能够接受儒家思想,并成为儒家学派的代表人物,可以说是在少年时代就打下了一定的基础。

孟子稍长之后,就拜师求学,研习儒家思想。据司马迁《史记》记载,孟子的老师是子思的门人。子思姓孔名伋,是儒家学派创始人孔子的孙子,战国初期颇有名望的儒学大师。在学习中,孟子对孔子思想产生了浓厚的兴趣,并立志毕生从事宣传儒家学说的事业。他非常崇拜孔子,认为自有人类以来,没有比孔子更伟大的人了,连尧、舜等古代圣王同孔子相比也略逊一筹。因此他把学习孔子、继承孔子的事业作为自己最大的愿望。直到数十年之后,他的学生问起他的愿望时,他仍然矢志不渝地回答说:"乃所愿,则学孔子也。"

战国时代是激烈竞争的时代。掌握了各国政权的统治者,为了谋求本国的富强,为了在兼并战争中取得胜利,迫切需要各方面的人才为自己效劳。各国君主千方百计地招徕学有专长、能为国出谋划策的贤士,不仅对他们十分敬重,而且常常委以高官,赐以厚禄,使他们在政治上充分施展自己的才能。在这种形势下,各个学派的知识分子在战国的政治舞台上十分活跃。他们奔走于各个诸侯国之间,企图说服各国君主,按照他们的主张制定内政外交政策。四处游说,成了各个学派政治活动的主要形式。孟子也不例外,他一生的主要活动也是四处奔走,游说诸侯,宣传儒家的政治主张,与此同时讲学授徒。大约四十岁左右,孟子开始周游列国。在此后的几十年中,他先后到过邹、鲁、宋、滕、梁、齐等诸侯国。但孟子游历诸侯的活动没有取得什么成效,《史记·孟荀列传》说:"(孟子)道既通,游事齐宣王,宣王不能用。适梁,梁惠王不果所言,则见以为迂远而阔于事情。"一些大国的君主如齐宣王、梁惠王等,对孟子所宣传的仁政思想毫无兴趣。齐宣王一心想的是通过兼并战争扩大土地,进而称霸中原统治天下;梁惠王则对几次战役的失败耿耿于怀,下决心要招纳贤士,富国强兵,报仇雪恨,重振"晋国天下莫强焉"的昔日辉煌。而孟子的仁政则是以儒家仁义思想为核心,以反对土地兼并、反对战争、提倡民本思想为主要内容的施政纲领,这与各诸侯国君的想法格格不入。因此,孟子在各诸侯国之间奔走呼号,最终也没能实现他的理想,这是孟子一生的悲剧。公元前 312 年以后,孟子离开齐国,回到家乡。此时孟子已经七十余岁,没有精力四处周游了,于是就与他的学生万章、公孙丑等人一起整理研究《诗经》、《尚书》等儒家经典,讲述孔子学说,同时又编著了《孟子》七篇。大约在公元前 300 年左右,孟子在家乡去世,终年八十余岁。

二、《孟子》的成书及历代研治《孟子》情况简介

《孟子》是先秦时期一部重要的典籍。它详尽地记载了孟子的生平事迹、思想学说和一部分史实,是研究孟子思想最直接、最可靠的材料。

关于《孟子》一书的作者,历史上有三种说法:一认为是孟子和他的学生万章、公孙丑等人共同编著的,而主要作者是孟子本人,司马迁《史记》主此说。二认为是孟子自己独立完成的作品,赵岐《孟子章句》、朱熹《孟子集注》等主此说。三认为《孟子》是在孟子死后,由他的弟子根据他生前的言论缀辑编定的,唐代韩愈、清代崔述等人主此说。从《孟子》的内容以及战国时期的某些史实看,我们认为司马迁的意见是正确的。不过这里应该对司马迁的说法稍加补充,即孟子去世之后,他的弟子曾对《孟子》一书作了修订,修订时把一些已经变化了的历史情况作了技术上的改动,例如把后于孟子而卒的诸侯国君加上谥号等。

《孟子》成书之后,最初是作为诸子之书流传的。至秦始皇焚书坑儒时,孟子一派的儒生也惨遭横祸。但《孟子》"其书号为诸子,故篇籍得不泯绝"(赵岐《孟子题辞》),被奇迹般地保存下来。到了西汉时代,《孟子》的地位稍有提高。赵岐说:"汉兴,除秦虐禁,开延道德,孝文皇帝欲广游学之路,《论语》、《孝经》、《孟子》、《尔雅》皆置博士。后罢传记博士,独立《五经》而已。"(赵岐《孟子题辞》)据此,则《孟子》一书在汉文帝时曾一度立于学官,设置博士,称为

传记博士。传记是经书的附庸,在古籍中的地位列于经子之间,低于经书而高于诸子之书。因此,《孟子》在西汉初年的地位比之秦代略有提高。汉武帝即位之后,由于实行"罢黜百家,表章六经"的政策,只立《五经》博士而废置传记博士,于是乎《孟子》又退回到诸子地位。

到了东汉,出现了几部研究《孟子》的专著,这就是程曾《孟子章句》、郑玄《孟子注》、高诱《孟子章句》、刘熙《孟子注》和赵岐《孟子章句》。流传到现在,仅剩下一部赵岐的《孟子章句》,其余各书均已亡佚。不过在清代汉学复兴的热潮中,学者们纷纷从各种古籍中钩沉,搜集了不少汉唐古注,编辑成册,从中可以略窥一斑。

两汉的《孟子》研究,呈现了不断升格的趋势。从汉文帝立《孟子》传记博士,到东汉出现《孟子》研究的专著,《孟子》的地位和影响逐步提高。这个变化不是孤立的,而是与儒学在汉代的命运息息相关。西汉初年,由于时当变乱之后,社会还不稳定,经济基础还不雄厚,所以文、景时代主张休养生息,恢复元气,崇尚无为而治的黄老之学,儒家著作虽设置了博士之官,但儒家学说在政治上还未真正受到重用。经过几十年的休养生息,到了汉武帝时代,社会经济日益繁荣,中央集权的政治已经确立,统治者需要一种能鼓吹礼乐升平、实现一统天下的富于理想的学说来为他们的政治服务。儒家的政治理论恰恰适应了这种需要,于是儒家学说被稍加改造就抬上了独尊的宝座。但汉武帝实行的政策仍然是外儒内法,表面上崇儒术,实行的却还是法家的一套。到了西汉末年,特别是到了东汉时代,独尊儒术的政策在统治阶级内部已经牢固地建立起来,儒家学说在意识形态领域占据了绝对的统治地位,研究儒家的经典,成了人们获得官爵利禄的最好途径。在这种形势下,儒学研究必然得到空前的发展。《孟子》在当时虽未进入经典之列,但却是经典之外儒家学说的首要著作之一,所以很自然地随着崇儒的浪潮,被推到文化学术的峰巅。

整个魏晋南北朝时期没有出现《孟子》研究的新作,只在晋朝出现了一部《孟子》专著,这就是綦毋邃的《孟子注》。此书在《隋志》和《唐志》中有著录,以后就亡佚了。《隋志》著录此书为九卷,而其他《孟子》注本则著录为七卷,大概是綦毋邃所注包括《孟子》外书二卷,因此后人常常借助此书在古籍目录上的著录情况来考证《孟子外书》的聚散流失。此书的原貌已不可得见,清人马国翰《玉函山房辑佚书》辑有綦毋邃注,可资参看。

隋、唐经学比魏晋南北朝时期显得兴旺活跃一些,但当时所重视的仍然是由汉代沿袭下来的几部经典,范围没有扩大,所以经学的兴盛并没有带来《孟子》学的繁荣。唐代也曾有人提议把《孟子》列为经书,如唐代宗时的礼部尚书杨绾以及晚唐的皮日休,都曾建议用《孟子》的内容设科取士,但都没有获得批准。尽管《孟子》在唐代没有得到官方的认可,但它在学术史上的地位却比魏晋六朝有了较大提高。这主要得力于以韩愈为代表的一些知识分子的提倡。在反对佛、老的斗争中,为了排斥佛教和道教的神学体系,韩愈提出了儒家的"道统"说。他认为儒家从尧、舜时代就有了自己的传授系统,它比佛教和道教的传授系统要久远得多:"尧以是传之舜,舜以是传之禹,禹以是传之汤,汤以是传之文、武、周公,文、武、周公传之孔子,孔子传之孟轲。轲之死,不得其传焉。"(《原道》)在韩愈所叙述的道统中,孟子是个至关重要的人物。要追本溯源必须从孟子开始,要开辟未来也必须从孟子开始。所以韩愈特别强调说:"求观圣人之道者,必自孟子始。"因此他极力推崇孟子,认为"孟子之功不在禹下",如果没有孟子维护圣道的努力,后世之人都将要"服左衽而言侏离矣"(《与孟尚书书》)。正是因为受到韩愈这样一位有影响人物的推崇,孟子的社会地位有了显著的提高。中唐以后,人们开始普遍地把孔子和孟子的名字连在一起,合称孔孟。孔孟之道的说法也开始逐渐流行起来了。

唐代研究《孟子》的专著,见于著录的有五部,即陆善经的《孟子注》,张镒的《孟子音义》,丁公著的《孟子手音》,刘轲的《翼孟》和林慎思的《续孟子》。前三部是《孟子》的注本,后两部是研究《孟子》的专著。另外,在笔记、文集中还有不少发挥孟子思想和引用《孟子》以说事的内容,也都可以算是研究《孟子》的成就。其中张镒和丁公著二家是经学史上最早为《孟子》注音的注本,备受后世学人的重视。这五种著作至今皆已散佚无存。惟宋人孙奭的《孟子音义》中引用了不少,《玉函山房辑佚书》又从孙氏书中辑出,较为集中地保存了这两种书的部分遗文。

宋代的《孟子》研究,比之汉、唐时代有了长足的发展,可以说是《孟子》学术史上的一次飞跃。首先是研究《孟子》的专著骤然增多,仅见于著录的就有一百多部(其中《宋史·艺文志》和《宋史艺文志补》著录有二十八部,《经义考》著录有百余部)。其次是研究范围的扩大,既有从汉、唐沿袭下来的训诂注疏之学,又有哲学、政治、经济思想的阐释发挥。第三则是《孟子》书和孟子的地位在宋代有了显著的提高,出现了质的变化。《孟子》在宋以前只是子部儒家类的一部著作,从宋神宗熙宁四年(1071)改革科举始,《孟子》则跃进了经书的行列,成为封建科举必不可少的教科书,并且一直延续到清末。孟子其人在宋以前被视作儒家学派的代表,虽然也受到学人士子的崇敬,但未能像孔子那样作为偶像受到人们的顶礼膜拜。到宋神宗元丰六年(1083),孟子则被封为邹国公,首次被供奉到孔庙之中,列于颜回之次,分享孔、颜所享受的人间烟火。

促使宋代《孟子》研究有如此大规模发展的原因是多方面的,而最主要的原因则是理学的勃兴带动了《孟子》研究的发展。理学是产生于北宋中期的学术思想,经南宋而进一步发展,元、明时代又有了新的发挥和演变,直到清末才逐渐衰微。孟子的思想体系与理学的思想体系是一脉相承的。在孟子思想体系中包含了大量的纯思辨的哲学问题,譬如性善论,譬如浩然之气,以及命、性、心、情、才、志、意、仁义礼智信、诚、敬、道、理、德、经权、义利等诸多范畴,都是理学极感兴趣的问题,而且与理学致力研究的核心"性与天道"问题在本质上是完全一致的。所以孟子思想理所当然地受到理学家的格外重视,而格外重视的结果,必然促进《孟子》研究有较大规模的发展。宋代理学史上还有一件十分重要的事情,即把《大学》、《中庸》从《礼记》中独立出来,与《论语》、《孟子》一起合称《四书》,抬高到与《六经》相同的地位,进行专门研究。这是理学家对传统经学的改造,它对于孟子地位的提高和孟子研究的发展也影响极大。

宋代研究《孟子》的专著,流传至今尚存的还有二十余种。其中较有代表性的著作有:题名为孙奭疏的《孟子注疏》,朱熹的《孟子集注》,张栻《南轩孟子说》，张九成的《孟子传》，余允文的《尊孟辨》等。孙奭《孟子注疏》是见于著录的北宋第一部《孟子》注本，也是最早列于学官、被收入《十三经注疏》的注本，所以此书是《孟子》学史上较有影响的著作之一。但据前人考证，此书是假托孙奭之名的伪作。此书对《孟子》文义的解释虽然比较浅薄，没有什么精到见解，但大体上看还算比较平正通达。此书久立学官，刻本甚多，目前最通行、最容易见到的是中华书局影印的《十三经注疏》本。朱熹《孟子集注》是《四书章句集注》的一部分。《四书章句集注》是朱熹集毕生之力，精心结撰，反复修改，历时四十年而完成的著作。所以《孟子集注》既是朱熹研究孟子的精华荟萃，同时也代表了宋代理学研究孟子的最高水平。朱熹作为一名哲学家，对《孟子》中许多抽象的哲学命题思考得较为深刻，能把握其中的精髓，解释起来得心应手，用十分简洁的文字把含义较为抽象复杂的内容说得清清楚楚，对读者深入理解孟子思想帮助极大。由于《孟子集注》是封建社会后期科举考试的必读教材，所以流传至今的刻本极多，尤其是明清两代的刻本，更是汗牛充栋。目前较为常见的版本有 1957 年上海中华书局出版的《四书集注》本。张栻和张九成是宋代理学家研究《孟子》的代表之一，从其著作中可以大致了解宋代理学研究《孟子》的一般情况。较常见的本子有《四库全书》本。余允文的《尊孟辨》是针对宋代疑经思潮而作的一部书。所谓疑经思潮，出现于北宋中期，当时的学者们纷纷对儒家经典提出了怀疑和批判。这股疑经思潮是对汉、唐以来墨守章句训诂的传统经学的反动，在学术思想界引起了很大震动，使趋于僵化开始走上绝路的经学有了新的转机。其中司马光的《疑孟》、李觏的《常语》、郑厚叔的《艺圃折衷》、晁说之的《诋孟》等都对《孟子》提出了怀疑和批评。于是，至南宋时期余允文作《尊孟辨》，对司马光等人的疑孟言论加以驳斥。《尊孟辨》较为集中地保存了历史上批评《孟子》的部分资料，为后世的研究工作提供了某些方便，有较高的史料价值。

元、明时代的《孟子》研究，基本上承袭了宋代理学的传统，绝大部分著作都以说解义理为主。而他们所阐释的义理，也大多没有什么新鲜货色，主要是环绕着宋代理学家的思想，尤其是朱熹的思想，来加以印证、说明。崇尚朱熹之学,是元、明经学领域的基本倾向。但大多数人并没有学到朱熹用功治学的一面,只是"慕宗朱之名,而不究其实"。元、明有关《孟子》的著作几乎都集中在以《四书》为名的书籍中,仅据朱彝尊《经义考·四书之部》的著录就有二百五十余部。只有为数不多的著作在书名中冠有"孟子"二字,如明陈士元的《孟子杂记》、郝敬的《孟子说解》等。这种情况与当时科举考试的形式有密切关系。元、明科举以《四书》为一经,必须把《论语》、《孟子》、《大学》、《中庸》都读通,才算通此一经,才能应付考试。为了适应这种情况,各种说解《四书》的著作就应运而生了。由于朱熹的经注是科举考试的基本教材,符合朱熹思想就有可能取中,违背朱熹观点就会名落孙山,所以那些说解《四书》为科举提供方便的著作,大多不敢越雷池一步,不敢另辟新说,只能围着朱熹思想转。当然,这只是就基本倾向而言,并不是说整个元、明时代的经学著作都毫无可取之处。有思想、有创建、学风严谨、功夫扎实的经学著作尽管不多,也是有的。因为时代在发展,社会在变化,必然会促使学术领域也相应地有所发展变化,而这些发展变化也必然会在著作中得到反映。

孟子作为一个偶像的地位,在元、明时代也有了很大变化,比之宋代又提高了一步。北宋末年,孟子被加封为邹国公,到了元文宗至顺元年(1330),孟子又被晋封为邹国亚圣公。"亚圣"之名自赵岐提出之后,直到元代才成为正式封号。从元代开始,不仅孟子的偶像地位有了巩固和提高,其父母也受到了统治者的封祀。元仁宗延祐三年(1316),封孟子之父为邾国公,母亲为邾国宣献夫人。元文宗至顺年间,又改封其父为聊国公,其母为聊国宣献夫人。

明朝建立之初,孟子的地位曾一度有所下降。本来明太祖朱元璋对孟子学说很感兴趣,但有一次他读《孟子》读到"君之视臣如手足,则臣视君如腹心;君之视臣如犬马,则臣视君如国人;君之视臣如土芥,则臣视君如寇仇"一段时,非常生气,认为这些话"非人臣所宜言",就下令罢免了孟子配享孔庙的资格。后来又下令让翰林院学士刘三吾删除了《孟子》中一些不利于封建统治的激进言论,出了一部书叫《孟子节文》。被删掉的内容共八十五章,这些章节"课试不以命题,科举不以取士"。应考的人为了个人前途,对这八十五章肯定就弃而不读了。这个举动对于维护封建统治秩序、禁锢人民思想,比罢孟子配享更为有效。经历了这个小小的挫折之后,孟子的地位就相当稳固了。明世宗嘉靖九年(1530),去掉了邹国亚圣公中邹国公三字,直接尊奉为亚圣。孟子的地位又提高了一步,从公爵提升为圣人。

元、明时代有关《孟子》的著述数量极多,其中在思想和资料方面较有价值的著作有如下几种:金履祥《孟子集注考证》,这是为朱熹《孟子集注》所作的疏证,此书对朱熹的理学思想作了阐释与发挥,同时也对朱熹略而不注的内容作了补充修订。许谦《读四书丛说》,此书涉及的内容很广泛,有史实名物的考证,字音字义的诠释和思想义理的分析等几个方面,其中有不少见解,发前人所未发,很有启发性。陈天祥《四书辨疑》,此书最主要的特色是对朱熹《四书集注》持怀疑和批判的态度,而且其批评大多分析透彻,论证精密,有较强的说服力,能从别人不甚重视的细微之处发现问题。在一片宗主朱熹的合唱声中,此书敢于提出不同意见,这是极难能可贵的。以上是元代的著作。明代较有价值的著作主要有:蔡清《四书蒙引》,此书是以讲义理为主的著作,虽然也以朱学为宗,但内容较为充实,能够发挥一些精辟独到的见解,在明代疏解《四书》义理的系列著作中堪称佳作。另外蔡清还著有一部《四书图史合考》,是关于《四书》中史实、人物、典章的资料汇编。其中《孟子》部分共列有五百五十三个条目,内容广泛,引书极多,有一定的资料价值。陈士元《孟子杂记》,也是一部以广泛收集资料为主的著作,兼有不少考释的内容。此书篇幅不大,只有四万多字,但学风较为严谨务实,能博采众说,是明代较有参考价值的《孟子》研究著作。《三迁志》是一部综合性研究孟子的资料汇编,其性质相当于一部资料档案。此书是经过明、清两代人不断加工修订而成。其最后的作者是清代康熙年间孟子六十五代孙翰林院五经博士孟衍泰。此书以资料见长,除有些资料不甚可靠外,大部分资料还是颇有参考价值的。

明末清初,学术思想发生了巨大变迁,从明朝那种空疏、虚妄、迂腐的八股道学,转变为以训诂考据为主要特征、以古代学术为主要对象的汉学研究,形成了务实严谨的朴学学风。学风的变化,促使研治《孟子》的情况也相应地发生了变化。这个变化使清代的《孟子》研究呈现了如下三个特点:一是注重《孟子》汉注的研究。其中仅对赵岐注的研究就出现了不少名作,如焦循《孟子正义》、宋翔凤《孟子赵注补正》、桂文灿《孟子赵注考证》等。《孟子正义》是焦循为赵注所作的疏,在《孟子》学史和清代学术史上都堪称模范之作,影响很大。二是清代朴学学风在《孟子》研究中形成了治学态度较为严谨、探讨问题较为深入、治学方法较为细密的特点,使《孟子》研究取得了不少超逸前代的成就,许多难以解决的问题,许多不能判定的悬案,包括词章训诂、名物考订等各个方面,基本上都有了可供参考的答案和结论。三是研究《孟子》某个专门问题的著作出现了不少。如牛运震《孟子论文》,专就《孟子》文法和写作技巧加以研究,别具一格。在此之前,尚未有人对《孟子》散文做过如此全面、细致、具体的艺术分析。再如臧庸《孟子先见梁惠王考》、《齐宣王取燕十城考》,是对《孟子》中一些具体的历史问题进行专门研究而独立成篇的。另外,研究孟子生卒年,孟子游历诸侯,孟子年谱以及与孟子有关的战国史实等专门著作也有很多。如阎若璩《孟子生卒年月考》、任兆麟《孟子时事略》、张宗泰《孟子七篇诸国年表》、周广业《孟子四考》、崔述《孟子事实录》等都是这类著作。除上述三个主要特点外,清代《孟子》研究还有一个不容忽视的特点,即利用解释《孟子》思想的形式,批判旧的学术传统,阐发新的思想。如戴震《孟子字义疏证》,就是以解释孟子字义的形式批判程朱理学,阐述自己唯物主义哲学思想的。康有为的《孟子微》,则从孟子思想的解释中,直接引申发挥了他的改良主义的社会政治理想。这个特点不属于朴学范畴,也不十分普遍,但却代表了清代《孟子》研究的一个重要方面。

以上所述是《孟子》其书的研治情况。孟子作为一个偶像的地位,在有清一代一直是相当稳固的,既没有升值,也没有贬值。清代统治者对孟子也都非常尊崇。例如康熙就曾为孟子庙撰写碑文,其文曰:"我读其书,曰仁曰义,遗泽未湮,闻风可企。岳岳亚圣,岩岩泰山,功迈禹稷,德参孔颜。"认为孟子的形象比泰山还要雄伟,功绩比禹稷更加伟大。直到清朝灭亡,中国结束了封建专制的统治,孟子才被请下亚圣的宝座。《孟子》一书也随着科举制度的废除,失去了经典的地位,恢复了诸子之书的本来面貌。

三、孟子的思想学说

(一)仁政学说

仁政是孟子政治思想的核心,也是他半生辛劳孜孜以求但最终仍未能实现的理想。孟子的许多观点,诸如性善论、道德修养论、教育学说等都是围绕着仁政而展开的。因此,仁政学说是孟子思想体系中最重要的范畴。

但仁政并不是孟子凭空幻想出来的东西,从思想渊源看,仁政是孔子仁学思想的继续与发展。作为儒家学说的传人,孟子不仅把孔子仁学思想的精髓融合进了自己的思想体系,并把它发展成为为封建政权服务的政治纲领——仁政。

孔子的仁学体系庞博,内涵十分丰富,孔子本人曾对仁做过许多解释。然而对孟子影响最大,并构成仁政学说灵魂的则是这一段:"樊迟问仁。子曰:'爱人。'"(《论语·颜渊》)仁就是爱人,就是对别人施与爱,这是儒家处理人我之间伦理关系的一般准则。如何实现这种爱人之仁呢?孔子说:"夫仁者,己欲立而立人,己欲达而达人。"(《论语·雍也》)也就是说,要实现仁必须能够推己及人,自己想要有所树立,也应该让别人有所树立;自己想要有所通达,也应该让别人有所通达;想到自己的同时,也应该想到别人。这种推己及人的仁还有其相对应的一面,即所谓"己所不欲,勿施于人",自己不愿意的,不要强加给别人。这两个方面合为一体,就是孔子"一以贯之"的忠恕之道。这种以爱人为内容的忠恕之道,包含着一种最基本的精神,就是对别人要有同情之心。在孟子的仁政学说中,则把这种同情之心称为恻隐之心或不忍人之心。孟子说:"仁者爱人。"又说:"恻隐之心,仁也。"可见恻隐之心与孔子的仁是完全一致的。恻隐之心或不忍人之心,是孟子仁政学说的出发点。他说:"人皆有不忍人之心。先王有不忍人之心,斯有不忍人之政矣;以不忍人之心,行不忍人之政,治天下可运之掌上。"(《公孙丑上》)以仁爱之心实行仁政,治理天下就易如反掌。

孟子不仅把孔子的仁学观念作为仁政的出发点,而且还对仁学观念进行了精致的加工改造,演化成了仁政学说的总体纲领。他说:"桀纣之失天下也,失其民也。失其民者,失其心也。得天下有道,得其民,斯得天下矣。得其民有道,得其心,斯得民矣。得其心有道,所欲与之聚之,所恶勿施,尔也。"(《离娄上》)孟子总结了夏商周三代得失天下的经验教训,认为取得天下的关键在于得到人民真心诚意的拥护。为了得到人民的拥护,君主应该按照人民的意愿施政,人民希望得到的,替他们积聚起来,人民所厌恶反对的事,决不要做。"所欲与之聚之,所恶勿施",可以说是孟子仁政学说的根本纲领。而这句话其实就是孔子"己欲立而立人,己欲达而达人"、"己所不欲,勿施于人"的外向的拓展与延伸。孔子的话立足于内心的道德修养,是儒家处理人我关系时,"我"的方面的道德准则。孟子则把这种道德准则扩展为政治措施的准则。二者都是从"仁者爱人"这个基本点出发的。

仁政包括政治、经济、文化、教育等各方面的内容。在政治上,仁政反对兼并战争。孟子认为,兼并战争是造成人民生活困苦和各种祸乱的根源。因此,他主张制止兼并战争,对那些怂恿本国君主燃起战火的人,必须处以刑罚。但孟子只反对兼并战争,而对于平定叛乱,解救人民危难的战争是支持的,认为那是一种仁义之战。兼并战争的结果,必然是弱国被强国鲸吞,最后实现天下的统一。孟子虽然反对兼并战争,却并不反对统一,他认为统一是使天下安定的根本保证。法家学派认为兼并战争是统一的唯一途径,而孟子则认为只有实行仁政,用仁的思想力量使天下归服才是真正的统一。这是战国时期法家学派与儒家学派的根本分歧之一。

在经济上,仁政主张减轻赋税和制民之产。战国时期的赋税之多,是惊人的。仅据《孟子》一书的记载,当时就有征收布帛、征收谷米、征发人力等三种赋税。孟子认为,三种赋税中如果同时用两种,老百姓就会有饿死的;如果三种同时并用,人民就会陷入妻离子散、家破人亡的悲惨境地。在赋税的重压下,人民就会反抗,封建统治就不能巩固。因此,孟子在仁政中特别强调了减轻赋税的内容。什么是制民之产呢?就是由国家分给农民一百亩耕地和五亩大小的房宅基地,并把这些土地规定为农民的固定产业,孟子认为,人民如果没有固定不变的产业,就不会有安分守己的恒心。如果没有恒心,就会违法乱纪无所不为。等到他们犯了罪,再加以处罚,这就是陷害人民。因此,贤明的君主必须分给人民足够的固定产业,使他们上足以赡养父母,下足以抚育子女。孟子的这个措施,既可以缓和统治者与被统治者之间的矛盾,又可以限制土地兼并,是仁政中重要的经济政策。

仁政还要求封建统治者尊贤使能,也就是尊敬重用有贤德和才能的人。国君只有尊重贤才,让杰出的人都有官位,天下的士人才会高兴而来,为本国的富强出谋划策。孟子还认为,任用贤才是仁政得以实现的有力保证,因此选拔人才一定要慎重。既要征求大多数人的意见,又要深入实际进行考察,绝不能轻易相信左右亲信的意见。怎样衡量贤才呢?孟子认为唯一的标准是道德修养。他说:"惟仁者宜在高位,不仁而在高位,是播其恶于众也。"(《离娄上》)只有具备了仁这种道德修养的人,才能居于高位,否则,做的官越高,危害人民越甚。

兴办学校,加强教育,是仁政在思想文化方面的重要措施。仁政是以儒家的道德观念为基石的政治体制。要推行仁政于天下,必须首先让儒家的道德观念深入人心。因此,孟子主张人民在有了物质生活的基本保证之后,就要兴办学校,加强儒家道德观念的教育,使人们懂得孝、悌、忠、信的道理,养成孝顺父母,友爱兄弟,忠于长上,办事诚实的品德。

(二)性善论

性善论是仁政学说的理论基础。孟子性善论的基本观点有如下几个方面:

1.人类有着共同的本性,这个本性是以仁、义、礼、智等道德意识为内容的社会属性,而不是与禽兽无别的自然属性。孟子认为,人与禽兽的根本区别,就在于人有"四心",而禽兽没有。所谓"四心",是指仁、义、礼、智四种道德意识,而道德是社会意识的一种形式,它规定并制约着人与人之间以及人与社会之间的关系,是人类所特有的社会属性。

2.人的善性是先天固有、与生俱来的,而不是后天形成的。孟子说:"仁义礼智,非由外铄我也,我固有之也。"(《告子上》)人为什么会具有共同的善性呢？孟子从人类共同心理的角度论证了他的观点，他说："今人乍见孺子将入于井，皆有怵惕恻隐之心，非所以内交于孺子之父母也，非所以要誉于乡党朋友也，非恶其声而然也。"（《公孙丑上》）意思是说，当人们见到儿童将要落入井中的一刹那，都会产生一种同情惊骇之情而跑去抢救。这既不是因为想借机结交孩子的父母，也不是为了求取乡党和朋友们的赞赏，更不是因为讨厌孩子的哭声才这样做的，而是因为人生来就具有一种共同的心理情感——怵惕恻隐之心。孟子认为，这种共同的善良心理情感就是人性本善的基础。

3.孟子认为，人与生俱来的善性，还不是完美的道德，只是仁、义、礼、智四种道德的萌芽。他说："恻隐之心，仁之端也。羞恶之心，义之端也。辞让之心，礼之端也。是非之心，智之端也。"（《公孙丑上》）"端"就是萌芽，既然是萌芽，就存在着两种可能性：它或许因得不到精心的护养，抵御不住恶劣环境的袭击而夭折；或许会在人的精心培育下茁壮成长，结出丰硕的果实。要想使萌芽茁壮成长，就必须加以精心的培养，因此孟子十分强调后天的修养功夫，强调通过修养，把先天具有的善端扩而充之。如果能够扩充，善端就会像刚刚燃烧的火，越烧越旺；像刚刚流出的泉水，越来越畅达而不可遏止。如果能够把善端扩充为仁义礼智四种道德，就足以安定天下，否则，连父母也不能奉养。

怎样才能使处于萌芽状态的道德完善起来呢？孟子认为必须通过反求诸己的方式加强道德修养。"反求诸己"是一种自我反省式的修养方法。孟子认为仁、义、礼、智观念是人际关系的道德准则，只有在与他人的交往中才能考察自己的道德观念是否达到充实、完美的程度。又因为"仁义礼智根于心"，所以考察的方法是向自己的内心寻求，反躬自问。当你爱别人而别人却不亲近你，管理别人而管理不好，恭敬别人却得不到相应的回报时，不要怨天尤人，而应当反躬自问，考察自己内心的仁义礼智是否充分地表现在了行为之中。如果没有表现出来，就说明内心具有的善端还没有得到扩充，还要继续加强道德修养。

反求诸己还有一项重要内容，就是"求其放心"。每个人都有与生俱来的善性,但并不是人人都能永远保持它而不变,在外界环境的影响下,大多数人都会受到外物的诱惑,只知满足耳目的物欲享受,使善良的本心得不到发展扩充而逐渐丧失。此时就要通过自我修养,把它寻找回来,这就是"求其放心"。孟子说:"仁,人心也。义,人路也。舍其路而弗由,放其心而不知求,哀哉!人有鸡犬放,则知求之,有放心而不知求。学问之道无他,求其放心而已矣。"(《告子上》)仁义之心有所丧失并不可怕,可怕的是不知把它寻找回来,因此孟子强调学问之道的全部内涵就在于"求其放心"。

孟子的性善论,从理论上系统地讨论了人类的共同本性问题,这是对人类认识史的贡献,应该加以肯定。但孟子认为仁、义、礼、智等道德观念天生就有,则是错误的。这是天赋道德观念论,是唯心主义的抽象人性论。

(三)与民同乐说和民贵君轻论

"与民同乐"(《梁惠王上》),是孟子政治思想的重要内容。所谓"与民同乐",就是要求统治者关心人民的疾苦,在他们纵情享乐的时候,不要忘记自己的百姓。孟子认为统治者的享乐,只要能使百姓们感到高兴就是"与民同乐"。他甚至认为,即使君主有贪财好色的毛病也不要紧,只要能与民同乐,仍然会得到人民的拥护。他曾经给齐宣王描绘了一幅极为美妙的君民同乐图:"假如王欣赏音乐,百姓们听到奏乐的声音,都兴高采烈地奔走相告说:'我们的国王大概没有疾病吧,不然怎么还能欣赏音乐呢?'假如王去打猎,百姓们听到车马的声音,看到仪仗的华美,都兴高采烈地奔走相告说:'我们的国王大概没有疾病吧,不然怎么还能打猎呢?'为什么百姓会如此呢?没有别的原因,就是因为王能与民同乐。"(《梁惠王下》)由此可见,"与民同乐"是孟子所追求的一种理想的社会境界。要达到这个境界,唯一的途径是实现仁政。因此"与民同乐"说实际上是为宣传仁政服务的。

孟子在叙述"与民同乐"思想时,发表了许多光彩夺目的言论。例如他说:"乐民之乐者,民亦乐其乐;忧民之忧者,民亦忧其忧。乐以天下,忧以天下,然而不王者,未之有也。"(《梁惠王下》)这些话以其深刻的思想内容,超越了时空观念,成为千古格言,牢牢地扎根在人们心中。宋代文学家范仲淹的《岳阳楼记》所表述的"先天下之忧而忧,后天下之乐而乐"的光辉思想,无疑是受到了孟子思想的启迪。

"民贵君轻"论表现了孟子的民本思想。孟子说:"民为贵,社稷次之,君为轻。"(《尽心下》)意思就是,在人民、国家和君主三者的关系中,人民最重要。他认为取得天下的根本之道在于得到人民的拥护,而要得到人民的拥护,关键是争取民心。他在总结夏、商两朝失国的教训时说道,桀、纣之所以失掉天下,是因为失去了人民;他们之所以失去人民,是因为失掉了民心。因此失民心者失天下,得民心者得天下。而争取民心的唯一方法是:人民所希望得到的,为他们聚积起来;人民所厌恶的,不要强加给他们。当前,人民需要的是什么呢?孟子认为是固定不变的产业、安定和平的生活环境和清明的政治,而这些只有靠实行仁政才能做到。民心所向,就如同水往低处流,兽往旷野奔一样,是不可阻止的。当今天下的国君如果有喜好仁德、仁政的,那么别国的人民就会像被驱赶着一样飞奔而来,此时即使不想统一天下,恐怕也做不到了。由此可见,孟子推行仁政的根本目的,就是争取民心,统一天下。

在孟子的民本思想中,还显露出不少民主思想的萌芽。例如他在谈到君臣关系时说:"君之视臣如手足,则臣视君如腹心;君之视臣如犬马,则臣视君如国人;君之视臣如土芥,则臣视君如寇仇。"(《离娄下》)这里,孟子发展了孔子"君使臣以礼,臣事君以忠"(《论语·八佾》)的思想,强调了君必须首先对臣有礼,然后臣才能对君尽忠。不仅如此,孟子还认为,对于暴虐无道的君主甚至可以流放和诛杀。孟子的这些思想在当时是难能可贵的,在历史上也起到了积极的进步的作用。例如近代改良主义思想家严复,就曾借用民贵君轻论来宣传资产阶级民权思想,反对封建君主专制。孟子的这些思想还引起了封建统治者的惊恐不安。如前文提到朱元璋删《孟子》事。这也从反面说明了孟子这些思想的巨大影响。

(四)积极主动的进取精神

进取精神,是指对事业充满必胜的信念,并且百折不挠地为实现自己的理想而努力奋斗。孟子能够在辗转千里、屡遭不遇的情况下仍然坚持仁政理想,就是因为他具有积极主动的进取精神。孟子是相信天命的,他认为人应该顺从地遵循天命的安排,但是顺从天命决不能消极地等待,而要积极地去争取。只有终生尽力行道,积极修身养性才算是顺从天命。他还认为仁、义、礼、智等道德能否在社会生活的各个方面实现,是由天命决定的。但这些道德又是人的本性所固有的,人不应该消极地听从命运的裁决,而应该积极主动地发挥自己的本性。在这些论述中,相信天命是保守性的表现,应该批判;而积极主动的进取精神则是进步的,应该肯定。

怎样才能体现进取精神呢?孟子认为首先要不怕吃苦。他说:"天将降大任于是人也,必先苦其心志,劳其筋骨,饿其体肤,空乏其身,行拂乱其所为,所以动心忍性,增益其所不能。"(《告子下》)意思是说,上天将要把重任赋予某个人,一定要先使他的心志受折磨,筋骨受劳累,肚肠受饥饿,身体受困乏,使他的所作所为总是不能如愿,这样就能触动他的心灵,坚韧他的情性,增长他的才干。一个承担天下重任的人,如果不能经受心灵、性情以至筋骨皮肉等种种艰难困苦的考验和磨炼,就不可能增长才干,更谈不上完成事业了。这个思想对于今天来说,仍然有着积极的意义。

其次,要积极进取,就要有为事业勇于献身的精神。对此,孟子有一段极为精彩深刻的论述:"生,亦我所欲也。义,亦我所欲也。二者不可得兼,舍生而取义者也。生亦我所欲,所欲有甚于生者,固不为苟得也。死亦我所恶,所恶有甚于死者,故患有所不辟也。"(《告子上》)意思是说,生命是我所需要的,正义也是我所需要的;如果二者不可兼得,那就牺牲生命而求取正义。我虽然需要生命,但有比生命更为需要的东西,我不能为了活命而苟且偷生。死是我所厌恶的,但还有比死更使我厌恶的东西,所以我不能避死而远祸。"舍生取义",这个流传千古激励人们奋斗的成语,就来源于《孟子》的这段话。为了正义的事业不惜献出自己的生命,是《孟子》进取精神中最宝贵的思想。

积极进取,还要求对事业锲而不舍,坚持到底,无论在任何情况下,都要奋发有为。孟子用形象生动的比喻说道:"有为者辟若掘井,掘井九轫而不及泉,犹为弃井也。"(《尽心上》)有所作为就好比挖井,挖了六七丈深没见到泉水就半途而废,它仍然是一口废井。这就是说,要完成一项事业,必须坚持不懈,如果半途而废,就会前功尽弃,一事无成。他还说:"在有文王的太平盛世才能奋发有为的,是普通人;至于豪杰之士,即使在没有文王的乱世,仍然能奋发有为。"(《尽心上》)周文王是西周第一个君主,他执政的时期儒家认为是太平盛世的象征。这段话的思想含义是:越是在艰难困苦的条件中越要坚持自己的理想,积极进取,奋发向上。只有这样才能成为真正出色的人才。

(五)文学思想和文学成就

孟子是位思想家,但他对文学尤其是《诗经》的研究有很深的造诣。在引用《诗经》以叙事明志和评论《诗经》中,他创造性地发表了一些如何读《诗》,如何理解《诗》的精湛看法,如"以意逆志"说和"知人论世"说,已经深刻地涉及到如何正确理解和认识文学作品的思想意义和艺术特征等理论问题,对后世文学批评理论的发展影响极大。

孟子是在论述交友之道时提出"知人论世"说的。他说:"一乡之善士斯友一乡之善士,一国之善士斯友一国之善士,天下之善士斯友天下之善士。以友天下之善士为未足,又尚论古之人,颂其诗,读其书,不知其人可乎?是以论其世也。是尚友也。"(《万章下》)善士应该同善士交朋友。如果同一乡、一国乃至天下所有的善士交朋友仍感到不满足,就要同古人交朋友,而要和古人交朋友,唯一的办法就是"颂其诗,读其书",即通过诵读古人的作品与之意通心知,求得助益;但要正确理解古人作品的意义,深刻分析其思想,仅靠阅读作品是不够的,还必须深入了解作者的生平思想及其所处时代的政治、经济、文化背景,也就是要"知其人,论其世"。这里讲的虽是尚友之道,但是却道出了一个十分重要的文学批评与鉴赏的原则。

"知人论世"是一个问题的两个层次。所谓知人,就是要了解作者的生平与思想。文学作品是作者创造的产物,作品与作者之间有着密不可分的关系,作者的生活阅历、知识经验、思想情感、性格气质、艺术修养等对于作品的思想内容和艺术风格有直接的影响。因此,只有深入了解作者其人,才能更为深刻、透彻地理解和分析他的作品。而作者的思想情感等种种因素,不是与生俱来的,也不是凭空产生的,而是他那个时代人文环境综合影响下的产物。因此要了解作者其人，必须先要了解他所处的时代，了解时代风尚和社会生活对他的影响，也就是要"论其世"。只有既知其人又论其世，才有可能真正理解作品的意义，作出较为准确、真实的分析与评价。如果脱离作者的思想，脱离作品的时代环境去进行批评和鉴赏，得出的结论十有八九是经不住推敲的。诚如鲁迅先生所言："我总以为倘要论文，最好是顾及全篇，并且顾及作者的全人，以及他所处的社会状态，这才较为确凿。要不然，是很容易近乎说梦的。"（《且介亭杂文二集·题未定草》）

"知人论世"在今人看来只是一种普通的常识性命题，但在两千多年前的战国时代，孟子能提出这样一种包含了历史唯物主义因素的正确观点，应该说是难能可贵的，它对于中国传统文学批评理论的发展有着不可低估的影响。在这个基础上，后世的文论家又不断地加以阐释与发挥，使"知人论世"的批评理论得到了进一步的丰富与完善。

"以意逆志"，简言之就是用自己的体会去理解诗人之志。孟子说："说诗者，不以文害辞，不以辞害志，以意逆志，是为得之。"（《万章上》）这段话的意思是说，解释诗的人，不能拘泥于个别的文字和词句，仅从文辞的表面意义去机械地理解诗的意义，而应该根据诗的整个篇章作具体分析，用自己的切身体会去推测或探索作者在诗中所表达的思想感情。为了说明问题，孟子还举了一个例子。《大雅·云汉》有这样两句："周余黎民，靡有孑遗。"意思是说："周朝剩下的人民，没有一个留存。"如果拘泥于词句，相信了这话，那就是说周朝没有一个人留存下来。孟子认为这个理解显然是荒谬的。正确的理解应该采取"以意逆志"的方法，从这两句诗中体会到诗人同情人民遭受灾害的思想感情。

"以意逆志"说作为一种文学批评方法，原则上是正确的，因为它抓住了诗的艺术特征。诗是运用形象化的语言表达思想感情的，如果不顾诗的特征，仅从表面的文字理解作品，就会曲解原意。但应该指出，"以意逆志"说有很大的局限性。运用这种方法总要受到世界观和艺术修养的制约，而世界观和艺术修养是因人而异的，所以用自己的体会揣摩出来的诗人之志也必然是因人而异的。后人看到了"以意逆志"的局限性，就主张把"知人论世"和"以意逆志"结合起来运用。例如,清代的顾镇说:"夫不论其世,欲知其人,不得也。不知其人,欲逆其志,亦不得也……故必论世知人,而后逆志之说可用之。"这就是说,运用"以意逆志",必须以"知人论世"为基础。二者结合起来运用,虽然并不能完全克服"以意逆志"的局限性,但在观点上毕竟前进了一步。

孟子在文学上的成就,主要是他的散文创作。孟子的散文在文学史上享有极高的声誉,对后世影响很大。清人刘熙载《艺概》说,"韩文出于《孟子》","昌黎接孟子知言养气之传","东坡文亦《孟子》,亦贾长沙","王介甫文取法孟、韩"。可见,韩愈、苏轼、王安石等这些唐宋古文大家的优美散文,大多取法于《孟子》,与孟文有着深刻的渊源关系。这不仅仅是因为后世的文章家因好孟子之道而爱孟子之文,更主要的是因为孟子的散文确有其独特的风格特色,足以成为后世文章家的典范。

《孟子》散文最大的特色是文章的气势。磅礴、遒健、雄辩滔滔、富有力度是孟文气势的基本特征。这样的气势,既是百家争鸣、诸子横议、政治空气较为自由的特定时代的产物,又是孟子鲜明的性格特征的表现。孟子是个仁政主义者,他对自己的事业充满了必胜的信心,为实现自己的政治理想进行了坚持不懈的努力。因此他的那些宣传仁政的文章就显得气魄宏大,洋溢着乐观奋进的精神,极富鼓动性和感染力。请看这一段:"夏后殷周之盛,地未有过千里者也,而齐有其地矣。鸡鸣狗吠相闻,而达乎四境,而齐有其民矣。地不改辟矣,民不改聚矣,行仁政而王,莫之能御也。且王者之不作,未有疏于此时者也。民之憔悴于虐政,未有甚于此时者也。饥者易为食,渴者易为饮,孔子曰:'德之流行,速于置邮而传命。'当今之时,万乘之国行仁政,民之悦之,犹解倒悬也。故事半古之人,功必倍之,惟此时为然。"(《公孙丑上》)这是孟子和弟子公孙丑谈话的一部分,字里行间都充溢着仁政必胜的信念,体现着一位政治家关心人民疾苦,以天下为己任的胸怀。读着这段文字,能使人油然而感觉到一种"宽厚宏博,充乎天地之间"的气势。

然而美好的仁政理想在严酷的现实面前却处处遭到冷遇。各大诸侯国君都热衷于争城争地的兼并战争,认为仁政"迂远而阔于事情",没有谁打算实行。各个政治学派为了推行自己的主张,也互相展开了论战式的角逐。理想与现实的矛盾,学派之间的纷争,迫使孟子拿起了批判的武器。他时而怀着极大的愤慨,用辛辣嘲讽的笔触揭露社会的黑暗,时而又以犀利尖刻的言辞同其他学派展开论战。这一切交织起来,就构成了《孟子》现实主义讽喻文学的特质,形成了雄健浑厚、性格鲜明的文章气势。

孟子对现实的批判,就像是挥戈舞剑,锋芒毕露,咄咄逼人。例如他批判齐宣王的统治,穷追猛打,步步紧逼,最后竟逼问得齐宣王无言以对,只好"顾左右而言他"(《梁惠王下》)。但是,由于孟子的犀利言辞的深处凝聚着一股怜民爱民的情感,所以其散文的锋芒总是显得十分凝重而沉厚。例如他批判梁惠王说:"庖有肥肉,厩有肥马,民有饥色,野有饿莩,此率兽而食人也。兽相食,且人恶之;为民父母行政,不免于率兽而食人,恶在其为民父母也?"(《梁惠王上》)说梁惠王的统治是"率兽而食人",语极尖刻,然而透过肥肉、肥马、饥色、饿莩这些有强烈对比意义的言辞,又使人感到尖刻之中蕴涵着某种厚重的力量。

孟子素以好辩著称,他的论辩对象主要是诸家学派。这些诸子在当时都是有理论、善言辞的知识分子。与他们的论战比同诸侯谈话要困难得多,必须以精辟的思维,切中要害,才有可能取胜。于是孟子练就了一套"知言"的本领:"诐辞知其所蔽,淫辞知其所陷,邪辞知其所离,遁辞知其所穷。"(《公孙丑上》)在论辩中,孟子往往能十分准确地抓住对方致命的弱点,给以猛烈的一击。这个特点表现在文章中就形成了雄辩滔滔、刚劲犀利的气势。

孟子的论辩又是以维护圣道为目的的,他说:"我亦欲正人心,息邪说,距诐行,放淫辞,以承三圣者,岂好辩哉?予不得已也。能言距杨墨者,圣人之徒也。"(《滕文公下》)因此孟子在论辩中总是那么理直气壮,总有那么一种居高临下、巍然凛然的情态。《孟子》散文磅礴遒劲的气势,即来于此。

善于取譬设喻,用富于形象化的语言说理叙事,是《孟子》散文的又一特色。在诸子散文中,运用譬喻较多的首推《庄子》、《孟子》。《孟子》的譬喻不仅使文章增色生辉,而且极为后人所推重,至今仍有不少幽默生动、妙趣横生、寓意深刻的譬喻以极强的生命力活跃在现代语言中,对丰富语言的形象性,促进语言的发展,产生了深远的影响。

《孟子》运用譬喻有这样几个特点:一是根据谈话的不同对象、不同内容而设喻,不拘一格,看似信手拈来,实则颇具匠心,所用的比喻一般都能对所比之事、所说之理起到或发挥或烘托的作用。例如《梁惠王上》"寡人之于国也"章,孟子抓住梁惠王好战的特点,就用战争为喻,讲了一个五十步笑百步的故事,把梁惠王的用心治国比作跑了五十步的逃兵,与那些跑了一百步的逃兵(即不用心治国的君主)没有本质上的不同。这个比喻对于头脑昏聩只会打仗的梁惠王来说是容易理解和接受的。再如,宋国准备实行仁政,孟子为了在宋君周围安排大量的支持者,就用了一个楚人学齐语的比喻,既婉转地批评了只让一个善士住到王宫影响宋王的做法是不够的,又浅显生动地阐明了客观环境的重要作用。这个比喻用得非常贴切,寓意也很深远,至今仍有不小的启发作用。

二是孟子常用一些离奇古怪、荒诞不经的比喻来强化自己议论的中心,吸引谈话对象的注意。通过比喻,把抽象的道理形象化,把复杂的事情说得简单明了。例如《梁惠王上》"齐桓晋文之事"章,用"挟泰山以超北海"这样荒唐的只有在神话中才有的事情为喻,极为形象地告诉齐宣王,他之所以不能称王于天下,不是像挟着泰山超越北海一样不能做到,而是主观努力不够。接着孟子又用"缘木求鱼"之喻使齐宣王感到惊诧不解,然后再借机宣传仁政。

三是孟子还善于用一些完整的故事设喻。这些比喻故事情节生动引人,人物形象栩栩欲活,有很强的文学性。例如"揠苗助长"之喻:"宋人有闵其苗之不长而揠之者,芒芒然归,谓其人曰:'今日病矣!予助苗之长矣!'其子趋而往视之,苗则槁矣。天下之不助苗长者寡矣。"(《公孙丑上》)这是一个寓言式的故事。寥寥数笔就把一个因拔苗助长而累得疲惫不堪的憨态可掬的宋人形象活灵活现地勾画出来。最后一笔作结,点出了此段比喻的意义。最富于文学色彩的比喻是《离娄下》"齐人有一妻一妾"章。全章就像一篇当代流行的讽刺性微型小说,情节曲折,叙事生动,人物形象也各有特色。妻妾始而怀疑,继而羞愧哭骂的情态,良人(丈夫)坟间乞食,又在妻妾面前夸口骄横的无耻丑相,都描绘得惟妙惟肖。比喻中那个齐人的形象,实际上就是追求富贵利达者的生动写照。全文没有直接的讽刺之辞,然而却使人闻到了极浓烈的辛辣味。

语言晓畅通俗,感情充沛,风格多样,善于运用各种表达技巧等,也是《孟》散文的特色。刘熙载评价孟子文章说:"孟子之文,至简至易,如舟师执舵,中流自在。"这个评价甚为中肯。在诸子散文中,《孟子》的语言最为简洁明白,通俗易懂,确如泛舟中流,优游自如,畅达无阻。这是因为孟子文章质朴自然,直抒胸臆。刘熙载还说:"龟山杨氏论《孟子》:'千变万化,只说从心上来',可谓探本之言。"孟文之本,就在于心中所想,发之于口而成文章。语言工雅,却不露斧凿之迹;含义深厚,而没有艰涩之感。孟子还善于把爱憎忧乐的思想情绪注入到文章中,使文章带上强烈的感情色彩,使人们读其文若见其人。如"鲁平公将出"章,鲁平公准备去见孟子,却被近臣臧仓拦驾而归。孟子说道:"行或使之,止或尼之。行止非人所能也。吾之不遇鲁侯,天也。臧氏之子,焉能使予不遇哉?"(《梁惠王下》)几句话就把孟子那种既想见鲁侯又无可奈何,既迁怒于臧仓又要显示超脱的复杂的心理状态表现得极为充分。透过文字,读者似乎能看到一个悻悻焉、愤愤然的学者的神态。像这些较为精彩的性格描写,在《孟子》中还有不少。

《孟子》文章多由问答体组成,谈话的对象主要是各国君臣、家门弟子和诸派学人。孟子善于根据不同的对象,采用不同的谈话方式:或直言其事,或委婉曲折;或喻警策于幽默之中,或抒豪情于哲理之外;或如促膝谈心循循善诱,或似万弩齐发锋锐难当。如果没有娴熟的驾驭语言的能力,要做到这一点是不可能的。例如孟子初见梁惠王和齐宣王的几次谈话,因为各自的背景、地位、态度不同,所以孟子采用的谈话方式也因人而异。梁惠王处于新败之后,他想广招贤士,重振国威,对孟子是求教的态度,所以孟子一见他就以施教者的身份合盘端出了仁政主张。表现在文章中,形成了一种开门见山、直截了当、简洁明快的风格。而齐宣王正处于国势鼎盛之际,他一心想用武力征服中原,做个不可一世的霸主,对以反对兼并战争为主要宗旨之一的仁政绝不会轻易接受。所以孟子到了齐国,"三见宣王,不言事",先进行调查研究,掌握了齐宣王的思想脉搏之后,才开始循循善诱地启发引导他逐步接受自己的主张。文章中那种如叙家常,侃侃而谈,善设机巧,引人入毂的风格,较多地集中在与齐宣王谈话的诸篇中。其他如孟子与门徒的谈话,多是喻式的口吻,而与诸子的辩论则较多地使用犀利尖刻的言辞和讽刺、嘲笑甚至谩骂的语气。这些不同的谈话方式,构成了《孟子》风格多样化的特点。

《孟子》使用的表达技巧、修辞手段也是多样化的,这对于加强文章的表现力起了很好的作用。孟子文章使用较多的修辞手段是排比。例如:"城非不高也,池非不深也,兵革非不坚利也,米粟非不多也。"(《公孙丑下》)连用四个"非不",毫无堆垒之嫌。再如:"离娄之明,公输子之巧,不以规矩,不能成方员;师旷之聪,不以六律,不能正五音;尧舜之道,不以仁政,不能平治天下。"(《离娄上》)连用"不以……不能"的排比句式开头,造成了警辣的文势。又如:"故曰:责难于君谓之恭,陈善闭邪谓之敬,吾君不能谓之贼。"(《离娄上》)用三个排比句结尾,显得斩截而古劲。这类例子不胜枚举。

《孟子》有时也使用一些类似于排比的对偶句。如"未有仁而遗其亲者也,未有义而后其君者也"(《梁惠王上》),"穷则独善其身,达则兼善天下"(《尽心上》),都收到了简洁明快的效果。蝉联句法孟子运用得也很圆熟,如"君子深造之以道,欲其自得之也。自得之则居之安,居之安则资之深,资之深则取之左右逢其原,故君子欲其自得之也。"(《离娄下》)中间的蝉联层层深入,首尾义萦回相衔,把复杂的学习方法说得轻灵透彻。

四、阅读和研究《孟子》所应参考的几种著作

这里介绍几种《孟子》注本和研究著作,以便大家阅读时参考。

《孟子章句》,东汉赵岐注。此书是流传至今最早的一部《孟子》注本,有弥足珍贵的资料价值。赵岐注的最大优点,是在名物训诂方面保存了不少古义,注释大体上也较为精到。清阮元《十三经注疏校刊记序》评论《孟子章句》说:"赵岐之学以较马、郑、许、服诸儒稍为固陋,然属书离辞,指事类情,于训诂无所戾。七篇之微言大义,藉是可推。"这个评论还是较为允当

的。赵注还有一个很大的功绩,即把《孟子》各章分出了章次,并在每一章之后作了"章旨",来概括全章大意,分析全章思想,读起来篇目清晰,井井有条。这是赵岐独到的体例,甚便读者,功劳匪浅。赵注的主要缺点是对孟子的哲学思想所知甚浅,所以这方面的注释就显得有些迂腐,言不达意。

《孟子集注》,朱熹集注。此书在前第二节略有介绍,兹不赘述。朱注的不足是在名物考据方面略有欠缺。但总起来看,朱注还是比较严谨的,绝大多数的词义解释也是平正通达的。在数量众多的古今注本中,《孟子集注》当属极有参考价值的优秀注本之一。

《孟子正义》,清焦循撰。此书是为赵岐《章句》所作的疏。其内容概括起来主要有如下几个方面:一正赵注之误,二补赵注之缺,三疏通阐发赵注,四阐释原文义理。焦循一反唐人疏不破注之成例,不"敷衍文义,顺述口吻",在疏中多所发明,无论典章名物的训诂,还是思想义理的解说,都有不少超越前人的创说。其征引材料之广博,训诂考据之精审,阐释义理之透辟,在同类著作中罕有其比。梁启超称赞焦循《孟子正义》是"新疏家模范作品,价值是永永不朽的"(《中国近三百年学术史》),实非过誉。此书可视为集封建社会孟子研究之大成的著作,是专业学人深入研究孟子思想的首选之作,但作为普及读物则显得过于繁复。

《孟子译注》,杨伯峻译注。此书是新中国成立之后研究《孟子》的一部力作。全书有注释,有翻译;注释深入浅出,不留难点,颇见功力;翻译流畅、准确,通俗易懂。作为一部阅读《孟子》的普及读物,堪称佳作。另外,此书在赵岐分章的基础上,把《孟子》各篇、各章用阿拉伯数字编号,甚便读者。

《孟子导读》,杨伯峻编。此书是一部《孟子》选本。从《孟子》二百六十章中精选出八十章,加以注释和评述。卷首有"导言"一篇,全面叙述了孟子其人和《孟子》其书的情况,是引导读者如何阅读《孟子》的总纲性文章。另外,在所选各章的篇首以及段落之间都有评述,或概括全篇的主题思想、背景材料,或分析各段的思想意义、发表议论。起到了此书"内容简介"所说的"引导读者深入《孟子》堂奥,取其精华,去其糟粕"的作用。

《孟子文选》,李炳英选注。此书是从古典文学的角度选编《孟子》的著作。所选文章共七十六篇,都是《孟子》散文中有代表性的作品。注释较为简洁、准确。每篇注释之后,都有一段文字概括全篇主题,对读者有一定的启发意义。

《孟子选讲》,刘鄂培选注。此书选取《孟子》哲学、政治、经济、伦理、教育的有关篇章,加以注释和评析。选取文章凡一百十五篇。注释较为详细,并对有些难懂的章节做了串讲。此书较有特色之处,是在每章或中心内容相同的几章之后都加了评述,评述或点明文章的中心思想,或阐述自己的研究心得,或提出问题引起人们思考。这对于深入理解孟子思想颇有助益。

《孟子研究论文集》,王兴业编。此书是孟子思想研究的论文汇编。所选文章都是建国后至 1983 年底报刊上发表过的具有一定代表性的文章,共三十三篇。此书对深入理解孟子思想的各个方面有一定的帮助,可以作为阅读和研究《孟子》的参考读物。

《孝经》说略

彭　林

《孝经》是研究儒家伦理思想的重要文献之一,历来为学者所注重。《孝经》之名,先秦就已经出现,但不在儒家"六经"之中。《孝经》之"经",与"六经"之"经"意思不同,并非指经典,而是书中"夫孝,天之经也,地之义也"一语的约文。《孝经》取得经的地位,晚在东汉。

一、《孝经》的作者

《孝经》一书,相传是孔子为曾参说孝道,以明天子庶人五等之孝、事亲之法的记录。但是,《孝经》的作者,却是聚讼纷纭,迄无定论,有孔子说、孟子说、七十子后学说、孟子弟子说、汉儒说等。

传统的说法,认为《孝经》是孔子或曾子所作。《汉书·艺文志》云:"《孝经》者,孔子为曾子陈孝道也。"《史记·仲尼弟子列传》云:"(曾参)少孔子四十六岁,孔子以为能通孝道,故授之业。作《孝经》。"《孝经》所记,确为孔子与曾子的问答,但编撰者未必就是孔子或曾子。《孝经》开头就说"仲尼曰",仲尼是孔子的字,古人以称字为敬,所以只能用于他人。如果《孝经》是孔子所作,孔子怎么会称自己的字呢?《孝经》又屡称"曾子",同样的道理,如果是曾子所作,他岂能自称"曾子"?可见旧说之不可信。

唐仲友《孝经解自序》认为,《孝经》是孔子门人所作:"孔子为曾参言孝道,门人录之为书,谓之《孝经》。"言之有理,可惜未能确指是哪位弟子,所以并没有解决问题。

何异孙认为"《孝经》只是曾子门人所记"。但是《礼记》有《曾子问》一篇,《大戴礼记》有《曾子立事》、《曾子本孝》、《曾子立孝》、《曾子大孝》、《曾子事父母》以及《曾子制言》上中下三篇,一共九篇,都是出自曾子门人之手,而其体例、风格与《孝经》截然不同。所以,此说也难以成立。

《经义考》卷二二二引一位不知名号的冯氏之说,认为子思是孔子之孙,所以作《中庸》追述其祖父之语时,称孔子的字"仲尼"。《孝经》也称"仲尼",所以应该同样是出自子思之手。但是,先秦儒家文献中称"仲尼"的,并非只有《孝经》和《中庸》,《礼记》的《檀弓》、《文王世子》、《礼运》、《祭义》、《仲尼燕居》等篇,以及《荀子》的《非相》、《非十二子》、《仲尼》、《王霸》、《大略》等篇中,也有称"仲尼"的,但这些篇都不是子思的作品。

朱熹认为,《孝经》只有篇首的六、七章是孔、曾对话的原文,后面的十余章,是汉初齐、鲁间的陋儒杂取《左传》等书的文字对原文所作的传。《孝经》的体例,是在"子曰"之后征引《诗》、《书》,朱熹认为这是出于后儒的窜乱。但是,在"子曰"之后征引《诗》、《书》,并非《孝经》独有,《礼记》的《坊记》、《中庸》、《表记》、《缁衣》等四篇也是如此。因此,朱熹的说法有失片面。

姚际恒认为,《孝经》的文字与《左传》多有相同之处,《左传》是因汉儒张禹所传之后才始渐行于世的,所以《孝经》的年代一定比《左传》还要晚,它不仅不是孔子所作,而且不是周、秦的作品,只能是汉儒的伪作。

姚际恒因《孝经》与《左传》有同文,就认定《孝经》抄袭《左传》,并将《左传》和《孔子闲居》等一律视为汉儒之作,未免成见过深。近年上海博物馆从香港购回的一批战国楚简,内有包括《孔子闲居》在内的大、小戴《礼记》的文字多篇,姚说非但不攻自破,而且适成反证。

此外,《吕氏春秋》的《察微》篇已经征引《孝经·诸侯章》的文字:"高而不危,所以长守贵也;满而不溢,所以长守富也。富贵不离其身,然后能保其社稷而和其民人。"《孝行》篇则征引了《孝经·天子章》的文字"故爱其亲,不敢恶人；敬其亲，不敢慢人。爱敬尽于事亲，光耀加于百姓，究于四海，此天子之孝也"，证明《孝经》至迟在战国末年已经出现。而且，《孝经》在汉初即已立博士，授受端绪明晰，决不可能出于汉儒之手。

《孝经》的年代当在孔、曾以后、《吕氏春秋》成书之前，已无可置疑，但在具体问题上依然存在分歧。

王正己《孝经今考》举出《孝经》思想有五点与《孟子》相同，故断定为孟子门人所作，其成书早不过庄子时代，晚不出《吕氏春秋》成书时代。武内义雄《先秦经籍考》也认为，《孟子》中时有绍述曾子之语的地方，如《孝经》言先王之法服、法言、德行，《孟子》也以服尧之服，诵尧之言，行尧之行，均以服、言、行三者并举。又《孝经·天子章》言刑于四海，《诸侯章》言保其社稷，《卿大夫章》言守其宗庙，《庶人章》言谨身；《孟子》也言天子不仁不保四海，诸侯不仁不保社稷，卿大夫不仁不保宗庙，士庶人不仁不保四体。说明《孟子》与《孝经》有密切关系。

我们认为，《孝经》的作者是子思。《孝经》最明显的特点，是每章在"子曰"之后好引《诗》、《书》为证，风格与之相同的只有《表记》、《坊记》、《中庸》、《缁衣》等四篇。因此，它们应该是同一作者或作者群的作品。郭店楚简的出土，证明《缁衣》的年代不晚于战国中晚期，也就是说要早于《孟子》，故可以排除《孝经》为孟子门人所作的可能性。郭店楚简中的儒家类作品，学界已公认为是久佚的《子思子》中的篇章。从《论语》看，孔子多论《诗》而罕论《书》，子思则好引《诗》、《书》来印证孔子的学说。孟子曾师从子思的门弟子，所以继承了子思长于《诗》、《书》的特色。子思是孔子之孙，与曾子关系密切，由他记述孔、曾论孝的谈话，在情理之中。《孟子》原本有十一篇，其中有《说孝经》一篇，大概是孟子为论述子思《孝经》而作。

二、《孝经》今古文及其真伪

《孝经》有今、古文之别。《隋书·经籍志》云："遭秦焚书，为河间人颜芝所藏。汉初，芝子贞出之，凡十八章。"西汉颜贞所献的，就是今文《孝经》。

古文《孝经》出于孔府夹壁之中，见于多种汉代文献的记载。《汉书·艺文志》云："武帝末，鲁共王坏孔子宅，欲以广其宫，而得《古文尚书》及《礼记》、《论语》、《孝经》凡数十篇，皆古字也。"此即孔壁所出的古文《孝经》。荀悦《前汉纪·成帝纪》引刘向曰："鲁恭王坏孔子宅以广其宫，得古文《尚书》多十六篇，及《论语》、《孝经》。"但是，刘歆《移太常博士书》、王充《论衡·佚文》列举孔壁所得古书，仅言《尚书》，而未涉及《孝经》，似乎孔壁所得，只有《尚书》一种而已。许冲《上说文解字表》云"古文《孝经》者，孝昭帝时，鲁国三老所献"，则古文《孝经》又为鲁国三老所献，并非出于孔壁。如此异说纷纭，其来历似乎很有疑问。但是，上引《艺文志》语下有安国"悉得其书"四字，如果仅有《尚书》，则不得言"悉"。段玉裁《说文解字注》云："孔安国所得虽多，而所献者独《尚书》一种而已。淹中所出之《礼古经》、鲁国所献之古文《孝经》，皆即恭王壁中所得，而安国未献者也。《孝经》自昭帝时鲁国三老乃献之。"可见文献所记，彼此并不抵牾，段说至确。古文《孝经》流行于汉，隋、唐时犹见在，《经典释文序录》、《隋书·经籍志》等都有记载。

今、古文《孝经》的区别主要有两点：一是章数不同，据《汉书·艺文志》所记，古文《孝经》的章数多于今文，班固在《汉书·艺文志》"《孝经古孔氏》一篇"下自注云："二十二章。"颜师古注："刘向云古文字也。《庶人章》分为二也，《曾子敢问章》为三，又多一章，凡二十二章。"可知，古文《孝经》比今文多出的四章中，有三章是因为章句分合的粗细而造成的，真正溢出的只有《闺门》一章"闺门之内具礼矣乎严父严兄妻子臣妾犹百姓徒役也"二十二字；二是文字歧异，《汉书·艺文志》颜师古注："桓谭《新论》云《古孝经》千八百七十二字，今异者四百余字。"校读二本，知文字歧异大多在无关宏旨的地方，如今文云"仲尼居，曾子侍"，古文作"仲尼闲居，曾子侍坐"；今文云"子曰：先王有至德要道"，古文作"子曰：参！先王有至德要道"，如此而已。可见，今、古文《孝经》文字虽有小异，而义理不殊，两者并无根本区别。

其后，刘向"典校经籍，以颜本比古文，除其繁惑，以十八章为定"（《隋书·经籍志》）。《孝经》的章句、文字由此而成定格。马融、郑玄等鸿儒都曾相继为刘向的校定本作过注，可惜这些注本都已亡佚。

入晋，有"郑氏注本"与"孔传本"行世。前者注的是今文《孝经》，后者传的是古文《孝经》。所谓"郑氏注本",并没有标明"郑氏"就是"郑玄",此"郑氏"究竟是谁,不得而知。自从荀昶将"郑氏"坐实为郑玄,学者多从其说。但是,在记载有郑玄著述情况的《郑志》中,并没有提到"郑氏注本";还有人认为,"郑氏注本"的立义与郑玄所注其他各经明显不同,所以有些学者对"郑氏注本"的真实性提出疑问。"孔传本"出自刘炫,《隋书》怀疑它是伪书。开元七年(719)三月,唐玄宗诏令群儒质定《孝经》文字。刘知几与司马贞相为辩难。刘氏主古文,立十二验以驳郑;司马贞主今文,指责《闺门章》文句凡鄙,《庶人章》割裂旧文,并列举注文的种种疑问加以反驳。后因玄宗《孝经注》用今文,所以今文大行于世而古文几乎中绝。到了宋代,司马光《古文孝经指解》、朱熹《孝经刊误》都用古文,学者遂又转而从孔氏古文。

开元七年的争论重点,原本是《孝经》两种注本的真伪,并非《孝经》本身。赵岐《孟子题辞》说,"孝文皇帝欲广游学之路,《论语》、《孝经》、《孟子》、《尔雅》皆置博士",可见今文《孝经》汉文帝时就已立博士。汉初传十八章今文的,有长孙氏、博士江翁、少府后苍、谏大夫翼奉、安昌侯张禹等,"各自名家"(《汉书·艺文志》)。其真实可信,无可置疑,所以刘知几不置一词。但司马贞对《闺门章》、《庶人章》的批评,却已是由注升格为对古文《孝经》本身的怀疑,对后世的影响很大。

郭店楚简的出土,使我们亲眼看到一批真正的战国古文,其中《缁衣》篇首尾完具,文字与今本《缁衣》基本相同,两者的关系,与《孝经》今、古文相似,最可验证王正己之说。以郭店楚简《缁衣》与今本《缁衣》相比较,可知虚词多有差互,或此有彼无,或此无彼有,并没有一定之规。《缁衣》今、古文的异同与《孝经》今、古文一致,正是前人所谓的"文字小异,章句大同"。至于章数的不同,更无足怪。古文篇内大多不分章,后人离析章句,见仁见智,本无定例。章数的多寡,无关文本大旨。此有彼无之章,多为错简或脱简,今本《缁衣》比楚简本多出的两章,就是错简误植。古文有而今文无的《闺门章》,则可能是今文的脱漏。类似的现象,古文献中屡见不鲜。

清雍正十年(日本享保十七年,1732),日本人大宰纯刊刻了一部古文

《孝经》孔传,汪翼苍发现后带回国内,后由鲍廷博收入《知不足斋丛书》。

明万历四十四年(日本元和二年,1616),德川家康在金泽文库发现用铜活字印刷的《群书治要》残本,作者为唐代名相魏征,书在宋代就已亡逸。《群书治要》所收《孝经》是郑氏注本。清乾隆五十八年(日本宽政五年,1793),日本人冈田挺之将《群书治要》中的《孝经》郑注辑出刊刻,后也为《知不足斋丛书》收录。

经研究,大宰纯的古文《孝经》孔传,是以足利学校所藏的古抄本为底本整理后刊刻的。足利本的祖本传入日本的时间不晚于唐天宝初年,很可能在隋、唐之际。随着对吐鲁番、敦煌出土文书研究的深入,发现此本有不少属于北朝至隋、唐的俗字,可见来源很古。又中国国家图书馆藏有"和平二年康丰国写本《孝经》残卷",其文字、风格与足利本最为接近,此和平二年为公元552年,比刘炫重获古文《孝经》孔传早近五十年,证明古文《孝经》孔传可信。

三、《孝经》的内容与思想

《孝经》各章,原本都没有章名,刘向校定《孝经》、荀昶集《孝经》诸家疏时还是如此。从皇侃开始,才有《天子章》至《庶人章》五章的标目。可见,章名是后人陆续添加的。《孝经》各章的内容,大致如下:

第一章《开宗明义章》,此章为全书的纲领,孔子在此章提出,"孝"是先王治理天下的至德要道,是德之本、教之所由生。并提出孝的具体要求:始于事亲,中于事君,终于立身。以下各章皆围绕此章展开。

第二章到第六章分别为《天子章》、《诸侯章》、《卿大夫章》、《士章》和《庶人章》,论述自天子至庶人的"五等之孝"。

第七章至第九章分别为《三才章》、《孝治章》、《圣治章》,论圣人的德教皆渊源于孝。

第十章《纪孝行章》,记述孝子日常事亲的行为。

第十一章《五刑章》,论墨、劓、刖、宫、大辟等五刑的三千科条中,罪莫大于不孝。

第十二章《广要道章》和第十三章《广至德章》，申论首章"先王有至德要道"之义。

第十四章《广扬名章》，申论首章君子"立身行道，扬名于后世，以显父母"之义。

第十五章《谏诤章》，论君父有过失时，孝子当据理谏诤。

第十六章《感应章》，论为君父者若顺从谏诤、修身慎行，则可得应感之福。

第十七章《事君章》，论孝子升朝后的事君之道。

第十八章《丧亲章》，论孝子守父母之丧的哀戚之情。

《孝经》提出了一系列对古代伦理产生重要影响的思想。

（一）"孝治"思想

《孝经》将"孝"作为贤圣之治和君子终身躬行的"至德要道"，认为孝既是人类最普遍的情感，又是社会伦理的核心和最高境界。孔子说，"天地之性人为贵，人之行莫大于孝"（《圣治章》），把孝看作是道德的渊源、治化的纲领，用孝统德，教以敬，教以爱，使人人日增美善之心，最后达到天下大顺。在孔子看来，以孝治国，最为便捷，最易收效，也最可靠，所以《圣治章》说："圣人之教不肃而成，其政不严而治。其所因者本也。""孝治"思想受到历代帝王的认同，故多以之为标榜。

（二）"谏诤"思想

在《谏诤章》中，孔子明确反对将孝理解为惟父命是从。为父者与为君者都不是圣人，不可能没有过错，因此，臣子都有匡扶君父的责任。孔子说，古代的天子、诸侯等即使无道，由于身边有敢于谏诤的臣子，依然能保有其社稷。所以，"父有争子，则身不陷于不义。故当不义，则子不可以不争于父，臣不可以不争于君。故当不义则争之"。玄宗御注《谏诤章》说："有非而从，成父不义，理所不可。""文革"中，"四人帮"说孔子提倡"愚孝"，实属无稽之谈。

（三）博爱的思想

《广至德章》说："教以孝，所以敬天下之为人父者也。教以悌，所以敬天下之为人兄者也。"《孝经》提倡孝父、爱兄,并不局限于狭隘的小家庭,而是希望将孝父、敬兄作为培养善端的基础,推广到天下所有人的父兄。玄宗御注说,博爱的教育不一定要家到户至,"但行孝于内,其化自流于外"。只要切实树立了孝的根基,其爱心就会自然外流,博爱于众。所以,《广要道章》说:"教民亲爱,莫善于孝。"

（四）移孝作忠

《广扬名章》:"子曰:'君子之事亲孝,故忠可移于君。'"玄宗御注:"以孝事君则忠。"在古代宗法社会中,国君是天下的大宗,实际上是大家族长,因此,忠于父与忠于君是一致的。以孝事父的人,将孝心移到国君身上就是忠。因此,自古有"忠臣必出于孝子之门"的说法。移忠作孝的思想,对于维护历朝的统治,特别是抵御外族的入侵,起过重要作用。

四、《孝经》对中国古代社会的影响

《孝经》全文不足两千字,在《十三经》中篇幅最为短小,但在历史上却有许多帝王亲自为之作注,其影响远非其他诸经可比。

孝,本是子女对父母的亲情,是人类最自然、最朴素的一种情感。古人对孝行的歌颂,可以上溯到舜。《尚书·尧典》把舜作为孝的典范,认为尧之所以禅位于舜,重要原因之一,是舜具备孝德。商代甲骨文中已经出现"孝"字,而在周代的青铜器铭文中,孝已是屡见不鲜。但把孝提升到道德之本的高度,并加以理论化、体系化,则是始于孔子及其《孝经》。

到战国时代,《孝经》已经受到普遍重视。蔡邕《明堂论》中曾经引用魏文侯《孝经传》的文句。据《史记·魏世家》,魏文侯曾经师从子夏"受经艺",对儒学很有兴趣,是迄今所知最早说解《孝经》的诸侯。

从新出土的郭店楚墓竹简看,"孝"已经成为战国学者谈论的重要问题。如《六德》篇云:"是故先王之教民也,始于孝弟。""孝,本也。下修其本,可以断□。"《唐虞之道》云:"尧舜之行,爱亲尊贤。爱亲故孝,尊贤故禅。孝之方,爱天下之民。禅之流,世无隐德。孝,仁之冕也。让,义之至也。"显而易见,不少提法与《孝经》是一致的。

吕不韦延揽各地学者作《吕氏春秋》，分为八览，其中之一为《孝行览》。《孝行览》提出为天下、治国家者"务本莫贵于孝"的观点，甚至将孝的标准扩大到社会的各个方面："居处不庄，非孝也。事君不忠，非孝也。莅官不敬，非孝也。朋友不笃，非孝也。战陈无勇，非孝也。"其孝子的标准，已经与君子相差无几。

汉人推尊孔子，尤其推尊《孝经》。认为在孔子的著述中，《诗》、《书》、《易》、《礼》原本就已存在，孔子只是作了修订而已，《春秋》、《孝经》则不然，它们是孔子亲手所作。故汉人对《春秋》、《孝经》尤其偏爱，这从流传下来的汉碑中可以得到证明，如史晨《奉祀孔子庙碑》说："乃作《春秋》，复演《孝经》。"《百石卒史碑》说："孔子作《春秋》、制《孝经》。"郑玄在注《中庸》时说，孔子的所谓"大经大本"，"大经"指六艺，而主要指《春秋》；大本，则是指《孝经》。《孝经钩命决》引孔子云"吾志在《春秋》，行在《孝经》"，《孝经》在汉人心目中的地位，于此可见一斑。

汉代学校教育似可分为三个层次，初等教育学习"小学"，即文字、书法；中等教育诵习《孝经》、《论语》；需要深造者再进入高等教育，学习《五经》。据《汉书·平帝纪》，当时各乡均设"《孝经》师"一人。《后汉书·范升传》，范升"九岁通《论语》、《孝经》"，可见儒生在通经之前，人人必读《孝经》。《孝经》教育之普及，不难想见。

《隋书·经籍志》申述汉人的说法，认为"孔子既叙六经，题目不同，指意差别，恐斯道离散，故作《孝经》，以总会之。明其枝流虽分，本萌于孝者也"。也就是说，《六经》各偏重于道的一端，不过是支流，而《孝经》统辖《六经》，为《六经》之本，是孔子为纲领《六经》而作，地位不可等同。

除汉高祖刘邦以外，汉代皇帝谥号最显著的特点，是在谥号之前都加一"孝"字，如称惠帝为"孝惠帝"、文帝为"孝文帝"、景帝为"孝景帝"、武帝为"孝武帝"等。据颜师古《汉书·惠帝纪》的注，汉皇室这样做的寓意是，"孝子善述父之志"，可见，汉代统治者是以"孝"标榜于天下的。这一做法曾为其后的某些朝代所仿效。西汉统治者还将《孝经》立于学官，当时的十四博士中，《孝经》居其一。为了鼓励大众实践孝道，惠帝元年(前194)西汉政府设置"孝弟"的乡官,"以劝厉天下,令各敦行务本"。

历史上,魏晋南北朝是政权分裂的时代,但却是《孝经》在全社会广为倡行的时代。帝王亲自讲解《孝经》或为《孝经》作注的人数之多,超过任何时期。如晋元帝作《孝经传》,晋武帝作《总明馆孝经讲义》。据《南齐书·文惠太子传》,永明三年(485),太子于崇政殿讲《孝经》。五年(487)冬,又亲临国学,用《孝经》等文献策试诸生,并回答少傅王俭等人有关《孝经》的提问。据《梁书》,昭明太子萧统曾于寿安殿讲《孝经》,并撰《讲孝经义》七卷。简文帝有《孝经义疏》五卷。孝明帝有《孝经义记》。据《晋书·礼志》,当时皇帝、皇太子每每亲临太学讲论儒家经典,《孝经》居其一,"武帝泰始七年(271),皇太子讲《孝经》通","穆帝升平元年(357)三月,帝讲《孝经》通。孝武宁康三年(375)七月,帝讲《孝经》通"。梁武帝还著有《孝经义疏》十八卷。为《孝经》作注的,更多的是达官和名士,如何休、郑众、高诱、宋均、王肃、何晏、刘劭、虞翻、韦昭、虞喜、孔光、何承天、荀昶、皇侃、严植之、熊安生等,几近百家。

在《二十四史》中,《晋书》最重要的特点之一,是开始设立"孝友传",将孝行卓著的人物载入史册。《晋书》中,王祥卧冰求鲤,黄雀入幙、吴猛"手不驱蚊,惧其去己而噬亲"等故事,后来被收入《二十四孝图》,影响极为深远。据《晋书·武帝纪》,晋武帝即位之初,即命令各郡用六条标准举荐下层贤才,其中就有"孝敬尽礼"和"友于兄弟"两条。民间初入学者,都像汉代一样,先读《孝经》、《论语》。由于政府的大力提倡,有晋一朝,"虽百六之灾遄及,而君子之道未消,孝悌名流,犹为继踵"(《晋书·孝友传序》)。

魏晋时期最引人注目的是"以礼入法"。《魏律》、《晋律》最早将儒家文献中有关礼的规定列入法典,使之具有与法律同等的效力。根据《孝经》等文献,对于官民应该具备的孝行,提出了法律要求,违反者要受到法律制裁。《孝经·五刑章》说"五刑之属三千,而罪莫大于不孝",把"不孝"作为所有犯罪行为中最可恶、最严重的一种。这本来只是孔子的看法,但此时被列入法律条款。如南朝刘宋法律规定,凡殴打父母致伤者,枭首;辱骂父母者,弃市;儿子杀父母、弟弟杀哥哥者,一律处以极刑,即使适逢大赦,也不得宽恕;

父母告儿子不孝而希望杀之者,官府一概准许。北朝则最早出现了"留养"的规定:死罪犯的父母或祖父母年龄在七十岁以上,没有成人子孙,也没有期亲的,可以减刑或免刑,使其得以留养其亲。这类规定,实际上也是从"孝道"引申出来的。经过其后各朝的不断修改、补充,有关孝行的法律条款越来越多,如闻父母之丧而匿不举哀、服丧期间结婚或生子、丧期未完而停止穿丧服等等,都要处以重罪。这些条款,成为中国古代法律制度的重要特色之一。

此时入主中原的少数民族政府,也很重视《孝经》,如北魏孝文帝迁都洛阳之初,大都不通华语。孝文帝命令侯伏、侯可、悉陵用夷语翻译《孝经》之旨,教于国人,"谓之《国语孝经》"(《隋书·经籍志》)。

唐玄宗对《孝经》的重视,也是闻名于世的。据《唐会要》,开元十年(722)六月,玄宗亲自作《孝经注》,并"颁行天下及国子学"。天宝二年(743)五月,玄宗修改其《孝经注》,刻石太学,并再次颁行天下。天宝五年(746)十二月,"诏天下家藏《孝经》"。在倡行孝治的古代中国,此书影响之广,罕有其匹。

据《新唐书·孝友传》,政府大力倡导孝行,因事亲、居丧,孝行卓著,或数世同居而闻名于朝廷的,即使是闾巷之民,天子都旌表门闾,赐以粟帛,免除赋税,并派州县的官员前往慰问,甚至有授以官职的。

唐朝是古代外交最兴盛的时期之一,来华学习、研究的外国学者、官员相当之多,《孝经》以及孝道随之传到日本、朝鲜等地。据《日本国见在书目录》,流传到日本的与《孝经》相关的文献(包括今、古文《孝经》)有二十四种之多。直到近代,可以见到的古抄本还有十几种之多。)日本大保二年(武则天长安二年,702)学令规定,凡治一经或二经者,必须兼通《孝经》、《论语》。从延长二年(后唐庄宗同光元年,923)起,在皇子降生的"汤殿始"仪式上,必须诵读《孝经》。

朝鲜的情况与日本大体相同。据《高丽史》,光宗光德十年(周世宗六年,959)秋,遣使如周,进《别叙孝经》一卷、《越王孝经新义》八卷。所谓"别叙",是兼叙孔子言论及弟子从学之事。后书以越王为问目,释疏文之义。

时至今日，"孝道"依然是韩国伦理思想中最重要的组成部分之一。

金、元两朝，虽然是少数民族掌握中央政权，但《孝经》及其孝治思想依然得到贯彻。金朝厉行孝治，以孝友为"人之至行"。金章宗说："孝义之人，素行已备，虽有希觊犹不失为行善。"当时有名叫温迪罕斡鲁补的人，西北路宋葛斜斯浑猛安人，年十五即遭父丧，遂建草庐于墓侧守丧，不饮酒食肉。其后，为医治母亲疾病，割股肉疗之。帝闻之，下诏书擢拔为护卫。《元史·孝友传》中表彰的孝友卓行者，有十余人为蒙古、色目人。可见《孝经》的思想得到古代各族人民的认同。

清代除沿袭前朝成规之外，还作了许多新的规定。为了鼓励家族团居，使老有所养，凡同居三五世以上，政府授以"义门"的称号。对于奉孝尊亲者，予以褒奖。为了表示对《孝经》的推崇，两位清帝亲自为之作注。顺治十三年(1656)，清世祖作御注《孝经》一卷。为了平息无谓的今古文之争，以及反对朱熹杜改经书的做法，该书的文本，既不用孔传本，也不用朱熹的刊误本，而是采用了唐玄宗的石台本。注文总共约一万余字。该书之作，目的在使《孝经》"家喻户晓"，使"孔曾遗训无一义之不彰，无一人不喻"(《四库提要》)。雍正五年(1727)，雍正帝作《御纂孝经集注》一卷。雍正认为前人所作《孝经》注，或平庸肤浅，或芜杂不精。宋以后学者所论，大多执古文以攻今文，或者用朱熹《孝经刊误》以攻古文，"于孔曾大义微言，反视为余事，注愈多而去经愈远"，不足以阐发天经地义之理。于是命令儒臣将前人注疏去粗取精，又仿朱熹《四书集注》体例，纂辑成书，最后由雍正亲自定稿。清代学者研究《孝经》的著作也很多，限于篇幅，不再列举。

五、《孝经》研究的主要论著

《孝经正义》三卷，唐玄宗注、邢昺疏。唐玄宗有感于孔子殁后，典籍散亡，异说并起，圣人之道由一源别为众流，郑注、孔传，踳驳过甚，致使大义晦隐，经旨不明，于是以今文《孝经》为主，参照王昭、王肃、虞翻、刘劭、刘炫、陆澄等六家注本的异同，又会合《五经》的旨趣，"剪其繁芜而撮其枢要"，注解虽分置于经文之下，但条理贯通。天宝四载(745)九月，御注刻石，立于太学。其后,玄宗又诏元行冲作疏,立于学官。北宋至道二年(996),宋太宗应判监李至的请求,命李沆、杜镐等纂《孝经正义》。咸平三年(1000),宋真宗命邢昺代领其事,杜镐、舒雅、李维等七人参与。邢昺以元行冲的疏为蓝本,约而修之。四年(1001)九月书成,进献国子监,十月于杭州刻板。邢疏没有注明何处为元行冲的旧文,何处为新补之说,使元疏原貌尽失。御注邢疏《孝经正义》被列入宋《十三经注疏》,成为《孝经》最通行的注疏本,流传极广。

司马光《古文孝经指解》一卷。司马光认为,孔壁所出古文《孝经》"去古未远,其书最真",与转相传授的今文《孝经》不可等量齐观。故学者对今、古文《孝经》应有选择,要"得其正"。孔安国、马融曾为之作传,由于今文学者的排斥,"孤学沈厌,无人知者"。隋开皇中,秘书学士王逸发现古文《孝经》,刘炫为之作《稽疑》篇,希望古文《孝经》能由此"兴坠起废",但遭到群儒讥笑。北宋秘阁所藏《孝经》文本,仅有《郑氏注本》、《玄宗御注本》和《古文本》三种,《古文本》有经无传。司马光认为,孔安国作传时,为方便社会阅读,曾用通行的隶书写定古文《孝经》。后世好事者,又用古文改写孔安国的隶定本,所以秘阁《古文本》"其文则非,其语则是"。司马光以隶写古文《孝经》为本,为之作"指解","其今文旧注有未尽者,引而伸之;其不合者,易而去之"。

朱熹《孝经刊误》。朱熹《孝经刊误跋》认为,《孝经》中的《诗》、《书》语都是后儒所窜入。朱熹分《孝经》原文为"经"与"传"两部分,认为从首句"仲尼居,曾子侍"起,至第六章"孝无始终,而患不及者,未之有也",是孔子与曾子问答之言,而为曾氏门人所录者。"疑所谓《孝经》本文止如此。其下,则或者杂引传记以释经文,乃《孝经》之传也"。认为今、古文《孝经》将此析分为若干章是出于无知,而其中的《诗》、《书》语更是阻断经文,"而后人妄分以为六七章(今文作六章,古文作七章),又增'子曰'及引《诗》、《书》之文以杂乎其间,使其文意分断间隔,而读者不复得见圣言全体大义,为害不细"。因此朱熹将此六章(古文为七章)合为一章,将其中的"子曰"二处、引《书》一处、引《诗》四处,凡六十一字,尽行删除。

姚际恒《古今伪书考》。姚氏认为《孝经》出自汉儒之手,主要理由是《孝经》的文字多有与之相同之处。姚氏认为,凡此都是《孝经》抄袭《左传》的证据。如《三才章》"夫孝,天之经"至"因地之利",与《左传》子太叔述子产之言相同,仅仅将"礼"字改为"孝"字。《圣治章》"以顺则逆"至"凶德",与《左传》季文子对鲁宣公之言相同;"君子则不然"以下的文字,与《左传》北宫文子论仪之言相同。《事君章》"进思尽忠,退思补过"二语,与《左传》士贞子谏晋景公之言相同。姚氏认为,《左传》是汉儒张禹所传之后才始渐行于世的,所以《孝经》的年代一定比《左传》还要晚,他断言,《孝经》与《礼记》的《曾子问》、《哀公问》、《仲尼燕居》、《孔子闲居》等一样,"同为汉儒之作"。

王正己《孝经今考》。王正己《孝经今考》,对今、古文《孝经》的可信性全面辩难,认为今文《孝经》出于战国末孟子门弟子的伪托;孔壁所出无古文《孝经》;古文《孝经》"乃(刘)向前无名氏之托今文而作的",是伪中之伪。王氏将今、古文《孝经》的文字详加比较,提出如下古文《孝经》作伪的证据:(一)古文比今文所少者二十二个语助词"也"字,以及"故"、"而"、"其"、"子"、"之"各一字。王氏云:"省去了这些'也'字,读起来倒反觉得不古,有时语气简直落不下。若同今文比较一读,一定知其为故意矫揉造作的。"(二)"古文比今文所多的,多半是无关紧要的代名词,在意义上不占重要位置",如"其"、"此"、"所"、"子"等。(三)"古今文所不同的,不过是字之改装换样而已,意义绝对一样",如"勿"作"无","而"作"则","是故"作"是以","弗"作"不"等。(四)由引书的例证看,《吕览·察微》引《孝经》,有"也"字,乃属今文,古文无"也"字,足证汉前无古文。(载《古史辨》第四册)

胡平生《日本〈古文孝经〉孔传的真伪问题》。清雍正十年(日本享保十七年,1732),日本人大宰纯刊刻了一部古文《孝经》孔传,汪翼沧发现后带回国内,后由鲍廷博收入《知不足斋丛书》。清代学者大多认为这是伪书。作者认为,大宰纯的古文《孝经》孔传,是以足利学校所藏的古抄本为底本整理后刊刻的。足利本是"室町"时代(1392—1573)的写本,约相当于明朝的初、中期。但书中有北朝及隋、唐时使用的俗体字,还有用隶书笔法写定的古文,结合吐鲁番、敦煌出土文书的材料,可以证明此本来源很古,其祖本可能与隋、唐古本有关，传入日本的时间不晚于唐天宝初年，很可能在隋、唐之际，其年代比司马光的《古文孝经指解》本早。作者通过对中国国家图书馆所藏"和平二年康丰国写本"《孝经》残卷的研究，发现康本与足利本最为接近，此"和平"年号属麴氏高昌，和平二年为公元552年，比刘炫重获古文《孝经》孔传要早四、五十年，而且康丰国不是中原人士，证明古文《孝经》孔传不是刘炫的伪作（载《文史》二十三辑）。

彭林《子思作〈孝经〉说新论》。《汉书·艺文志》有《子思子》二十三篇，已佚。梁朝沈约认为《中庸》、《表记》、《坊记》、《缁衣》皆子思子作。郭店楚墓出土多篇先秦儒家著作，学者认为即久佚的《子思子》，其中有《缁衣》篇。《孝经》与《缁衣》篇都以征引《诗》、《书》为主要特征，风格最为接近。《论语》多论《诗》而罕论《书》，与《孝经》明显不同。据《史记·孟子列传》，孟子曾受业于子思的门人。赵岐《孟子题词》说孟子"通《五经》，尤长于《诗》、《书》"。《史记·孟子列传》说孟子"退而与万章之徒序《诗》、《书》，述仲尼之意"。可知引《诗》、《书》来表述孔子思想，是子思的为学特色，而为孟子所继承。《汉书·艺文志》所录《孟子》为十一篇，除今本七篇之外，另有《性善》、《辩文》、《说孝经》、《为政》等所谓"外书四篇"，司马迁、扬雄、桓宽等都曾加以引用。外书有《说孝经》，表明《孝经》已先于《孟子》而有，当是子思作之，而孟子论说之，就师承关系而言，有其必然性。（载《中国哲学史》2000年第3期）

《尔雅》说略

王　宁

　　《尔雅》是《十三经》中的一经，但它列为经的时间很晚，到唐文宗太和年间石刻《十二经》时才加入。论起学术价值，它与思想、历史都没有直接的关系，它的学术地位主要体现在附庸于经学的古代"小学"里，它是中国古代纂集类训诂最早的代表作。后代的雅书，在体例上无一不是仿《尔雅》而成的。《尔雅》与毛亨的《诗诂训传》可以称作中国训诂学的"始祖"，它们在中国训诂学史上的地位是不待言的。本文介绍的是关于《尔雅》的最基本的常识。关于《尔雅》的基本常识，一直存在着一些不准确的说法，本文在介绍有关《尔雅》知识的同时，要对有关《尔雅》性质、时代和特点的问题，作几点辨正。

一、《尔雅》不是一般意义的经书，只是经书训诂的汇编

　　《尔雅》是《十三经》里的一部比较特殊的典籍。六朝人称之为"《诗》、《书》之襟带"(刘勰《文心雕龙》)，宋朝人誉之为"六籍之户牖，学者之要津"(林光甫《艾轩诗说》)，清朝人更以"训故之渊海，《五经》之梯航"(宋翔凤《尔雅郭注义疏序》)称之。可见历代学者对它多么重视，又可见它在我国典籍中有着多么重要的地位。

　　但是，从这些评论中，我们又可看到一个问题，那就是不论"襟带"也好，

"户牖"与"要津"也好，"梯航"也好，都似乎说它是古代治经学的工具，而不是说它本身就是一部"经"。可《尔雅》确为《十三经》之一。这个问题必须首先剖析清楚。

《尔雅》为什么叫"尔雅"？刘熙《释名》说："《尔雅》。尔，昵也。昵，近也。雅，义也。义，正也。五方之言不同，皆以近正为主也。"黄季刚先生对"雅"字有另一种解释。他根据《荀子·荣辱篇》"越人安越，楚人安楚，君子安雅"与《儒效篇》"居楚而楚，居越而越，居夏而夏"对照，以为"雅"是"夏"的借字。因此他说："一可知《尔雅》为诸夏之公言。二可知《尔雅》皆经典之常语。三可知《尔雅》为训诂之正义。"（《黄侃论学杂著》）综合这两种说法，《尔雅》是一部古代经典的词语解释之书，它在释词上有三大任务：一是标准语释方言俗语。二是当代语释古语。三是常用语释难僻词语。对文献语言作出的解释，我国古代称作"故训"，又称"训诂"，《尔雅》实际上是一部训诂的汇编。它不像一般的经书，是供阅读的；而像古代的字书，是供查检的。它不属于历史或思想理论一类，而属于语言文字学一类。那么，它又怎样列入了经书呢？

我国经书的数量有一个发展过程，汉代只有《五经》（因《乐经》实际上并不存在，所以实为《五经》），汉末加了一部《论语》，后来加上《孝经》，又将《礼》分为《周礼》、《仪礼》、《礼记》，又以《左传》、《公羊传》、《谷梁传》代《春秋》，便有了《十一经》。唐文宗太和年间石刻《十二经》，并置于太学，于《十一经》中加上一部《尔雅》。《十三经》就是由唐代的《十二经》再加上《孟子》发展来的，因此其中包括《尔雅》。

唐文宗时将《尔雅》列为经书，也是有历史依据的。据《孟子题辞》说："孝文皇帝欲广游学之路，《论语》、《孝经》、《孟子》、《尔雅》皆置博士，后罢传记博士，独立《五经》而已。"此后，刘歆欲立古文学，曾征募能为《尔雅》者千余人，讲论庭中（《汉书·楚元王传》）。可见《尔雅》早已具有了被确定为经书的历史依据。实际上，在《五经》之后增设的经书，很多仅是《五经》的附庸，或者称作解释《五经》的经说。例如，《左传》、《公羊传》、《谷梁传》是对《春秋》史实的详述或对《春秋》词例的解释，《论语》、《礼记》不过是言论的辑录。既然这些附庸于《五经》的传、记后代都杂糅到正式的经书里去,那么,解释经传语言的《尔雅》列入经书,也就不奇怪了。所以纪昀的《四库全书总目提要》说:"特说经之家,多资(《尔雅》)以证古义,故从其所重,列之经部。"这便从内容上说明了《尔雅》入经的缘由。

二、《尔雅》的训诂材料是积蕴而得,不可截然断代

《尔雅》的价值首在存古,所以很多人希望确定它成书的时间,以便弄清它的语料属于哪个时代。关于《尔雅》的作者与成书的年代,旧有三说:一说为周公所著,成书在西周;一说为孔子或其门徒所著,成书在东周;又一说为汉儒所著。这三个说法,都不够准确。

根据现代学者的考证,《尔雅》中的很多材料,应在《毛诗诂训传》(以下简称《毛传》)之前就有了。《尔雅》与《毛传》有许多共同的材料,但《毛传》的解释显然比《尔雅》更精确,水平更高。例如,《毛传》已有"辞"(语助词)的概念,已能用"××声"、"××貌"等术语来表示迭字形容词与象声词的词性等等,这都是《尔雅》所不具备的。而且,《尔雅》所论的制度多为周制。例如,《释山》中有两处记载"五岳":一是"河南华,河西岳,河东岱,河北恒,江南衡",另一是"泰山为东岳,华山为西岳,霍山为南岳,恒山为北岳,嵩山为中岳"。前者为周初之制,后者为东周之制。这都说明《尔雅》不是汉代的著作。说《尔雅》为周公、孔子所著,也不可信。因为《尔雅》释五经的材料连一半也不到,它所采的训诂,旁及《楚辞》、《庄子》、《穆天子传》、《管子》、《吕氏春秋》、《国语》等,以至《史记》,很多是在周公、孔子之后。从它所涉及的文献和所论的制度、史实看,它不是一人一时之作,而是杂采几代多家的训诂材料汇编起来的。而且,汇编也不是一次而成,而是逐步完善。初具规模的时代大约在公元前400至公元前300年左右的战国时期,汉代古文经典的传注发达起来后,又经过一度增补润色,才成为我们今天所见的样子。

《尔雅》的成书情况决定了它的特点,这是在研究和应用《尔雅》时必须留意的。这就是《尔雅》所取的训诂和经传百家多有相同者。不但释经之条目多与《毛传》相同,其他材料与古代典籍相同之处也很多。如:"师,众也"、"比,辅也"、"晋,进也"、"遘,遇也"、"履者,礼也"、"颐者,养也"、"震者,动也"等,都与《易·十翼》同。"勤,劳也"、"肇,始也"、"怙,恃也"、"典,常也"、"濂,虚也"、"惠,爱也"、"绥,安也"、"考,成也"、"怀,思也"等,都与《周书·谥法篇》同。"元,始也"、"芾,小也"等,与散见他籍的子夏《易》传同。《谷梁传》"平之为言以道成也"、"胥之为言犹相也"、"寔来者,是来也"等,都同《尔雅》。《礼记·丧服传》中的称谓,大都与《尔雅》一致。《尔雅》"暴雨谓之涷"、"卷葹草,拔心不死"等,就是《楚辞》文。"扶摇谓之飙"、"蒺藜,蝍蛆"等又是《庄子》文。这说明,《尔雅》是汇编,不是独创,它是多有所本的,所以,它可以"观古"、"证古",对了解和研究古代的文献语言很有参考价值。但是,由于材料来源非只一处,材料入书亦非一时,所以,《尔雅》中的材料难免存在矛盾重复。前面所说两个"五岳"便是一例。那是因为采用了两个不同时期的制度。又如,"密肌,继英",《释虫》、《释鸟》两次出现,虽有人笃信《尔雅》,认为它既是虫名,又是鸟名,但仔细考察,这只不过是把对一个名称的两种不同的解释同时收入罢了。在应用《尔雅》时,对它的这个特点,要特别重视。

三、《尔雅》不按义类分篇,而按物类分篇

现存的《尔雅》共有十九篇,有人说它的十九篇是按义类编排的。其实,它除了前三篇是释语词外,自《释亲》开始,都是依物类分篇。物类不等于义类,前者是客观事物的分类,后者是语言内涵的分类,《尔雅》属前者,不属后者,所以,如果要说《尔雅》是一部辞典的话,它的前半部是语言辞典,而后半部却是百科辞典。这十九篇又可分为五大类:

(一)语言类

1.《释诂》,2.《释言》,3.《释训》

这三篇是古代文献词语训释的汇编。《释诂》和《释言》主要是单词的训释,《释训》多为迭字词或联绵词。《释诂》、《释言》多用直训的方式,有同义词比较的作用。《释训》则多用义界的方式,起"道形貌"的作用。如:"初、哉、首、基、肇、祖、元、胎、俶、落、权舆,始也。""绩、绪、采、业、服、宜、贯、

公,事也。"(《释诂》)"殷、齐,中也。""薆,隐也。"(《释言》)"明明、斤斤,察也。""子子孙孙,引无极也。"(《释训》)

（二）人文关系类

4.《释亲》

这一篇主要解释亲属关系的称谓。分为宗族、母党、妻党、婚姻四类。如:"父为考,母为妣。"(宗族)"母之姊妹为从母,从母之男子为从母昆弟,其女子子为从母姊妹。"(母党)"妻之姊妹同出为姨,女子谓姊妹之夫为私。"(妻党)"女子子之夫为婿。"(婚姻)

（三）建筑器物类

5.《释宫》,6.《释器》,7.《释乐》

《释宫》是解释宫室的总体名称和各个部位的名称的;《释器》解释一般器物名称、材料名称和制作工序的名称;《释乐》则专讲乐器。如:"宫谓之室,室谓之宫。""牖户之间谓之扆,其内谓之家,东西墙谓之序。"(《释宫》)"木豆谓之豆,竹豆谓之笾,瓦豆谓之登。""一染谓之縓,再染谓之赪,三染谓之纁。"(《释器》)"大瑟谓之洒。""和乐谓之节。"(《释乐》)

（四）天文地理类

8.《释天》,9.《释地》,10.《释丘》,11.《释山》,12.《释水》

这一部分中,《释天》包括最广,其中又分四时、祥、灾、岁阳、岁阴、岁名、月阳、月名、风雨、星名、祭名、讲武、旌旗十三类。《释地》解释地域名称和地理环境的特点,又分九州、十薮、八陵、九府、五方、野、四极七类。《释丘》专讲自然形成的高地,分丘和厓岸两类。《释山》讲山脉。《释水》讲河流,包括水泉、水中、河曲、九河四类。如:"春为青阳,夏为朱明,秋为白藏,冬为玄英,四气和谓之玉烛。""春猎为蒐,夏猎为苗,秋猎为狝,冬猎为狩。"(《释天》)"下湿曰隰,大野曰平,广平曰原,高平曰陆,大陆曰阜,大阜曰陵,大陵曰阿。""东至于泰远,西至于邠国,南至于濮铅,北至于祝栗,谓之四极。"(《释地》)"左高,咸丘。右高,临丘。前高,旄丘。后高,陵丘。偏高,阿丘。""厓内为隩,外为隈。"(《释丘》)"小山岌大山,峘。""石戴土谓之崔嵬,土戴石为砠。"

（《释山》）"大波为澜，小波为沦，直波为泾。""水中可居者曰洲，小洲曰陼，小陼曰沚，小沚曰坻，人所为为潏。"（《释水》）

（五）植物动物类

13.《释草》,14.《释木》,15.《释虫》,16.《释鱼》,17.《释鸟》,18.《释兽》,19.《释畜》

这部分分别对草本植物、木本植物、昆虫、水生动物（包括爬行动物）、鸟类、兽类、家畜的名称进行解释。其中《释兽》分寓类、鼠类、齸属、须属四类，《释畜》分马属、牛属、羊属、狗属、鸡属、六畜六类。如："菉，王刍。""荼，苦菜。"（《释草》）"杜，甘棠。""枞，松叶柏身。桧，柏叶松身。"（《释木》）"蜉蝣，渠略。""蝝，蝮蜪。"（《释虫》）"鲲，大鲔，小者鮛"。"一曰神龟，二曰灵龟，三曰摄龟，四曰宝龟，五曰文龟，六曰筮龟，七曰山龟，八曰泽龟，九曰水龟，十曰火龟。"（《释鱼》）"舒雁，鹅。舒凫，鹜。""皇，黄鸟。"（《释鸟》）"狒狒，如人，被发，迅走，食人。""豹文鼮鼠。"（《释兽》）"驳，如马，倨牙，食虎豹。""马八尺为駥，牛七尺为犉，羊六尺为羬，彘五尺为豥，狗四尺为獒，鸡三尺为鶤。"（《释畜》）

从以上内容看，《尔雅》并没有为我们展示出较完整的义类。也就是说，它没有对词语的意义进行完整的分类，而只是分出了物类。由于古代自然科学和思维科学还不发达，《尔雅》的分类与归类也多有不合理之处，很难用今天的标准来要求了。

四、《尔雅》前三篇不宜称作"同义词典"，只宜称作"同训纂集"

《尔雅》之用，难度很大，时常有些文章将它引错、用错。所以，必须提醒读者，在应用《尔雅》时，有一点是绝不能忽略的，那就是《尔雅》是将不同时期、不同经传中的故训汇集在一起的。有人称它是"同义词典"，这说法不够确切。在《尔雅》中用同一个词训释一系列词，虽然同训，却未必都同义。因为经传的训释都是解释在一定语言环境里的词义，它所取的有的是词的本义，有的是词的引申义，有的是词的假借义，有的是语言概括词义，也有的是具体环境中的具体词义，甚至有些还带有作者和作品独特的用意，不加分析一律简单理解，便会形成谬误。例如，《释诂》第一条"落，始也"，"落"在这里是被训释词,这用的是它的特殊意义。只有在庙堂宫室落成时,它才有"始"义。而宫室落成虽是使用的开始,却是建造的终结,就这个意义来说,它与当筑墙之始的"基"字虽然同训,却不但不是同义词,而且简直就是反义词了。而《释诂》后文"陨、磒、湮、下、降、坠、摽、蘦,落也","落"在这里作训释词,倒是用的它的常用义,当从上往下掉落讲。又如,《释诂》"台、朕、赉、畀、卜、阳,予也",同训"予",却取了它的两个意义:"台"、"朕"、"阳"训"予"当"我"讲;"赉"、"畀"、"卜"训"予",即"与",当"给予"、"赐予"讲,两组意义相差极远。这类情况在《尔雅》里不是一处两处,所以,在应用《尔雅》了解古代文献词义时,必须首先弄清训释词与被训释词之间发生什么关系。如训释词是多义词,特别要分析在这条里取的是训释词的哪一个意义,还要了解训释词与被训释词在什么语言环境里才能互训。经过一番具体分析,应用时就不至于出差错了。

有人说,以上这些问题的产生,是否意味着《尔雅》这部书很不严密呢?这是用现代人的眼光来苛责古人了,《尔雅》不是一部现代意义的同义词典,它只是一部古代训诂材料的纂集,阅读和运用这种训诂纂集材料,必须懂得训诂原理。在训诂材料里,词义和训释是不同的东西。义是词的客观内容,训是训诂家对这种内容所作的表述。训释作得好,是应当全面而准确地传达出词义来的。但是,由于词不等于逻辑概念,概念把一切非本质属性摒弃而抽象出本质属性,而词却并不摒弃那些有关事物的具体内容,因此,用语言来表述词义时,不论采用哪种方式,都有一定局限,难得像概念定义那样严密,而只能近似准确。加之早期的训诂材料是附庸于经书的,大多是随文释义,也就是说,这些训诂材料大多是对词的使用义的表述。这种表述是有针对性的,目的不仅仅是释词义,有时还为了释文意,只取使用义的某一方面来说。在这种情况下,训释词与被训释词之间可以发生各种关系,训与全面的词义往往有很大的距离,同训未必同义。

由于《尔雅》不加分析地将同训词纂集在一起,不懂训诂的人很容易误用。所以,明确义和训的关系,同时弄清在训诂材料里训释材料表述的复杂性,对《尔雅》的运用和研究有重要作用。

五、《尔雅》不仅存古,而且对现代汉语的研究有重要作用

《尔雅》尽管列入"经"部,就其内容和作用说,却只是一部训诂资料集。它整理、保存了故训,对研究古代文献和古汉语词汇有很大的用处。

首先,它可以帮助我们了解古代的自然状况和社会状况。在阅读古代文献时,遇到不懂的建筑器物、天文地理、动物植物的名称,以及有关的亲属称谓,都可以按类来查检《尔雅》。

第二,它可以帮助我们了解古代的词义,弄清古今词义的区别。例如,《郑风·缁衣》:"缁衣之蓆兮,敝予又改作兮。""蓆"在现代汉语里只当蓆子讲,而《尔雅》有"蓆,大也"的训释(《尔雅·释诂》文,"蓆"一本作"席")。这里因为古代的蓆子是乱草铺成的,铺得很多、很厚,所以引申有"大"义,用来形容衣服。《缁衣》的"蓆"正当"大"讲。查查《尔雅》,对古文献难解的词义便能较确切地理解。

第三,它可以帮助我们辨析、比较古文献中的同义词。如,《释诂》第一条:"初、哉、首、基、肇、祖、元、胎、俶、落、权舆,始也。"十一个词都训"始",但含义有所不同:

初,裁衣之始。

哉,即才,草木之始。

首,人体之始。

基,筑墙之始。

肇,开门之始。

祖,人类之始。

元,即人头,也是人体之始,又同"兀",地之高处。

胎,人生之始。

俶,品德之最高者,引申有"始"义。

落,专指庙堂宫室建成之始。

权舆,草木迂曲出土,即植物生长之始。

第四,它为我们展示了古代词语比较完整的全貌,帮助我们认识古代词

汇发展的规律。如,从《尔雅》的《释兽》与《释畜》中可以看出,上古虎、牛、犬的幼子都称"狗",而马之小者称"驹",羊之小者称"羔","驹"、"羔"又都是"狗"的音变。这些字古音都在"侯"韵。可见在汉语词汇发展的早期,词汇的意义偏于综合,统称很多。以后思维细密了,又趋向分析,分化出"犊"、"驹"、"羔"、"狗"等不同的名称。待双音节合成词大量产生,改用词素组合来区别近似事物,词汇的发展又趋于综合了。《尔雅》还可以帮助我们研究名物的来源,从中又可总结字源的理论。总之,它是古代汉语词汇研究不可缺少的资料。

第五,《尔雅》广为搜集故训,又能帮助我们了解古代传注的训释条例。以《尔雅》中的义界为例。如:

"父之党为宗族。"——这是义界的界说式。

"绝高谓之京,非人为之丘。"——这是义界中的排除式。

"山西曰夕阳,山东曰朝阳。"——这是义界中的比较式。

"鸡大者蜀。"——这是义界中的特指式。

弄清这些条例,不但可以帮助我们凭借古注去阅读古书,而且还能有助于辞书编写和教学中的释词工作。

《尔雅》是一部存古之书,但是,由于古代汉语中的许多词义仍然保留在现代双音词或成语里,所以,它对我们深入了解现代汉语也有很重要的作用。它可以起到沟通古今的作用。例如:在《尔雅》第一条里,"肇"训"始",在现代汉语里,"肇"已经不单独用了,可是,始发事故叫"肇事",始发祸患叫"肇祸",这两个词至今还在公安、法律、新闻领域经常使用。又如,现代汉语里经常说"康庄大道","康庄"二字连用,很难理解。如果熟悉《尔雅》,就可以知道,古代"一达谓之道路,二达谓之歧旁,三达谓之剧旁,四达谓之衢,五达谓之康,六达谓之庄,七达谓之剧骖,八达谓之崇期,九达谓之逵"(《释宫》)。原来,"康庄"是五达之道与六达之道的合称,从五达、六达开始,道路就到处通达了。再如,有一个成语"斤斤计较","斤斤"二字难解,阅读《尔雅》,可以发现有"明明、斤斤,察也"(《释训》)的古训,孙炎的注说:"斤斤,重慎之察也。"说明"斤斤"有反复、仔细观察的意思。诸如此类的例子,举不胜举。

《尔雅》是我们研究古代文献必不可少的参考书,也是研究古今汉语十分重要的工具书。

六、推荐参考资料

《尔雅注疏》,晋代郭璞作《尔雅注》,邢昺给他作疏,共十卷。《尔雅注》是历代公认最完整、系统的《尔雅》注本,郭璞博采在他之前十余家《尔雅》注解的长处,并且引证了前人多种文献,使《尔雅》的训条来历清晰。他还特别结合目验实证,对很多名物进行了实物考察。对方言俗语,也注意说明。邢昺疏不少地方补郭璞注的不足,也对郭璞注作了更详尽的再度解释。清阮元主持校刻的《十三经注疏》,就是采用《尔雅注疏》本,后附阮元的校勘。1979 年,中华书局将这部《十三经注疏》影印出版。

《尔雅正义》,清代邵晋涵撰,成书于乾隆五十年(1785),也是一部为郭璞注作疏证的书,共二十卷。邵晋涵认为邢昺的疏不少地方取《毛诗》正义为说,兼采《尚书》、《礼记》之注,常有缺漏。所以,他作《尔雅正义》,采用的文献更为广泛,而且特别着重考察文字,对古训的发掘也比较深广,是《尔雅注疏》重要的补充。常见的《尔雅正义》有《皇清经解》本。

《尔雅义疏》,清代郝懿行撰,疏证郭璞注,共二十卷,成书于道光二年(1822)。郝疏不止疏证词义和义训的文献出处,而且着重推求文字训诂的根源,博采众长,后出转精,代表清代《尔雅》研究的最高水平。现代人研究《尔雅》,一般以郝疏为主要参考书。《尔雅义疏》有《四部备要》本,是根据郝氏家刻本重印的。中国书店出版的《尔雅义疏》据咸丰六年(1856)刻本影印。

《尔雅略说》,黄侃著,收入《黄侃论学杂著》,中华书局 1980 年版。黄侃是近现代"小学"造诣最为精深的国学大师,他的《尔雅略说》是他讲训诂学的讲稿,文中对《尔雅》一书的各方面知识,都作了详尽而准确有据的阐释,对在他之前各代研究《尔雅》的注疏、论著,都有十分中肯的评价。当前介绍《尔雅》的各种通论,无出此文之右者,如要获得有关《尔雅》的一般知识,仅读此文足矣。

　　《尔雅诂林》,朱祖延主编,湖北教育出版社 1998 年版。该书纂集了有关《尔雅》各条目的大量注疏,还搜集了我国古代、近代和现代研究《尔雅》的论著目录和提要,是现代人研究阅读《尔雅》最全面、系统的参考书。